미움도 사랑의 한 조각인 것을

박권하 수필집

미움도 사랑의 한 조각인 것을

문경출판사

| 프롤로그 |

나이 든다는 것의 서글픔

책이란 저자의 정신세계를 문자화文字化한 것이다. 여기서 정신세계란 지식이나 사상 또는 저자의 감정을 말하고, 그런 것들을 글이나 그림으로 종이에 나타나게 한 것이 책이다. 그리하여 책을 만드는 일은 저자의 정신세계를 문자로 바꾸는 일이다. 그런데 그 바꾸는 과정이 생각처럼 간단하지가 않다. 일기장이 아닌 이상 남이 보도록 만들어진 책이기에 무엇보다 흥미가 있어야 한다. 아무리 좋은 책을 만들어도 남이 읽지 않으면 아무 소용이 없다.

의학이나 과학 서적같이 전문 용어가 들어가는 경우라면 어쩔 수 없지만 일반인들이 읽는 책은 재미가 있어야 한다. 더불어 호기심도 같이 있어야 독자가 책을 덮지 않는다. 재미 혹은 흥미 때문에 다음 장이 궁금해서 책장을 덮지 못한다. 더구나 소설이면 정말 재미가 있어야 한다. 책이 소설이라면 처음부터 읽어야 하지만 소설을 제외한 산문이나 운문은 어디서부터 읽어도 상관이 없다. 독자가 필요한 곳을 찾아서 읽으면 된다. 그래서 목차가 있고 색인이 있는 게 아닌가.

남들이 보기에는 하찮을지 몰라도 본인은 육십여 년 동안 치열하게 글을 썼다. 나에게는 글이 내 생각을 나타내는 가장 확실한 방법이었다고 생각했다. 물론 그 생각은 지금도 변함이 없다. 그래서 나는 주머니에 항상 종이와 필기구를 넣고 다녔다. 그러던 것이 요즈음은 종이와 필기구가 스마트폰 속으로 들어가 버렸다. 스마트폰에 필기구와 종이가 내재되어 있기 때문이다. 그만큼 우리는 편리한 시대에 살고 있다. 그렇게 해서 쓴 글들을 모아 소설과 수필 그리고 여행기와 컴퓨터에 관한 것까지 삼십여 권의 책을 냈다. 그런데 지나고 보니까 그런 것들이 미흡하고 때로는 더 고뇌하고 연구해서 책을 냈더라면 하는 생각을 하게 된다. 그러나 지나간 일이니 어쩔 수 없다.

어쩌면 이번에 내는 이 책이 내 생에 마지막 책이 될지도 모른다는 생각을 한다. 왜냐면 정말이지 이제는 글을 쓴다는 게 두렵다는 걸 가슴으로 느끼기 때문이다. 어느 작가는 "자기의 글이 두렵게 느껴진다는 건 그제야 철이 든 것이다"라고 하는 말까지 했다는 걸 보면 내가 그런 경우가 아닌가 하는 생각이 든다. 얼마 전에 문인협회에서 단편소설 원고 청탁을 받았다. 젊었을 때는 밑그림 없이도 한 권의 소설책을 내는데 많은 시간이 걸리지 않았다. 그런데 팔십 매도 안 되는 원고지를 메우는데 천이백 매의 원고지를 메우는 시간과 거의 같은 시간을 소모했다. 더구나 밑그림을 그리는데도 여러 장의 종이가 필요했다. 많은 것이 이탈되고 소진消盡된 느낌이다. 세월 앞에 장사 없다는 말은 진실인 것 같다.

가끔가다 아파트 화단 시멘트 난간에 허름한 러닝셔츠를 입고 앉아있는 노인을 본다. 물론 나는 그 노인에게 한 번도 인사를 하거나 말을 걸어본 적이 없다. 그 노인의 형색으로 보아 시골에서 살다 아들이나 딸 집으로 온 것 같은 인상을 받았다. 순박하면서도 조금은 초췌한 모습이 그런 생각을 들게 했다. 얻었는지 구했는지 모를 지팡이를 화단 옆에 놓고 멍하니 하늘을 보는 그 노인이, 내가 시내에 나가서 일을 마치고 세 시간 후에 돌아왔는데도 그 자리에 혼자 앉아있는 것을 보았다. 그 모습이 조금은 안쓰럽게 보였는데 나는 그 노인에게서 나를 보았다. 남들이 나를 볼 때, 내가 그 노인을 볼 때처럼 내가 초라하고 초췌하게 보였을지 모른다는 생각을 하자 갑자기 몸이 움츠러드는 기분이 들었다. 누구는 '나이가 든다는 것은 늙는 것이 아니라 익어가는 것'이라고 그럴싸하게 포장을 했지만 역시 나이가 든다는 것은 서글픈 일이다. 생각과 행동이 부자연스러워지고, 주위로부터 소외당하고, 심지어는 멸시를 당하기도 한다. 그래서 나들이를 한다는 것이 두렵기도 하다. 나는 '아직은' 하고 스스로를 위로하지만, 남들이 나를 볼 때 정말 그럴까 하는 생각이 든다.

사람이 태어나서 백 년을 산다고 치자. 태어난 어린아이가 하루를 지냈다면 그 아이의 남은 생은 99년 11개월 29일이다. 다시 말해 서글픈 이야기지만 하루하루를 산다는 것은 정확하게 말하면 하루하루를 죽어가는 것이다. 그렇다고 실망할 필요는 없다. 주어진 시간을 열심히 살면 된다. 세상에 태어난 이상 누구도 죽음을 피할 수는 없다. 내가 과거에 어떤 일을 했다는 지나간 일에 매달리면 서글퍼진다. 지금이 중요하다. 헤밍웨이의 「노인과 바다」에서 산티아고가 "인간은 파멸당할 수는 있지만 패배할 수는 없다"는 말이 떠오른다. 한 번뿐인 인생―그것이 비굴하지 않고, 또 남에게 피해주지 않고 떳떳하게 살아야 하는 이유다. 내가 신장腎臟에 문제가 생겨 신장 부분 절제 수술을 받았을 때나, 아내가 담낭膽囊과 담관膽管을 제거하는 대수술을 받았을 때도 가족 이외는 아무에게도 알리지 않았다. 괜스레 나의 아픔을 남에게 알려 피해주고 싶지 않아서였다. 나는 아내에게 내가 세상을 떠났을 때, 가족 이외는 아무에게도 알리지 말라는 유언을 해놓았다.

나의 하루 일과는 새벽 세 시 삼십 분부터 시작된다. 그 시각에 신문이 온다. 신문은 큰 글자만 읽고 호기심이 생기면 내용을 읽는다. 그러나 문화면과 과학에 관한 기사는 단 한 줄도 빼지 않고 읽는다. 그리고 한 번도 빼지 않고 읽는 게 영어 지면이다. 영어는 매일 한 문장씩 나오는데 그게 재미가 있어서 읽고 사진도 찍어둔다. 특히 토요일에 배달되는 신문에는 두 지면에 모두 책을 소개하고 있다. 그 지면에서 읽을 책을 선택하고 주문을 하기도 한다. 그때 주문하는 책은 과학이나 소설책이 주류를 이룬다. 그렇게 하면 한 시간이 지나간다. 그 시각에 아내를 깨워 약을 먹인다. 매일같이 아내는 공복에 먹는 약이 있다. 글 쓸 것이 있으면 컴퓨터 앞에 앉지만 그렇지 않으면 다시 두 시간 정도 잠을 청한다.

특별한 일이 없는 한 나와 아내는 아침 6시에 잠에서 깬다. 나는 베란다 커튼을 걷고 거실을 정돈한다. 그 시각에 날씨가 좋으면 아내는 아파트 주위를 두 바퀴 정도 걷는데 오천 보 정도가 된다고 한다. 그 대신 날씨가 나쁘면 성경을 읽는다. 같은 시각에 나는 실내에서 발뒤꿈치 들기, 무릎 굽혔다 일어나기, 팔굽혀 펴기 등의 운동을 하거나 실내 자전거를 탄다. 나는 아침 7시 30분에서 8시 사이에 아내와 함께 아침 식사를 한다. 일요일에는 식사가 끝나면 아내는 교회로 간다. 교회 성가대에서 찬송가도 부르고, 목사의 설교도 듣고, 예배가 끝나면 교인들끼리 담소하고 식사도 한다고 한다. 그 대신 나는 앞 베란다로 나간다. 그곳에 나의 정원이 있다. 육십 년이 넘은 호랑가시나무를 관찰한 다음 오차각, 귀면각, 괴마옥, 스투키, 구름 선인장, 아메치스, 적기성, 오베사를 살펴보고 황금사철, 박하, 동양란, 나도 풍란, 석위, 무늬 산호수, 석곡에 물을 주고 화분이 가득 찬 것은 포기 나누기를 한다. 때로는 무성하게 자란 식물의 가지를 잘라 화분에 심기도 하고 물에 담가 놓기도 한다. 그게 뿌리를 내리면 작은 화분에 심어 지인에게 선물로 건넨다. 식물은 정성을 들인 만큼 보답을 한다. 호랑가시나무를 지극한 보살핌으로 가꾸었더니 지난겨울에 흰색의 꽃을 무수히 피웠다. 더불어 호랑가시나무 화분 귀퉁이에 케일kale을 심었다. 물 관리만 잘하면 케일은 무성하게 자란다. 케일잎을 따서 친분이 있는 분에게 주기도 하고, 주스를 만들기도 한다. 남들이 보기에는 하찮은 일인 것 같아도 나에게는 참으로 소중한 공간이고 행복한 시간을 안겨 주는 장소다. 그런데 요즈음 조금 변한 것이 있다. 식물도 고통이 있을 때 소리를 지른다는 신문 보도를 본 후 가능하면 가지 자르는 것을 삼가고 있다. 일이 끝나면 나는 거실로 들어와 마른 수건을 개기도 하고 양말의 짝을 찾아 합치기도 한다.

오후의 일은 일정하지가 않다. 나는 친구나 지인과의 약속이 있으면 외출을 하고, 그렇지 않으면 더러 아내와 같이 마트를 간다든가 책을 읽기도 하고 내 서재를 정리하기도 한다. 또 스마트폰으로 친구들에게 문자로 안부를 묻기도 하고 답장도 한다. 일주일에 한 번 정도는 화선지를 펴놓고 내가 좋아하는 그림을 그린다. 그림을 그린다고 했는데 화선지에 붓으로 그리는 새우蝦 그림이다. 새우는 홀수로 그리는데 헤어지지 말라는 의미가 있다고 한다. 그러던 그림 그리기가 요즈음은 뜸해졌다. 새우를 그리다가 가끔 먼 하늘을 쳐다본다. 창문 너머 하늘에 구름이라도 밀려가면 그 또한 아름답다. 특히 저녁노을은 그지없이 찬란하다. 세상천지 아름답지 않은 게 무엇이 있던가!

저녁은 간단하게 먹는다. 냉장고를 열어서 먹을 만한 게 있으면 그걸 꺼내서 먹고 그렇지 않으면 김치를 썰고 밀가루를 넣고 마른 새우를 섞어서 부침개를 한다든가 달걀 반숙을 해서 먹는다. 아내는 내가 만든 부침개를 아주 좋아한다. 스마트폰에 나와 있는 레시피를 보고 음식을 만드는데 때로는 동파육東坡肉이나 지삼선地三鮮을 만들어 먹기도 한다. 저녁을 먹은 후에 방으로 들어가서 텔레비전을 시청한다. 아홉 시가 되면 뉴스를 시청하고 그것이 끝나면 다른 채널을 돌려 영화를 보든가 아니면 특집을 시청한다. 아내는 중국 영화와 역사 드라마를 무척 좋아하는데 나는 좋아하지 않는다. 나는 그 시각에 거실로 나와 책을 읽든가 스마트폰을 보든가 컴퓨터로 글을 쓴다. 그리고 보통 열 시쯤에 잠을 청한다. 그러면 하루의 일과는 끝이 난다.

사람은 누구나 각자의 취미를 가지고 있다. 그 취미가 운동이 됐건 오락이 됐건 등산이 됐건 하나씩의 취미가 있다. 내가 어렸을 때는 우표를 모았다. 그러던 것이 나이 들면서 여행을 했고 각국의 우편엽서를 모았는데 친구들이 한 장 두 장씩 가지고 가는 바람에 모두 없어졌다. 그 후에 세계 각국의 열쇠고리를 모았는데 금전이 많이 들고 부피도 커져 갔다. 그러던 것이 지금은 세계 각국의 모래를 수집하는 취미로 바뀌었다. 모래는 상하지도 않고 또 모래를 수집하다 보니까 모래는 한 가지 색깔만 있는 것이 아니고 붉은색, 주황색, 검은색, 노란색, 백색 등 여러 가지 색깔과 입자의 크기가 모두 달랐다. 더러는 내가 모래를 수집한다니까 해외여행을 갔다가 모래를 가져다주기도 한다. 그렇게 해서 모은 것이 수백 병이 넘는다. 물론 모래를 수집하는 일은 간단하지 않았다. 병에 담은 모래가 엑스레이 투시기에 적발돼서 폭발물로 오인되는 바람에 검사를 받기도 했고, 모래 반출이 불법이라면서 압수를 당하기도 했다. 내가 모래를 수집한다는 이야기를 듣고 인우鄰友는 등산을 갈 때마다 국내에서도 모래가 있으면 그걸 가져다주기도 한다.

또 하나 내게 의리 같은 게 있는데 한 번 인연을 맺으면 상대방이 나를 싫어하지 않는 이상 아주 길게 간다. 육십여 년 전 중학교를 같이 다니고 고등학교는 서로 헤어졌는데 그 친구와 지금도 자주 안부를 묻는다. 오십여 년 전에 군대 의무대에서 같이 근무했던 전우들을 현재도 연락하며 지내고, 사십여 년 전 군에서 제대하고 시골에 근무할 때 같이 있었던 미술을 전공하신 분을 아직까지도 상통相通하며 지낸다. 오래전에 만났던 해외에 있는 여행 가이드들에게도 자주 인사를 전한다. 나는 한 번 맺은 인연을 아주 소중하게 생각한다.

내가 해외여행을 다니다 보니까 무려 170여 개국을 답사하게 되었다. 그 많은 나라 중에서 어떤 나라가 가장 인상에 남느냐고 물으면 대답이 난감해진다. 각 나라마다 특색이 있고 그 나라의 매력이 있기에 각자의 취향에 따라서 호불호好不好가 갈리기 때문이다.
터키의 새로운 이름인 튀르키예는 이스탄불의 그랜드 바자르를 구경하는 재미도 있고 괴레메 계곡이나 가파도키아, 파묵칼레, 에페소를 방문하는 흥미도 훌륭하다. 그랜드 바자르라는 전통시장에는 금속제품, 양탄자, 의류 등 그야말로 없는 게 없다. 전통시장에는 소방서도 있고 경찰서도 있다. 보스포러스 해협에서 배를 타고 유람하는 시간도 즐거움의 연속이다. 사람의 눈동자를 닮은 국민 부적 나자르 본주우 Nazar boncuğu를 어디서나 볼 수 있다. 달리는 버스에도, 등교하는 학생의 가방에도, 음식을 파는 식당의 벽에도, 출근하는 여사원의 핸드백에도, 항공기 승무원의 옷에도 나자르 본주우는 어김없이 달려있다. 가파도키아에서 열기구를 타고 하늘 높이 올라 시내를 내려다보는 희열도 빼놓을 수 없다. 튀르키예 수도 앙카라의 한국 공원에 가면 한국 전쟁 때 참전하여 전사한 군인들의 명단이 있다. 전사한 젊은 군인들의 이름을 볼 때 가슴이 울먹해진다. 더구나 튀르키예의 45도짜리 라끼 raki라는 투명한 술은 물을 부으면 우윳빛으로 색깔이 변하는데 그 맛에 매력을 느꼈다.

루마니아Romania는 일명 악마惡魔의 성城이라는 부란성Bran castle에 넋을 잃었으며, 또한 카르파티아산맥의 아름다운 풍광 속에 자리 잡은 국보 1호인 펠레슈성Peles castle의 웅장함에 고개가 숙여졌다. 수많은 그림과 전쟁 때 사용하던 무기들과 사형수의 목을 치던 끝이 무거운 구리 칼도 진열되어 있었으며, 흑단과 상아로 만든 진귀한 조각품들이 그야말로 눈을 부시게 했다. 루마니아에 가면 꼭 보아야 할 건물이 있는데 그것이 수도 부쿠레슈티에 있는 인민궁전人民宮殿이다. 세계에서 단일 건물로 3번째 크기에 해당하는 어마어마한 건축물이다. 세계에서 가장 큰 건물은 미국에 있는 펜타곤이고, 두 번째가 중국 산둥성에 있는 지난濟南 시청사 건물이다. 인민궁전에는 방이 수천 개가 있고 높이가 86미터이다. 지하 3층, 지상 11층으로 최고급 대리석으로 지었다. 인민궁전의 수석 설계자가 28세의 여성이었다는 궁전 내부에는 3,000여 개의 샹들리에가 황홀의 극치를 이룬다.

국민들은 가난에 굶주려 아사자餓死者가 속출하는데 니콜라에 차우셰스쿠 루마니아 대통령은 본인과 부인 엘레나의 생일을 국경일로 지정하고 초호화 생활을 즐겼다. 개犬가 자는 방에도 개전용 텔레비전을 설치하고, 개에게 밥을 주기 전에 사육 담당자가 먼저 먹어보도록 하는 기행을 일삼았던 악독한 인물이다. 결국 그는 성난 국민들에게 잡혀서 부인과 함께 총살로 생을 마감했다. 그들이 총살을 당하기 전에 사형을 집행할 담당자를 모집했는데 수많은 사람들이 참여하겠다고 했다. 결국 4명이 수십 발의 총알을 퍼부었다. 그들 부부는 죽은 후에 공동묘지 구석에 매장됐고, 그가 그토록 완성하려 했던 건물은 그가 총살 당함으로서 80%정도만 진척됐던 상황이었다. 악독한 인물의 최후가 비참하다는 것을 역사가 증명하고 있는 셈이다.

프랑스는 노트르담 대성당과 루브르 박물관, 베르사이유 궁전, 개선문, 샹제리제 거리와 몽마르뜨르 언덕이 관람의 대상이었다. 사실 몽마르뜨르 언덕은 기대를 하고 갔지만 초라한 복장의 화가 서너 명이 여행객을 기다리고 있었다. 일행 중 한 분은 현장에서 초상화를 그리는데 동참했다. 루브르 박물관에는 유독 하나의 사진 앞에 관람객이 많이 모여 있었다. 방탄유리로 보호된 그림엔 도난방지 전자 장치가 설치되어 있었는데 그 그림이 바로 40조 원의 가치를 지닌다는 레오나르도 다빈치의 작품인 모나리자였다. 53×77센티미터의 그림엔 눈썹이 없었다.

35,000여 점의 작품이 진열되어 있지만 시간이 촉박하다면 쉴리관에 있는 밀로의 비너스와 드농관에 있는 모나리자 그리고 이슐리 외관에 있는 함무라비 법전만 봐도 입장료 3만여 원의 가치는 뽑을 수 있다. 어떤 여행객은 모나리자 단 한 점만 보고 나갔다는 일화도 있다. 점심에는 유명하다는 달팽이 요리가 여행객들을 기다렸지만 특이한 맛은 발견하지 못했다. 달팽이 요리는 골뱅이처럼 나오는 게 아니고 껍질째

나오는데 누르면 벌어지고 힘을 빼면 잡히는 집게로 달팽이를 들어서 포크로 빼서 먹어야 한다. 그곳에선 개구리 요리도 판매를 했는데 그걸 먹는 동양인 여행객은 못 봤다.

프랑스를 가기 위해서는 리히텐슈타인Liechtenstein이라는 세계에서 6번째로 작은 나라를 통과하게 된다. 나라인데 인구가 4만 명 정도다. 입헌군주제를 시행하고 있는 리히텐슈타인에는 빈부 격차가 없고, 범죄가 없는 나라로 유명하다. 프랑스를 간 김에 가까운 모나코Monaco를 방문하는 것도 의미가 있다. 모나코는 세계에서 2번째로 작은 나라이다. 자동차 경주와 세금이 없어 부자들이 많이 살고 있다. 해양 박물관, 모나코 법원, 수많은 요트, 모나코 대성당 등 작은 나라라 하지만 볼거리가 연이어 나타난다. 단아함과 우아함의 극치를 달리던 미국 영화배우 그레이스 켈리가 모나코 왕비가 되면서부터 모나코는 관광 수입이 급증하게 된다. 초콜릿이 유명한 나라이며 가끔 여행객들이 모나코와 모로코를 혼동하는 것을 볼 수 있다.

세계에서 가장 큰 나라인 러시아 땅 이르쿠츠크에 있는 바이칼vaikal 호수가 마음을 움켜잡았다. 바이칼 호수에 떠있는 여객선에서 마시는 보드카에 훈제된 연어과의 오물OMYJIB이라는 생선 맛은 가히 일품이었다. 호수 주변에서는 자색을 띤 돌로 깎은 인형을 팔고 있었다. 더 가슴을 뛰게 하는 것은 환換 바이칼 관광열차를 타고 호수 주변을 돌며 관광을 즐기는 일이다. 열차가 달리다가 아름다운 장소에서 잠시 정차한다. 그때를 기다려 각종 물건 - 보드카, 책, 생선, 인형, 칼 - 을 파는 장사꾼들이 몰려든다. 336개의 강에서 흘러들어 바이칼 호수를 이루고, 호수의 물은 안가라 강АНгара 하나로 흘러 나간다. 호수 주변에는 이름 모를 꽃들이 즐비하고 자작나무가 흰빛을 발산하고 있었다.

러시아 상트페테르브르크St. Petersburg 에르미타주 미술관에 전시된 300만 점의 미술품을 감상하려면 적어도 몇 주일은 보아야 된다는 설명을 뒤로하고 아쉬운 발걸음을 돌렸다. 저녁때 나는 현지 가이드에게 특별히 부탁해서 아주 귀한 곳을 방문했다. 상트페테르브르크에 있는 에로erotic 박물관인 자연사 박물관의 관람이었다. 그곳에는 괴승怪僧 라스푸틴 시신의 일부가 포르말린 병에 담겨서 진열되어 있었다. 눈으로 보기에도 굉장했다. 원래 라스푸틴은 파계 수도자이자 예언자 노릇을 했다. 혈우병에 걸린 황태자를 치료해준 덕택에 황제의 두터운 신임을 얻었고 독불장군獨不將軍처럼 내정간섭을 일삼다가 4발의 총탄을 맞고 사살된 인물이다. 처음에는 청산가리를 탄 음료를 먹였으나 오랜 시간 기타에 맞춰 춤을 추는 등 엄청난 괴력을 보였다고 한다. 그의 시체는 네바 강에 던져졌다. 며칠 후 그 근방에 있던 여인이 그의 시신의 일부를 간직했다가 당국에 회수되어 지금까지 전시되고 있다고 했다. 너무 잘 나가면 적이 생긴다는 것을 증명하고 있다. 옛날에는 습지대였던 상트페테르브르크는 소나무 송진이 굳어서 만들어진 호박琥珀이 유명하다. 상점마다 호박으로 만든 기념품을 진열해 놓았다. 송진이 떨어지는 순간 커다란 개미가 같이 떨어져서 굳은 호박이라면 가격이 엄청 많이 올라간다.

발트 3국Baltic states의 끝에 있는 리투아니아와 라트비아 국경 사이에 제정 러시아 시절 고통에서 벗어나거나 폭력에 항거하기 위하여 세운 표지가 있다. 그곳이 샤울레이 십자가 언덕Hill of crosses이다. 십자가가 수천 아니 수만 개가 될듯하다. 큰 것은 사람 키의 몇 배가 되는 것도 있고 작은 것은 앙증맞게 작았다. 방문객들은 소원을 빌면서 십자가를 하나씩 놓고 간다. 십자가 언덕 옆에 작은 상점에서 십자가를 판매한다. 리투아니아에서는 꿀 술이라는 유리병이 아닌 갈색 도자기에 넣어서 판매하는 미드mead라는 술이 있는데 독주였지만 향이 좋았다. 특이한 것은 리투아니아 대통령궁 옆에는 빌뉴스대학교가 있다는 점이다. 수많은 학생들의 발걸음을 볼 수 있는 장소다. 저녁때 여행객들을 모시고 빌뉴스 시내 구경을 나갔다. 거리는 깨끗했고 활기에 차 있었다. 성당, 언덕, 망루, 새벽의 문, 광장, 대통령궁, 시장, 골목들을 한 바퀴 둘러보고 돌아가려는데 호텔을 찾을 수가 없었다. 마침 우리 일행 옆에 젊은 부부가 있어서 그들에게 호텔의 위치를 물었더니 가던 길을 멈추고 우리를 호텔 정문까지 안내해 주었다. 리투아니아 사람들의 인상은 부드러웠고 한결같이 친절했다.

리투아니아의 수도 빌뉴스에는 아주 독특한 국가가 존재한다. 국가 이름이 '우주피스 공화국'이다. 인구가 1,000여 명으로 그곳에 거주하던 예술가와 실향민들이 세운 임시 나라의 이름이다. 만우절萬愚節 하루만 존재하는 공화국이란 점이 흥미롭다. 그날 우주피스 공화국에는 대통령도 존재하고 국회의원도 있다. 장관은 물론 군대도 있다. 무료 맥주 파티가 이루어지고, 각국의 국기를 들고 거리를 행진한다. 「우즈피스 공화국」이란 소설책이 있다. 우리나라 작가가 쓴 책으로 그림으로 읽는 소설이다. 그 책은 「경마장 가는 길」의 작가가 쓴 책이다.
핀란드Filand에 접한 에스토니아의 합살루Haapsalu에 있는 차이코프스키 의자에 앉아보는 것도 크나큰 희락喜樂이다. 의자의 등받이에는 악보가 적혀있다. 의자에 앉아서 발트해海의 지는 해太陽를 바라보는 것만으로도 마음이 안정된다. 특히 아몬드를 설탕에 버무려 만든 계피 향이 나는 간식은 에스토니아 명물로 자리 잡고 있었다. 발트 3국 중에서 전문 박물관이 182개나 되는 나라가 에스토니아다. 그중에서 역사박물관이 51개나 된다. 원래 발트 3국은 러시아의 지배를 받다가 1918년에 독립하여 현재에 이르고 있는 나라다. 도시는 새 건물과 우중충한 건물로 나뉘는데 우중충한 것은 러시아 때 건물이고, 새 건물은 새 공화국이 되고 나서 지은 것이라고 했다.
중국 깐수성 둔황시에 있는 명사산鳴沙山에서 모래 썰매를 타는 것도 낭만이다. 썰매를 옆구리에 끼고 명사산 정상에 올라 썰매 위에 앉아 손으로 살짝 밀면 썰매는 아래를 향하여 빠르게 내려간다. 내려오는 도중에 넘어지면 한바탕 웃음이 묻어난다. 바람이 불면 모래가 밀리면서 우는 소리를 낸다고 하여 명사산이라 명명했다고 한다. 명사산 관광을 끝내고 내려오면 입구에 낙타가 기다리고 있다. 낙타를 타고 짧은 거리를 이동하는 낙타 타기 체험을 한다. 눈썹이 짙은 낙타는 가시가 달린 선인장도 잘 먹는 독특한 구강구조를 가지고 있다. 가까이에 미인의 눈썹을 닮은 사막의 오아시스 월아천月牙泉이 있어 운치를 더한다. 천 년이 넘게 한 번도 마른 적이 없다는 사막 속에 있는 신비한 호수다. 월아천은 낮보다 조명이 들어오는 밤이 더 아름답다고 했다.

일행이 관광을 끝내고 버스를 타기 직전에 좌판이 펼쳐지는데 낙타를 타고 짧은 거리를 이동하는 순간을 찍은 사진을 펼쳐 놓았다. 그 옆에 상점에서는 작은 병에 명사산 모래를 담아서 판다. 버스를 타고 조금 내려가면 왕오천축국전往五天竺國傳을 발견한 둔황의 막고굴을 답사할 수 있다. 관광이 끝나면 관광객을 위한 만찬이 벌어진다. 만찬에 나오는 육류는 낙타고기. 소고기와 양고기 중간 맛이다. 가장 비싼 부위는 낙타 혹인 육봉이라고 한다. 혹이 한 개인 낙타를 단봉낙타, 혹이 두 개인 낙타를 쌍봉낙타라 칭한다. 또한 중국 원난성의 곤명은 26개 소수민족이 살고 있는 성도이다. 그곳에 천하 제1경의 돌산인 석림石林이 방문객을 오랫동안 머물게 한다. 봄의 도시 곤명은 일 년 내내 꽃이 피는 지역이라고 자랑이 대단하다. 돼지고기 삼겹살 모양의 자연석을 그곳에서 판매한다. 정확한 돌의 이름은 저육석豬肉石이다.

중국 서안西安은 산시성의 성도이다. 양귀비가 목욕했다던 화청지가 그곳에 있고, 젖가슴을 드러낸 양귀비의 풍만한 모습이 대리석으로 조각되어 있다. 근처에 진시황의 능陵이 있는데 능이라기보다는 작은 산 같은 모습이다. 농부가 밭을 갈다가 우연히 발견했다는 병마용兵馬俑의 모습은 웅장하고 정교했다.

중국에서 관광지 어디를 가나 회색 두루마기를 입은 석상을 볼 수 있다. 석상의 이름은 명나라 때 지리학자 서굉조徐宏祖라는 인물이다. 그의 호가 하객霞客이다. 그가 여행을 좋아해서 가는 곳마다 새로운 여행지를 발굴해냈고, 그의 업적을 기리기 위하여 유명한 관광지마다 그의 석상이 세워져 있음을 볼 수 있다. 그가 그토록 여행을 하고 책을 남긴 데는 그의 어머니의 격려가 컸다고 알려져 있다. 위대한 어머니가 훌륭한 자식을 만든다는 말은 명언이다. 그가 10권의 「서하객 유기」라는 지리책을 집필했다.

중국은 땅이 워낙 넓어서 계획적으로 관광지를 개발한다고 한다. 그중에서도 그랜드 캐니언이라고 하는 태항산太行山이 유명하다. 산서성과 하남성 경계에 있는 대협곡은 남북으로 600여 킬로미터, 동서로 250여 킬로미터나 된다. 도교 사찰이 있는 면산, 구련산, 팔리구, 왕망령, 만선산, 겨울에도 복숭아꽃이 핀다는 도화곡, 운봉화랑 등 볼거리가 넘쳐난다. 특히 왕상암에서는 절벽에 수직으로 설치된 나선형 계단을 조심스레 내려가야 한다. 계단의 높이가 88미터이고 계단은 342개이다. 발판이 나무로 되어있는데 내려갈 때는 멀리 보아야 현기증을 덜 느낀다. 끝까지 내려오면 버스가 관광객을 기다린다. 가끔 겁 많은 여행객들은 내려오다가 바지에 실례를 한다고 가이드가 귀띔을 해줬다.

중국 5대 명산이라는 황산의 하단은 대나무가 많고, 상단은 소나무가 울창하다. 황산은 산을 한 바퀴 둘러보는 일정으로 짜여 있어 산행에 어려움이 있는 관광객은 고생을 한다. 입구에 돌을 깎아 만든 도장 재료를 진열한 상점이 즐비한데 가격이 만만찮다. 대부분이 문방사우文房四友를 취급하는 상점이다.

중국에서 백두산白頭山 천지를 보러 가는 길은 2곳이다. 북쪽으로 가는 북파가 있고 서쪽으로 가는 서파가 있다. 여기서 '파坡'란 언덕을 가리키는 말이다. 북쪽은 4륜구동 자동차인 '장군'이라는 지프가 장백폭포에서 정상까지 운행한다. 서쪽으로 가려면 셔틀버스에서 내려 1,442개의 나무 계단을 올라야 한다. 시멘트 계단이 아니라서 몸이 받는 충격을 흡수해서 그렇게 힘들지는 않다. 그 대신 서쪽을 택하면 백두산 천지의 물을 손으로 만질 수 있다. 방문객들의 말을 빌리자면 북파는 남성적이고 서파는 여성적이라고 했다. 다른 말로 표현하면 북파는 웅장함이 배어 있고, 서파는 아름다움이 스며있다고 한다. 북파로 오른 정상 부근에는 진갈색 화산 돌이 흩어져 있고, 서파로 가는 길엔 들꽃을 볼 수가 있다. 백두산에서 자생하는 들쭉의 열매로 담근 진갈색 들쭉술의 맛을 보는 것도 여행의 낙사樂事다. 방문객이 3대의 복을 받아야 구름이 없는 천지天池를 본다는데 나는 처음에 갔을 때 맑은 천지를 보았다. 순전히 운이었다.

중국 상해 푸동 공항에서 출발하면 먼저 저장성 소주蘇州에 닿는다. 소주를 물의 도시 수향水鄕이라고들 한다. 지금도 운하에 배가 다니고 있다. 그곳에 정치를 잘 하지 못한 사람의 정원이란 졸정원拙政園이 있다. 연못이 무수히 많고 화분에 심어진 분재가 눈을 즐겁게 한다. 연못을 건널 때마다 다리가 구부러져 있는데 주위를 잘 살펴보라는 뜻이 있다고 한다. 가까이에 풍교楓橋라는 다리가 있다. 과거를 보고 오던 당나라 때 장계張繼라는 선비가 낙방한 후 다리 밑에서 하룻밤을 자면서 지은 풍교야박이라는 시가 중국 초등학교 교과서에 실려 있다. 그의 시는 독자의 가슴에 연민으로 남아 어딘지 모를 쓸쓸하고 애처로운 생각을 들게 한다.

풍교야박楓橋夜泊
풍교에서 밤을 지내며

월락오제상만천月落烏啼霜滿天
달 지자 까마귀 울며 하늘엔 서리가 가득하고
강풍어화대수면江楓漁火對愁眠
등불 밝힌 고깃배에서 시름 속에 조는데
고서성외한산사姑蘇城外寒山寺
고소성 밖 한산사寒山寺에서
야반종성도객선夜半鐘聲到客船
한밤중에 종소리가 객선까지 들리네.

전체에 스산한 기운이 감돈다. 풍교야박으로 장계는 일약 대시인의 반열班列에 올랐다.
소주를 지나면 항주抗州에 닿는다. 항주에 있는 서호西湖의 아름다움은 시詩가 한 수 나올 것 같은 마음을 들게 했다. 호수의 이름은 옛날 미인 서기에서 이름을 따왔다고 했다. 가랑비가 내리는 봄날에 가면 가장 멋진 호수를 감상할 수 있다. 서호는 달이 뜨는 밤에 가면 더 멋진 풍경이 연출된다. 하늘에 달이 있고 호수에 달이 있고 사랑하는 임의 눈동자에도 달이 있다고 한다. 서호 옆에 아주 작은 연못이 있고, 연못의 이름이 있는데 고기어魚자에서 한 획이 빠졌다. 이유는 글을 쓰는 도중에 한 획이 튀어나와 연못 속으로 들어가 고기가 되었다고 했다. 근처에 영은사, 육화탑, 악비의 묘, 용정 다원 등을 볼 수 있다.
중국 청도는 시계상으로는 30분 거리이지만 시간상으로는 2시간이 넘는다. 단순히 위도 차이 때문이다. 물론 갈 때는 시간이 줄어들고 올 때는 시간이 늘어난다. 청도는 소어산 관광과 맥주 공장 견학 그리고 5·4광장의 붉은색 회오리 탑을 볼 수 있다. 5·4광장의 회오리 탑은 인증 사진을 찍으려는 인파로 항상 붐빈다.
한국인이라면 거의가 가봤다는 장가계 원가계의 모습은 가히 절경이다. 7.45킬로미터의 천문산 케이블카를 타고 오르는 경관은 참으로 아찔하다. 산 중턱에서 내려 다시 99계단을 오르면 천문동 동굴을 만날 수 있다. 그 옆으로 천문사라는 사찰이 있다. 십리화랑, 금편계곡을 모노레일로 달리면 땀이 저절로 씻겨 나간다. 최근에는 유리 바닥을 이용한 잔도棧道를 설치해서 관광객들의 호기심을 자극하고 있다.
중국 청두에 가면 제갈공명諸葛孔明이 안치된 무후사武候祠를 만날 수 있고, 혜릉에 가면 유비의 묘를 볼 수 있다. 무후사 옆에는 촉나라를 재현해 놓은 진리거리가 눈길을 끈다. 이곳이 매콤한 한국인의 입맛에 맞는 사천성 샤브샤브를 즐길 수 있는 곳이다. 중국의 압권은 북경에 있는 만리장성萬里長城이다. 달에서도 보인다는 만리장성은 중국 북쪽 깐수성 자위간에서 동쪽 허베이성까지 연결된 긴 성으로 길이가 무려 6,400킬로미터나 된다. 진 나라 때 시황제가 흉노족의 침입을 막기 위해 건설한 거대한 벽이다. 만리장성을 관람하지 않고는 중국의 거대함을 실감하지 못한다는 말까지 나오고 있다. '하룻밤을 자도 만리장성을 쌓는다'라는 구전 설화가 전해오는 대목에도 나오는 성城이다.

중국 산동 반도 동북쪽에 있는 위해威海(웨이하이)에 가면 어마어마한 자연 방목 상태의 동물원을 볼 수 있다. 그곳이 '시샤코 신조산 야생 동물원'이다. 동물원 입구의 거대한 산에는 수많은 동물들의 모습이 새겨져 있다. 반대쪽 산 하나가 동물원이다. 생활 특성에 맞게 동물들을 배치해서 거대한 산에 수많은 종류의 동물들이 뛰고 즐기며 살고 있다. 물론 종이 다른 동물들 사이에는 굵은 쇠창살이 둘러쳐 있긴 하다. 중국 복건성 하문廈門에서 본 수백 가구가 한 곳에 사는 토루土樓라는 원형 집은 상상을 초월했는데 중국 지도자 등소평이 어릴 때 살던 집 역시 토루라고 했다. 하나의 토루에 수십에서 수백 가구가 살던 집이다. 산 속에 있는 토루가 비밀리에 운영하는 미사일 기지基地가 아니냐는 서방 여러 나라의 항의가 있었다고 한다. 하문에서 배를 타고 가면 아주 가까운 거리에 대만의 금문도에 갈 수 있다. 국공내전 때 금문도에 퍼부은 포탄이 50만 발에 가깝다고 한다. 지금은 그때의 탄피를 모아 중화식도中華食刀를 제작 판매하고 있다. 포탄 한 개로 50개의 식도를 만들 수 있다고 한다. 유명한 요리 전문가들이 한 자루씩 가지고 싶어 하는 요리 도구이지만 가격이 꽤 높다. 또한 금문도는 고량주로서 명성을 얻고 있는 섬이다. 고량주를 만들 때 나오는 술지게미를 먹여 키운 소의 육질은 부드럽고 맛도 좋다는 소문에 방문객이 넘쳐난다.

산수갑천하山水甲天下라는 중국의 계림은 경치가 아름답고 웅장하다. 3,600여 개의 봉우리로 이루어진 첩채산의 모습도 기억에 남고, 계림 시내를 가로지르는 이강離江도 아름답기가 그지없다. 강에서 가마우지를 이용하여 물고기를 잡는 어부의 한가한 모습이 여유를 안겨준다. 다만 가이드의 끈질긴 선택 관광 강요가 마음을 아리게 했다. 중국 산둥성 정주에 있는 운대산 소림사少林寺는 듣던 대로 웅장했다. 숭산에 있는 소림사를 방문하려면 케이블카를 타고 올라야 한다. 사찰 입구에는 쿵후를 가르치는 학교가 있다.

중국 중경重慶도 방문해 보면 좋은 곳이다. 시내에서 버스로 두 시간 거리에, 세계문화유산에 등재된 대족석각大足石刻이 있다. 누워있는 와불臥佛의 크기가 상상을 초월하는데 높이가 5미터, 길이가 31미터나 된다. 중경에도 볼거리가 넘쳐난다. 중경 인민대례당, 중경 미술관, 소남해 온천, 남산 전망대, 용다산, 특이한건 일반 건물이 하나 있는데 그 건물 속으로 기차가 지나간다. 동굴 속에 거대한 식당이 있는가 하면 대한민국 임시정부청사도 중경에 있다. 밤의 중경도 멋진 관광거리다. 여행 도중에 따끈한 온천장에 들러 몸을 담그면 쌓였던 피로가 일시에 풀리는 기분을 느낀다. 내가 마신 술 중에서 중경에서 생산되는 시선태백詩仙太白이라는 농향주가 가장 맛있게 느껴졌다. 그렇다. 시를 빚어 술을 만들었다는 시선태백은 마시기 전부터 마음이 들떠 있었지만 마시고 나서도 기대를 저버리지 않았다. 시선태백은 언제 마셔도 뒷맛이 개운했다.

중경에서 배를 타고 이창 쪽으로 여행도 오랜 정취를 남긴다. 구당협, 무협, 서릉협곡을 장강삼협이라 한다. 세계에서 3번째로 긴 강인 양자강을 중국 사람들은 장강이라 부른다. 장강을 뱃길로 내려오면 높은 바위산을 지나고 끝없이 긴 강물과 마주한다. '단애 삼천 척斷崖三千尺, 운로 오백 리雲路五百里'란 시가 절로 떠오른다. 각 지역에서 모인 여행사 간부들과의 환담은 새로운 정보를 교환하는데 일조했다.

중국을 여행하다 보면 수많은 비석碑石을 볼 수 있다. 비석에는 죽은 사람의 인적 사항은 물론 치적까지 빼곡하다. 그런데 그 많은 비석 중에서 아무 글씨도 없는 왕의 비석은 단 2개라고 한다. 하나는 중국에서 최초로 여자가 황제가 된 측천무후則天武后의 비석이고, 다른 하나는 중국 명나라 13대 황제 만력제萬曆帝의 비석이다. 측천무후는 치적이 너무 많아 다 쓰기가 어려워서 글씨가 한 자도 없는 백비白碑가 되었고, 만력제는 정치는 하지 않고 주색酒色에 빠져 쓸 것이 없어 백비가 되었다고 한다.

집권 당시에는 아부하는 자가 많았지만, 떠난 후의 평가는 언제나 냉정한 법이다. 측천무후는 정사政事에 탁월했지만 정사情事에도 밝았던 모양이다. 측천무후는 남자 첩을 무려 3,000명이나 거느렸다고 전해진다. 그녀의 정력 비결은 그녀가 즐겨 마셨다는 무후주武后酒에서 비롯되었다고 하는데 81세까지 장수한 여걸이었다. 메추리와 하수오, 녹용, 인삼으로 담근 술을 복용하였다는데 후세 사람들은 그녀의 이름을 따서 무후주武后酒라 했다. 중국 명나라 13대 황제 만력제의 본명은 주익균朱翊鈞이다. 10세의 나이로 등극하여 무려 48년간 집권했다. 집권 초기에는 장거정이라는 책사를 두어 제법 정치를 잘했으나, 후에 정치가 시들해지자 모든 것을 내팽개치고 주색에 빠져들었다. 정력에 좋다는 것은 가리지 않고 먹었으며, 연못에 배를 띄우고 나비를 풀어 나비가 궁녀가 든 부채에 앉으면 그날 밤을 같이 보냈다고 했다. 중국인들이 좋아하는 숫자는 8이고 싫어하는 숫자는 4이다. 8의 발음이

'바'인데 돈을 벌다의 발음과 비슷하기 때문에 좋아한다고 한다. 4의 발음은 '쓰'인데 죽는다는 사死도 같은 발음이다. 그런데도 중국에 4라는 숫자가 들어간 이야기가 많다. 중국 4대 발명품, 중국 4대 명주名酒, 중국 4대 미인, 중국 4대 요리, 중국 4대 강, 중국 4대 기서, 중국 4대 직할시 등등 그들이 내어놓은 이야기가 즐비하다. 그중에 재미있는 것이 중국 4대 미녀의 이야기다. 4대 미녀란 서시西施, 왕소군王昭君, 초선貂蟬 그리고 양귀비楊貴妃를 말한다. 월나라 서시가 얼굴을 물에 비추었더니 헤엄치던 물고기가 서시의 미모에 놀라 가라앉았고, 하늘을 날던 기러기가 왕소군의 눈부신 얼굴을 보자 땅으로 떨어졌으며, 초선의 아름다움에 달이 구름 뒤로 숨었고, 양비귀가 꽃길을 걷자 꽃들이 양귀비의 미색에 꽃 자신이 부끄러워 잎을 닫았다는 것이다. 이를 후세 사람들이 침어낙안沈魚落雁 폐월수화閉月羞花라 했다. 옛 중국인들의 부풀림과 침소봉대針小棒大는 가히 혀를 내두를 지경이다.

영국英國은 테임즈 강의 다리가 매력을 발산했고, 신사의 나라답게 질서가 정연했으나 안개가 많아 통행이 불편했다. 영국하면 위스키를 맛보아야 한다는 생각에 기분이 들떠있었다. 물론 그것만 있는 것은 아니었다. 세계적인 대영박물관과 그리니치 천문대가 존재하는 곳이다. 런던 브리지도 빼놓을 수 없고 버킹검 궁전의 근위병 교대식도 꼭 보아야 한다. 세인트폴 대성당도 귀중한 자산이었으며 스톤헨지 역시 소중한 자원이었다. 나는 그곳에서 고등학교 때부터 수십 년간 펜팔을 하던 사람과 만나지는 못했지만 전화로 안부를 묻고 인사를 나눴다. 사진으로 본 그 사람은 머리가 희끗희끗한 노인이었다.

폴란드Poland는 아우슈비츠 수용소가 마음을 아프게 했다. 원래는 정치범 수용소로 지었는데 나중에 유대인을 말살하는 장소로 변화되었다. 독가스로 사람을 죽이고 생체 실험까지 했다고 하는 악마의 장소로 폴란드 학생들의 필수 여행 코스이기도 하다. 아우슈비츠 수용소 정문에는 당시에 만들었던 '노동이 너희를 자유롭게 하리라'는 간판이 아직도 달려있다. 어린이와 노약자는 즉시 독가스로 사형이 집행되고, 건강한 사람들은 중노동에 동원되었다. 아이러니하게도 아우슈비츠 수용소 소장은 자기가 만들었던 교수대에서 처형당했다. 역사는 돌고 도는 것이니까. 또 폴란드 비엘리치카 지하에 있는 소금광산도 멋진 관광명소다. 339만 평에 324미터나 깊이 들어가서 소금을 채취한다. 더 놀라운 것은 소금광산 속에 40여 개의 교회가 있다는 사실이다. 천장, 바닥, 벽 모두가 소금이고 동상도 소금으로 만들어 놓았다. 폴란드는 치즈와 소시지가 유명한 나라라고 자랑이 대단했다.

인도India는 너무 큰 나라여서 한 번에 여행하기에는 벅찬 지역이다. 북인도는 이슬람 건축물인 타지마할이 백미白眉이다. 1631년에서 1648년까지 무굴제국의 황제였던 샤자한이 죽은 아내를 추모하기 위해서 아그라에 지은 8각형의 화려한 무덤이다. 흰색 대리석으로 지은 무덤은 어디서 보든 같은 모양으로 보이는 특징을 가지고 있다. 또한 갠지스 강이 인상 깊었다. 성수라 불리는 갠지스 강엔 동물의 사체가 떠내려가고, 그 물이 성수라면서 목욕을 하고 그 물을 항아리에 떠가는 사람들로 북새통을 이룬다. 갠지스 강은 인도 북부에 있는 힌두교 성지로 바라나시 지역을 흐른다. 강 언덕에는 화장火葬터도 있고 천민들의 빨래터도 존재한다.

유명한 정치가나 종교인들도 사후에 화장되어 갠지스 강에 뿌려졌다. 평소에도 강둑에는 장작을 쌓아놓고 죽은 자를 화장하고, 그 옆에서는 인부들이 식사를 한다. 화장할 때 여자는 참석할 수 없다. 시신은 얼굴이 나타난 채로 장작더미 위에 놓인다. 장남이 대나무 끝에 불을 붙여 시신을 5바퀴 돈 다음에 불을 붙인다. 어린아이 시신, 한센병으로 죽은 자, 뱀에게 물려 죽은 자, 죽은 임산부는 화장하지 않고 물고기 밥이 되라고 수장을 한다. 삶과 죽음이 공존하는 장소다. 남인도에서는 힌두교 사원인 스리미낙시Sri Meenakshi 건물이 심장을 뛰게 했다. 20년마다 사원의 지붕에 색칠을 해서 더욱 아름답게 보인다. 높이가 48미터인 거대한 사원은 근교 어디서나 잘 보인다.

인도의 눈물이라는 스리랑카Sri Lanka 시기리야Sigiriya 산에서는 인간의 욕심이 얼마나 큰가를 여실히 보았다. 왕좌를 얻기 위해 부왕父王을 암살하고, 65대 카사파 1세가 200미터 바위 위에 조성한 궁전이다. 스리랑카에서는 야자수를 증류하여 만든 아락arak이라는 술이 유명했다. 술은 술 전문 매장에서만 판매하는데 소비자와 판매자 사이에는 철조망이 쳐있고, 소비자가 돈을 주면 안에서 술을 가져다준다.

북인도에서 더 올라가면 히말라야 산맥 중간에 있는 네팔Nepal에 다다른다. 힌두교도가 대다수인 네팔 사람들은 순박하고 친절하다. 포카라 중심부에 있는 투명한 페와Phewa 호수는 한 폭의 그림 같아서 마음이 푸근해진다. 이곳이 석가모니釋迦牟尼가 탄생했다는 룸비니가 있는 곳이다. 숙소로 돌아와 '꼬도'라는 씨앗으로 만든 막걸리 비슷한 뚱바를 마시는 것도 빼놓을 수 없는 낙사樂事다. 뚱바는 술잔에 부어 마시는 것이 아니고, 큰 통에 있는 술을 빨대로 여럿이 빨아 마신다. 술은 서로의 의견을 교환하는 매개체로서 훌륭한 식품이란 걸 여실히 느낀다.

황색 가사袈裟를 걸친 승려들의 탁발托鉢 모습을 볼 수 있는 소박한 라오스나 미얀마는 불탑이 많기로 소문난 곳이다. 미얀마의 쉐다곤 파고다는 크기와 화려함에 놀란다. 지위 고하를 막론하고 파고다에 들어갈 때는 신을 벗어야 한다. 특히 동자승의 모습이 인상적이다. 탁발을 할 때 주는 사람은 행복한 모습인데 받는 승려들은 무덤덤한 표정이다. 그도 그럴 것이 주는 자가 복을 받는다고 한다. 승려들이 탁발을 끝내면 끝에 빈자貧者가 나타나서 승려들이 탁발한 먹을 것을 조금씩 얻어간다. 미얀마의 수도가 아직도 양곤이라고 말하는 여행객이 있는데 네피도Naypydaw라는 곳으로 옮겼다. 새로운 도시 네피도엔 우빠따산띠 파고다, 분수공원, 보석 박물관 등 구경거리가 많다. 미얀마는 지금 군부가 정치를 하고 있는 나라다.

먹을 것이 풍부한 태국도 여행자들이 선호하는 나라다. 특히 태국은 세계적 주말 시장인 짜뚜짝Jatujak이 있어서 재미가 있다. '짜뚜짝에 없으면 태국에는 없다'는 말까지 나오는 실정이다. 세상천지 없는 게 없다. 태국의 음식은 한국인의 입맛에 잘 어울린다. 특히 각종 고명을 넣어 만든 팟타이라는 쌀국수는 한국인이 선호하는 음식이다. 맵고 향기로운 수프인 똠양꿈도 유명하고 그린 카레도 훌륭한 음식이며 튀김 바나나도 꼭 먹어볼 필요가 있다. 튀기는 바나나는 우리가 보는 그런 바나나가 아니라 조금 작다.

태국에서 특히 인상에 남는 식당이 있는데 그곳이 바로 로얄 드래곤이다. 식당 안에 연못이 있다. 방콕에 있는 그 식당은 9,600평으로 우아한 건축물이 으뜸이다. 동시에 5천 명을 수용할 수 있는 공간을 확보하고 있다. 물론 기네스북에 등재된 곳이다. 종업원만 1,200명이 근무하고 있다. 특징은 종업원들이 롤러스케이트를 탄 채로 음식이 담긴 접시를 들고 빠르게 나르는 것이 볼만하다. 그곳 식당에서 나오는 바나나 잎으로 싼 닭구이가 긴 여운을 남긴다. 로얄 드래곤Royal dragon 식당 주인은 중국인이라고 한다. 안 가본 여행객은 있어도 한 번만 간 여행객은 없다는 곳이다. 태국은 국가가 지정한 종교가 없지만, 태국 국민의 95%가 불교 신자인 관계로 불교 사원이 헤아릴 수가 없을 만큼 많다. 태국 북부 치앙마이나 치앙라이를 둘러보는 것도 의미가 있다. 치앙라이에서 백색사원이나 백색사원을 설계한 찰름차이 코시피팟의 제자가 설계한 청색사원도 좋은 관광거리다. 치앙마이는 옛날 태국의 수도였다. 여유가 있으면 더 올라가서 목이 긴 카렌족을 만나는 기회도 있고, 미얀마와 라오스를 마주 보고 있는 삼각주를 구경하는 재미도 있다. 그곳이 비옥한 옥토 때문에 대마大麻를 많이 재배했는데 지금은 사라졌다. 그 대신 커피 농사를 지어 그곳에서 생산되는 도이창과 도이퉁, 와위 같은 커피가 유명세를 타고 있는데 이를 태국 3대 커피라 한다. 치앙마이를 가면 첩첩산중에 위치한 도이수텝 사원을 둘러보는 것도 가치가 있다. 300개의 계단을 올라야 도이수텝 사원 안으로 들어갈 수 있지만 요금을 내면 엘리베이터를 타고 간단히 오를 수도 있다. 그곳에서 조금만 더 가면 왕족의 겨울 별장인 푸핑 궁전Bhubing Palace도 볼 수 있다. 그곳에 들어서면 영롱한 빛깔을 발산하는 수천 송이의 장미가 여행객을 반긴다.

물론 사원을 방문할 때는 반바지나 민소매로는 방문이 거절된다. 또 많은 재래시장이 있어 값싸고 질 좋은 물품을 구입할 수도 있다. 시장에서 검은 생강도 판매한다. 시간이 되면 시내에 있는 치앙마이 대학도 둘러볼 수 있다. 대학 구내의 울창한 나무는 마음을 시원하게 하며 특히 대학 내 앙 깨우 저수지는 한 번 들려서 볼만한 장소다. 태국에서 방콕 다음으로 최초의 국립대학이 설립된 대학이고, 등록금이 저렴하고 교수진이 우수하다는 평가에 학생들이 선호하는 대학이라고 한다. 치앙마이 대학은 4개의 캠퍼스로 구성되어 있는데 농업과 의학 분야가 우수하다는 이야기가 많다.

길거리에서 파는 석류즙도 일품이며, 돼지를 통째로 구워 파는 '무한'이라는 음식도 맛이 매우 좋고, 돼지 껍데기를 튀긴 '치차론'이라는 과자도 먹을 만하다. 용과나 파파야는 지천으로 널려있고, 냄새는 지옥인데 맛이 천국이라는 두리안durian도 꼭 먹어봐야 하는 과일이다. 단 냄새 때문에 호텔에는 가지고 들어갈 수 없다. 그러나 두리안의 효능은 만병통치라는 별명을 가지고 있다. 특히 여성들 미용에 탁월한 효능이 있다고 알려져 있다.

스페인Spain에서 지브롤터 해협을 건너면 모로코Morocco의 탕헤르 항구에 닿는데 배를 타면 20여 분 밖에 걸리지 않는다. 모로코 카사블랑카의 그림 같은 풍경도 결코 잊을 수 없으며, 가죽 염색 공장에서 보호장구도 없이 맨몸으로 독한 염색약이 들어있는 물감통에 들어가 가죽에 물감을 들이는 청년들의 모습이 한없이 안쓰럽게 보였다. 벗은 몸에 진한 물감이 잔뜩 묻어있었다. 독한 염색 약품 냄새 때문에 방문객은 박하 잎이 달린 줄기를 하나씩 받아서 코에 대고 관광을 한다. 모로코는 아르간 오일argan oil이 유명하다. 가시가 촘촘한 십여 미터의 나무를 염소들이 타고 올라 아르간 열매를 먹는다. 염소들이 과육만 먹고 씨를 뱉으면 그걸 주워 껍질을 깨서 알맹이를 모은다. 그 알맹이로 기름을 짠 것이 아르간 오일인데 먹기도 하고, 바르기도 하며 각종 약품이나 생활 용품에 사용한다.

이집트의 피라미드를 구경하는 것도 뜻이 있으며 미라가 보존된 박물관과 스핑크스를 관람하는 재미도 있고, 기차를 타고 아스완 팔레 신전이나 오벨리스크를 관광하는 것도 빼놓을 수 없는 코스다. 아부심벨 대 신전을 관람하고 람세스 2세의 동상을 본다는 기대도 있다. 나일 Nile 강에 떠다니는 유람선을 타고 이동하면서 방문한 카르낙 신전이나 왕가의 계곡은 크나큰 영감을 준다. 내가 다녀본 나라 중에서 교통 질서가 가장 취약한 나라가 이집트인 것 같은 인상을 받았다. 현지인의 말을 빌리자면 이집트에서는 대략 10% 정도의 유물만 발굴된 것이고, 아직도 많은 유물이 땅속에 묻혀있다고 했다. 산속에 있는 왕가의 계곡은 반드시 둘러봐야 하는 고고학적 가치가 큰 장소이다. 특히 바하리아Bahariya 사막에서 하룻밤 야영을 하는 것도 잊을 수 없다. 밤 늦게까지 모닥불을 피워놓고 야영을 하는데, 야생동물의 침범을 막고 보온을 위해 불을 피운다. 베두인들이 밤새도록 불을 지핀다. 바하리아 사막을 가는 길에 기괴한 암석이 우리를 반겼다. 나는 이집트 바하리아 사막의 아침에 남은 음식물 찌꺼기를 먹으러 다가온 사막여우를 직접 만나는 행운을 얻었다. 그곳에서 영감을 얻어 집필한 책이 「바하리아 삭막에서 품은 별」이란 기행문적 소설이다.

혼잡한 것 같은 이집트지만 '이집트를 움직이는 5대 정신적 지주'라는 말을 달리는 버스 안에서 현지 가이드에게 들었다. 첫째가 샤하다라고 하는 신앙 고백이라고 했다. 하나님은 언제 어디서나 존재한다는 뜻을 가지고 있다는 말이라 했다. 둘째가 살라트라는 이슬람의 예배라 했다. 아무리 바빠도 새벽부터 밤까지 5번의 예배를 드린다. 여럿이 예배를 볼 때는 이맘이라는 지휘자의 구령에 따라서 동작을 취한다고 했다. 셋째는 자카드라는 자선이 있다. 가진 자는 못 가진 자에게 나누어 주어야 하고, 못 가진 자는 가진 자의 것을 조금 가질 수 있다는 뜻이라고 했다. 넷째가 시음이라는 금식이 있다. 금식 기간은 9월에 이루어지는데 그 기간을 라마단이라고 한다는 것이다. 그때도 하루에 5번의 기도를 올린다. 단식을 함으로써 일 년 동안 지은 죄가 사해진다고 믿는다는 것이다. 다섯째가 하즈라는 성지 순례라고 말했다. 일생에 한 번은 성지 순례를 떠나야 한다고 했다. 하즈는 이슬람력으로 12월에 시행되는데 이집트에서 12월은 따뜻한 계절이므로 이때 메카를 향하여 성지 순례를 떠난다는 것이다. 이것이 이집트를 움직이는 5대 정신이라고 말했다. 또한 이슬람 사람들은 돼지고기를 먹지 않고, 힌두교 신자들은 소고기를 먹지 않는다. 우리에게는 낯설지만 이집트에서는 그게 이집트를 움직이는 크나큰 힘이라고 가이드가 힘주어 말했다. 이집트에서는 현재도 여성 할례割禮가 이루어지고 있다는 것이다. 비위생적인 환경에서 시행되는 할례 때문에 죽는 일까지 생겨난다고 한다.

이집트에서 귀국하는 길에 카타르 도하에 비행기가 착륙한다. 급유하고 청소를 하기 위해서다. 그곳에 유명한 수크 와키프라는 도하 최대의 전통 시장에 들르는 것이 필수 코스다. 그곳에 들리면 매falcon를 판매하는 상점이 즐비하다. 가격은 한 마리에 수십만 원에서 수억 원을 넘는다. 그곳에서 매는 사냥용이 아니고 관상용으로 취급한다. 매는 카타르의 국조國鳥다. 매의 한 쪽 다리가 끈으로 묶여 있고 머리에는 안대를 쓰고 있다. 오직 숨만 쉬는 것이다. 사냥의 본능을 제어 당하고 부자들의 사랑을 받으며 산다. 그곳에 유명한 매 전문 병원도 있는데, 치료는 물론 미용까지 하고 있다. 매는 먹고 배설하면서 애완용으로 길러지는데 하늘을 날지 못하는 매는 정녕 행복할까 하는 생각이 들었다. 매는 사냥을 해서 잡은 동물의 고기를 먹을 때가 가장 멋져 보인다는데, 사냥의 기능을 억제당한 매가 진정한 매라고 할 수 있을까. 나는 그곳에서 기념으로 매가 쓰는 가죽 안대眼帶 3개를 구입했다.

내가 방문한 여러 나라 중에서 가장 정직하고 깨끗한 나라가 싱가포르인 것 같다. 물건을 사면 가짜일 경우 물건값의 몇십 배를 변상한다는 말을 하거나, 안내문을 볼 수 있다. 길거리에 담배꽁초나 휴지를 버리면 어마어마한 벌금이 기다리고 있다. 특히 주롱 새 공원Jurong Bird Park은 꼭 가볼 만한 장소다. 600여 종 8,000여 마리가 서식하는 세계 최대 규모의 새 공원이다. 저녁이 되면 도로가 노천 음식 거리로 변한다. 한국어를 구사하는 종업원이 있어서 편리하고, 가격 또한 저렴한 편이다.

캄보디아에서는 누가 뭐래도 앙코르 와트를 빼놓을 수 없다. 심지어 화폐에도 앙코르 와트 사진이 들어가 있다. 스펑나무 뿌리가 담을 뚫고 사원의 벽을 침범하고 있는 아주 신기한 사원이다. 12세기에 크메르족이 건축한 사원으로 세계 7대 불가사의에 속한다. 입구에 들어서면 용케도 어느 나라 관광객인 줄 알고 그 나라의 민요를 연주한다. 그 앞을 지나면서 그냥 갈 수가 없어서 1달러 지폐를 놓고 가는 게 예의다. 상점에는 깊은 산속에서 채취한 상황버섯이 산을 이룬다. 상황버섯을 채취하다가 지뢰를 밟아 불구가 된 사람들도 많이 만난다.

관광하다가 시원한 그늘에 앉아 야생의 코코넛 즙이나 몬돌끼리 mondulkiri 커피를 마시는 기쁨도 빼놓을 수 없다. 커피는 설탕을 넣지 않았는데도 달달한 맛이 난다. 몬돌끼리 커피는 캄보디아의 북쪽에서 많이 생산된다. 캄보디아에는 똘슬랭 박물관, 킬링필드, 왕궁, 처음 본 관광객은 바다라고 하는 톤레삽Tonle Sap 호수 등 그야말로 호기심을 자극하는 게 무척 많다. 톤레삽 호수에는 수상 가옥이 줄지어있다. 그들에게 필요한 물품을 공급하는 나룻배가 수시로 가정을 방문한다. 움직이는 상점이다. 저녁엔 호텔 근처를 돌아다니다가 큰 음식점을 만나면 이색적인 음식을 먹을 기회가 주어진다. 음식 사진이 즐비한데 자세히 살펴보면 악어 고기도 판매한다. 닭고기 비슷한 식감을 가지는 악어 고기는 가격도 저렴한 편이다.

덴마크 해변의 바위 위에 기대어 앉아있는 인어 공주가 마음을 설레게 했으며, 알라스카의 눈썰매는 헉헉거리는 개들의 모습이 조금은 힘들어 보였다. 미국은 내가 오하이오주립대학교OSU에서 공부할 때 시간이 되면 서부를 더러 갔었는데, 웅장한 협곡의 모습이 지금도 눈에 선하다. 얼마나 공중도덕을 잘 지키는지 쓰레기를 찾아볼 수 없었다. 오스트리아의 고대도시 로마의 경관도 아름다웠으며, 르네상스의 발상지인 피렌체도 인상에 남았다. 피렌체 가죽 시장에 들르면 어마어마한 가죽 제품에 눈이 휘둥그레질 지경이다. 55미터 높이의 피사의 사탑은 지금도 수수께끼를 안고 있는 것처럼 보였다.

남아메리카 중부 태평양 연안에 있는 페루Peru에 잉카의 전설 마추픽추Machu Picchu도 가슴을 뭉클하게 했다. 아직까지도 수수께끼로 남아있는 고대도시 마추픽추다. 마추픽추를 오르는 방법은 두 가지인데 하나는 버스를 이용하는 방법이고, 다른 하나는 트레킹을 하는 방법이다. 버스를 타면 가슴이 움찔움찔한다. 천 길 낭떠러지를 기어 올라가는 형상이다. 볼리비아의 아마존 강의 여행도 빼놓을 수 없는 기억을 안겨 주었다. 배를 타고 아마존 강을 거슬러 올라가다가 선장이 총을 발사한다. 옛날 방식의 사냥을 하는 흉내를 내는 것이다.

노르웨이의 비겔란Vigelands 조각공원의 석조물은 인간의 한계를 뛰어넘는 예술품 같아서 마음이 뭉클해졌다. 구스타브 비겔란과 그의 제자들이 조각한 200여 개의 조각품은 마치 진흙으로 빚어놓은 듯한 착각을 더한다. 그중에서 17미터 높이의 화강암에 121명의 군상을 새긴 돌탑이 으뜸이다. 핀란드의 자작나무 집에서 사우나를 하고 차가운 바다에 뛰어들 때는 몸에 묻는 모든 진토塵土를 씻어버리는 심정이었다. 핀란드 사우나는 뜨겁게 달구어진 난로 주위의 돌에 물을 뿌려 그 수증기로 몸을 데운다. 또한 자작나무 줄기를 묶은 다발로 등을 가볍게 두들겨 혈액 순환을 돕는다고 한다. 자작나무는 하나도 버릴 게 없는 나무다. 기름기가 많은 껍질은 불을 밝히는 데 사용했으며, 공예품으로도 쓰이고 나무는 가구로 또 껌의 원료로 사용되고 약을 만드는 데도 사용된다고 한다. 차창 밖으로 보이는 자작나무가 끝없이 펼쳐진다. 핀란드, 노르웨이, 스웨덴, 덴마크 그리고 아이슬란드가 북유럽을 이루는 나라다. 그들 나라는 국기 모양이 완전 일치한다. 직사각형 속에 십자가가 한쪽으로 치우쳐 들어간 모양인데 색깔만 다르다.

대만臺灣의 동서횡관東西橫貫 공로도 다시 가보고 싶은 계곡이며, 예류의 파도에 깎인 자연석 돌들도 볼만했다. 많은 돌중에서 여왕의 모습을 한 돌은 사진의 배경으로 방문객이 줄을 선다. 특히 대만은 국립고궁박물원國立故宮博物院을 꼭 가봐야 한다. 그중에서 3층에 있는 옥배추, 동파육 돌, 겨자씨에 새겨진 배와 사람 모양 그리고 120년에 걸쳐 만들었다는 상아공은 필수적으로 봐야 한다. 그냥 공이 아니라 공 속에 공이 있고 또 공 속에 공이 있다. 무려 17겹의 공이 공 속에 들어있고 자유자재로 움직인다. 물론 공을 갈라서 붙인 것이 아니라 정교하게 파내서 공이 안에서 굴러가게 한 것이다. 신의 경지가 아니고서는 도저히 불가능한 작품임을 눈으로 본다는 게 신기할 따름이다. 실물을 보면서도 실감이 나지 않음은 관람객의 의구심 때문일지도 모른다. 어떤 여행객은 국립고궁박물관이라고 하는데 정확한 이름은 국립고궁박물원이다. 박물관은 유물을 수집 전시하는 곳이고, 박물원은 유물을 수집 전시 연구하는 곳이다. 차원이 완전히 다르다. 현재 세계적으로 돌풍을 일으키고 있는 위스키 카발란Kavalan이 대만의 킹카그룹에서 생산된다. 오크통 내부를 깎고, 약한 불로 굽고, 강한 불로 태우는 STR공법으로 만든 술에서는 쌉쌀하면서도 과일 향이 난다는 게 애주가들의 평이다.

체코의 부다페스트나 할슈타트를 천천히 걸으면서 명상에 잠기고 싶고, 볼타바 강을 가로지르는 카를교Karlův橋에서 민속품을 구경하다가 흥정하는 것도 묘미가 있으며, 헝가리에서 팔린카palinka 증류주를 마시는 것도 진한 추억이 된다.

쿠바에서 헤밍웨이가 즐겨 마셨다는 모히토mojito를 한 잔 마시면서 카리브 해를 보는 것도 잊을 수 없다. 아니면 헤밍웨이가 자주 다녔던 프로리디따 바에 들려서 다이끼리 각테일을 마시는 것도 아름다움이다. 길쭉한 여송연 타는 냄새가 구수한 게 이국적인 분위기가 물씬 풍긴다. 아주 오래된 구형의 자동차가 잘도 달린다. 물론 택시를 타려면 출발 전에 흥정을 해야 한다.

크로아티아 아드리 해에 연한 두브르부니크, 내부를 관람하는 것도 그런대로 멋이 있다. 칸마다 다른 종류의 물건을 판다. 어떤 방에서는 작은 물병에 술을 담고 약초를 넣었는데 향이 좋았다. 그곳에는 중년 남자들이 줄을 섰다. 수녀들이 만드는 수제 화장품 상점은 여자 여행객들이 장사진을 이룬다.

오스트레일리아에서 유칼립투스 잎만 먹는 코알라의 모습은 아기자기했으며, 나무에 매달려 잠을 자는 나무늘보의 털은 매끄럽기 그지없었다. 시드니의 조가비 모양의 오페라 하우스는 물에 떠 있는 듯했다. 그곳에 프로폴리스 제품과 마카다미아도 유명하다. 뉴질랜드의 마오리족은 용맹스런 자세를 취했다. 뉴질랜드에서 생산되는 마누카manuka 꿀은 한국인이 가장 선호하는 제품이다.

몽골Mongolia의 수도 울란바토르 야외 평원에 세워진 게르ger에서 내다본 하늘에서는 무수한 별이 쏟아질 것만 같았다. 뜨거운 돌로 고기를 눌러 땅에 묻었다가 꺼내 먹는 허르벅은 감칠맛을 더했다. 몽골은 지구상에서 시력이 좋기로 이름난 지역이다. 보통 몽골 사람들의 시력은 4.8에서 6까지라고 하니 가히 현미경과 망원경을 합친 눈이라고 할 수 있다. 맑은 공기와 드넓은 초원 때문이라고 한다. 중국 제남의 앉은 자세로 미라가 된 고승의 모습은 처연했으며, 신장 위그루 자치구에 있는 천산천지天山天池의 물은 맑기가 거울 같았다. 민산산맥 줄기에 있는 구채구의 논바닥에 그림 같은 수채화의 물결은 환상적이었으며, 티베트 고원에서 가장 큰 청해호의 언덕에서 부르는 린진될마의 청해호 노래는 듣는 이의 가슴을 애잔하게 만들었다. 티베트에는 유명한 포탈라궁이 있다. 특히 젊은 무용수들의 예술적인 춤은 관광객을 오랜 시간 머물게 했다.

오스트리아의 칼 상점에는 수천 종의 칼이 전시되어 있었는데 나는 그곳에서 주머니칼을 하나 구입했다. 슈테판 대성당, 쉔브룬 궁전, 벨베데레, 잘즈브르크 대성당 볼 것은 많은데 시간이 촉박하다. 헝가리에서 지상 전철을 타고 유람하는 것도 그런대로 흥미가 있었다. 특히 부다페스트의 야경은 정말 황홀했다. 헝가리는 한의학이 발달한 나라다. 그 때문인지 가로수에 겨우살이가 주렁주렁 매달린 모습을 볼 수 있었다. 베트남 다낭에서 바나힐을 올라가는 것도 의미가 있으나 본 경비보다 선택 관광이 많아 조금은 어려움이 있었다. 베트남 공항에서는 베트남에서 생산되는 제품만을 파는 상점이 있다. 그곳에 들르면 소위 정력 술이라는 '민망주'를 판다. 베트남 민망왕이 즐겨 마셨다는 술인데 자라가 들어간 술도 있다. 민망왕은 아내와 첩이 300여 명이나 됐고, 자식이 142명이라고 한다.

연해주라 불리는 시베리아 횡단 열차의 종착점인 블라디보스토크는 실로 가까운 거리다. 블라디보스토크 기차역은 시골의 작은 역사驛舍를 연상케 했지만 천장의 모습은 예술품을 보는 것 같았다. 블라디보스토크에서 모스코바까지는 9,288킬로미터다. 기차로 87개 도시를 거쳐 6박 7일을 달려야 도착할 수 있다. 그 철도를 놓는 데 무려 25년이나 걸렸다고 한다. 기차가 달리는 속도는 시간당 64킬로미터이다. 기차는 2층으로 되어있으며 침대칸이 있고 취사를 할 수 있는 시설까지 갖추고 있다. 블라디보스토크 독수리 요새에서 내려다보이는 금각만 대교는 실로 웅장했으며 현지에서 맛볼 수 있는 곰새우는 입맛을 돋우기에 만족했다. 혁명광장의 동상은 위풍을 자랑하기에 바빴으며, 블라디보스토크에 머무는 동안 혁명광장을 수없이 지나친다. 토요일과 일요일에는 혁명광장에 도깨비시장이 열리는데 진귀한 물건이 나오기도 한다. 버스로 이십여 분 거리에 토카렙스키 등대가 있어 그곳도 한 번쯤은 들릴만했다. 저녁 식사 시간에 양 꼬치구이에 보드카 한 잔을 마시는 기분도 빼놓을 수 없는 낙이다.

남미 볼리비아의 포토시주 서쪽 끝에 있는 세계 최대의 벌판이 바로 우유니Uyuni 소금 사막이다. 12,000㎢로 이루어진 광활한 지역에 펼쳐져 있다. 옛날에는 바다였다가 지형이 융기되어 소금물이 들어있는 채로 사막이 되었다는 것이다. 상상했던 것보다 밋밋했다. 하지만 우유니 사막은 해발고도 3,600미터인 곳이라 걷기도 벅찬데 점프하면서 사진을 찍는다는 것은 고역이 아닐 수 없다. 우리를 안내한 운전기사가 사진사로 변신해서 사진을 찍는데 그 모습이 가관이다. 두툼한 비닐을 바닥에 깔고 그곳에 기사가 엎드린다. 인조 공룡이 입을 벌리고 있는 저편에 일행이 옹기종기 서 있으면 공룡의 벌린 입 앞에 관광객을 위치시키고 사진을 찍는다. 인화해서 보면 공룡이 사람을 집어삼킬 것 같은 모양새다. 사진을 받아 든 관광객은 팁을 안 줄 수가 없다.

나이가 들은 요즈음은 두세 시간 거리인 일본日本을 자주 간다. 최북단 삿뽀로에서 최남단 오키나와까지 3,000킬로인 인본은 가깝고도 먼 나라다. 가볍고 작고 짧고 얇은 것을 추구하는 경소단박輕小短薄의 나라가 일본이다. 국민은 가난해도 나라가 부자인 일본은 의사가 정년퇴직을 하고 택시 운전을 하는 나라다. 고속도로 톨게이트에서 요금을 받는 징수원은 서서 받고 인사를 한다. 금전을 주는데 어찌 앉아서 받느냐는 사고를 지닌 국민이다. 겨울눈을 맞으면서 걷는 북해도 여행도 멋있고, 여름철 해풍을 쏘이는 오키나와 여행도 멋스럽다. 오키나와의 츄라우미 수족관에서 유영하는 고래상어의 크기가 위풍을 과시했다. 일본에서 가장 많이 보는 것이 자판기다. 일본은 자판기 천국이다. 북해도에서는 곰, 사슴, 고래, 물개 고기 통조림을 자판기에서도 판매한다. 음료수는 물론이지만 도장도 팔 수 있고 말 고기 통조림도 있고 빵, 라면, 만화책, 담배, 식품, 우산, 과일도 자판기에서 구매할 수 있다. 갈 때마다 느끼는 것이지만 일본에서는 특산품을 구하려면 그곳에 가야 한다. 예를 들면 말기름 화장품을 구하려면 반드시 북해도를 가야 한다. 일본 여행을 마치고 돌아오는 내 여행 가방 속에는 언제나 매실 장아찌인 우메보시가 넉넉하게 들어있다. 나는 다른 반찬보다도 특히 우메보시를 좋아한다.

여행은 왜 가는가? 내가 사는 곳과 다르기 때문에 가서 보고 배우러 가는 것이다. 내가 답사한 세계 170여 개국이나 되는 여러 나라 중에서 어디로 가면 좋겠느냐고 물으면 나는 나이아가라 폭포도 좋고, 안팎, 상하, 좌우에서 다 볼 수 있는 동양 최대의 중국 귀주성에 있는 황과수黃果樹 폭포나 부근의 무수한 봉우리로 쌓여있는 만봉림, 깐수성에 있는 무지개산(칠채산)도 좋다고 말하고 싶다. 귀주성에 붙어있는 광서좡족자치구에 가면 유명한 합개주蛤蚧酒를 마실 수 있다. 합개란 정력이 좋은 일종의 도마뱀인데 내장을 제거한 합개 한 쌍을 말려 머리와 발톱을 잘라버린 후에 비늘을 제거하고 잘게 부숴 거즈로 싼 것을 독한 술에 담갔다가 손님에게 내놓으면 최고의 대접이라는 이야기가 있다. 우리나라 한약국에서도 합개를 판매한다.

여행에서 중요한 것은 날씨인데 중국 깐수성에 있는 무지개산을 보려면 비가 와야 한다. 더 좋은 것은 비가 그친 그 시각이 가장 사진 찍기 좋은 기회다. 아시다시피 사진은 물체를 찍는 것이 아니고 물체에서 반사되는 빛을 찍는 것이다. 그러기에 같은 장소라도 맑은 날에 찍은 사진과 흐린 날에 찍은 사진과 비 온 뒤 찍은 사진은 확연히 차이가 난다. 여행객들이 가장 싫어하는 비는 무지개산을 관광할 때는 비가 와야 한다는 역설이 통하는 장소다. 뿌연 석회암산이 비를 맞으면 아름다운 색깔을 내보이는 것이다. 자연은 참으로 신기하다는 생각이 절로 나는 곳이다.

필리핀Philippines 팍상한 폭포를 가려면 〈방카〉라는 보트를 밀어서 올라간다. 더러 보트가 바닥에 닿아 인부들이 힘들어하는데 작은 체구에 마른 모습을 보면 수고비를 안 줄 수 없다. 폭포수로 마사지를 하면 모든 시름이 날아간 듯하다. 히든 밸리 계곡에 이르면 몇 아름이나 되는 나무가 시간을 멎게 한다. 인도네시아Indonesia에서는 세계 최대 칼데라인 또바 호수가 멋스럽다. 수천 마리가 사육되는 동양 최대의 메단 악어 농장도 볼만하다. 사마라둥가 왕이 건축한 40미터 높이의 보르부드르 불탑은 마음을 경건하게 한다. 말레이시아Malaysia의 최대 도시 코타키나발루도 멋스러운 도시다. 열대우림이 빽빽한 정글에는 수백 종의 벌레가 우글거리고, 동굴에서 반짝이는 반딧불 탐험도 빼놓을 수 없다. 말레이시아는 행운목의 본고장이며 불탑의 천지란 말이 사실이다.

세계 여러 곳을 다녀보면 좋은 곳도 많지만 나는 단연 아프리카를 추천하고 싶다. 아프리카를 가려면 출발하기 전에 황열병 예방주사를 맞고 가는 게 좋다. 일명 엘로우 카드라 하는데 예방주사를 맞으면 노란색 카드를 준다. 아프리카에 입국할 때 그 카드를 같이 제출하면 된다. 한 번 접종으로 10년의 예방효과가 있는 것으로 알려져 있다. 개인 여행이라면 취향에 맞는 곳을 선택할 수 있지만 단체 여행이라면 아프리카 6개국 여행을 추천하고 싶다. 현재 두바이를 경유하는 6개국 여행 상품이 있다. 두바이까지 10시간을 날아가고 그곳에서 연료를 보충한 다음 목적지까지 가는데 장장 9시간 30분이 걸린다. 출발부터 도착까지 19시간 30분이 걸리는 셈이다. 6개국이란 남아프리카 공화국을 기점으로 하여 케냐, 짐바브웨, 잠비아, 탄자니아, 보츠와나를 말한다. 일행은 특별한 경우가 아니고는 케냐의 수도 나이로비를 지난다. 만약 나이로비를 들를 경우 반드시 지참해야 하는 게 있다. 바로 마스크다. 마스크가 없으면 손수건으로 입과 코를 가려야 한다. 자동차에서 내뿜는 매연에 눈을 뜨기가 어려울 지경이다.

아프리카에서 볼 지역이 한두 곳이 아니지만 꼽으라면 두 곳이 볼만하다. 남아프리카 공화국은 넬슨 만델라가 18년간 형을 살았던 로벤섬도 있고 물가가 아주 저렴하다는 매력이 있는 도시이긴 하다. 하지만 완전 추천하고 싶은 곳은 잠베지 강에서 흐르는 빅토리아 폭포Victoria Falls다. 100여 미터에서 낙하하는 물보라는 항상 무지개를 만든다. 빅토리아 폭포는 잠비아와 짐바브웨 국경에 있어서 어느 나라에서나 볼 수 있다. 이 폭포는 영국의 탐험가 데이비드 리빙스턴이 발견했고 영국 여왕의 이름을 따서 빅토리아 폭포라고 이름 지었다. 브라질과 아르헨티나 국경에 있는 이구아수 폭포보다 더 웅장한 느낌을 받았다. 항상 무지개가 떠 있어 아름다움의 끝을 이룬다. 폭포를 관람하려면 물방울이 튀어 오르기에 반드시 우비를 착용해야 한다. 우비는 현지에서 대여료를 받고 빌려준다.

또 하나 중요한 볼거리가 있는데 그게 바로 탄자니아Tanzania에 있는 응고롱고로 분화구ngorongoro crater다. 넓이가 160㎢, 깊이가 600m인 거대한 칼데라 지형이다. 넓이가 제주도의 8배나 된다. 이 분화구에 동물이 한 번 들어가면 절대로 분화구 밖으로 나올 수 없다. 단 코끼리와 원숭이 그리고 날짐승만은 밖으로 나올 수 있다고 한다. 그 속에서 생과 사가 갈리면서 평생을 산다. 그곳에 사는 동물 중에서 사자, 코끼리, 버팔로, 표범 그리고 코뿔소를 빅 화이브 big five라 칭한다. 포유류가 50여 종, 조류가 200여 종 그러나 기린은 없다. 1892년 독일인 바우만 박사가 발견해서 세상에 알려지게 됐다. 또한 그곳은 동물행동학자 제인 구달 박사가 오랜 기간 침팬지를 연구하던 곳이기도 하다. 그녀는 수십 년간 침팬지 연구에 매진하였으며 우리나라에서 수여하는 만해대상을 수상하기도 했다. 동물들의 발굽 보호를 위해 도로는 비포장이고 사륜구동 자동차만 들어갈 수 있다. 그곳에는 호텔도 있고 로지lodge도 있다. 방 열쇠에는 호루라기가 달려있는데, 투숙객이 이동할 때는 호루라기를 불어 원주민의 안내를 받아서 움직일 수 있다. 이는 야생동물의 습격 피해를 예방하기 위해서라는 것이다.

응고릉고로에서는 달리기가 생사生死를 좌우한다. 도망가는 동물이 빨리 달리면 달려가는 동물은 굶어 죽고, 늦게 달리면 달려오는 동물에게 잡혀서 식사 거리가 되는 것이다. 응고릉고로 정중앙에는 마카투 호수가 있는데 떼를 지어 먹이를 찾는 홍학 무리는 그야말로 볼거리다. 나는 그곳 로지 상점에서 맹수들을 잡을 때 사용하는 나무망치를 하나 구입했다. 마사이 청년들이 붉은 옷을 입고 맨발로 맹수와 싸우면서 내리치는 나무망치는 흑단黑檀으로 만들었는데 망치를 깎아서 자루를 박은 것이 아니라 처음부터 공이가 달린 곳을 골라 망치와 자루를 통으로 깎은 공예품이었다. 나무망치를 스와힐리어로 룽구lunggu라고 했다. 묵직한 흑단 나무망치는 길이가 50센티나 된다. 우리를 안내했던 흑인 청년은 항상 룽구를 손에 들고 좌우를 살피면서 우리를 인도했다. 그곳

캣츠Cats라는 식당에서 토속 무용을 보면서 야생 고기 만찬을 즐겼다. 악어, 임팔라, 멧돼지, 영양, 사슴, 누우, 산닭 등 고기가 즐비한데 모두 질긴 감이 있었다.

응고릉고로에서 차로 서너 시간 달리면 운이 좋은 경우 하자베부족을 만날 수 있다고 현지 가이드가 말했다. 탄자니아에는 120여 개의 원시 부족이 사는데 그중에서 하자베 원시 부족은 동물을 사냥하고 식물의 뿌리를 캐거나 열매를 거두어서 생계를 유지하고 있는 지구상에 유일한 부족이라 했다. 바오바브나무를 숭배하고 유랑 생활을 한다. 바오바브나무의 열매는 어른 주먹만 한데 열매를 쪼개면 하얀 속살이 나온다. 그냥 먹기도 하고 구워서도 먹는다. 남자들은 사냥해서 잡은 동물을 현장에서 구워 참가자 전원이 동일하게 분배하지만 매번 사냥에 성공하는 건 아니다. 사냥 도구는 자체 제작한 활과 화살이다. 남자들은 잡은 동물의 가죽을 벗겨 옷을 만들어 입는데 짧은 바지에 상의는 보자기를 옆으로 걸친 게 전부라 했지만 우리의 계획에는 그곳을 갈 수 있는 기회가 없었다.

탄자니아는 국토의 38%가 자연 국립공원이다. 초식과 육식 동물의 낙원이라는 세렝게티의 75%가 탄자니아 국경 내에 있고, 나머지 25%는 케냐에 속해 있다. 또 한 곳을 추천했는데 시간이 되면 마다가스카르를 방문하는 것도 좋다고 했다. 바오바브나무가 그곳에 많기 때문이라는 설명을 했다. 세계에서 4번째로 큰 섬인 마다가스카르는 물가가 싸고 인형, 접시, 가면 등이 인기 있다고 했다.

가까이에 보츠와나Botswana 초베Chobe국립공원에 들어서면 코끼리 떼가 장관을 이룬다. 코끼리 천국이란 말이 어울린다. 새끼 코끼리는 항상 어른 코끼리 사이에서 보호받으면서 이동한다. 코끼리는 상아象牙 때문에 슬픈 동물이다. 인간이 상아를 얻기 위해 코끼리를 죽인다. 그래서 어떤 코끼리는 일부러 상아를 잘라 버렸다. 그게 코끼리가 살아남는 방법이다. 남아프리카 공화국의 발상지 케이프타운도 둘러보고 시간이 나면 현지의 커피도 마시는 계기가 생긴다. 남아프리카 공화국의 멋진 인공도시 선시티를 관광할 시간도 확보된다. 특이한 것은 남아프리카 공화국엔 수도가 3곳이나 된다. 행정 수도인 프리토리아, 입법 수도인 케이프타운 그리고 사법 수도인 블룸폰테인이 있다. 가장 멋진 수도는 단연 케이프타운이다. 케이프타운은 남서쪽 해안에 위치한 지극히 아름다운 해변 도시이다. 남아프리카 공화국 사람들은 케이프타운을 어머니의 도시라고 자랑을 한다. 그만큼 멋과 애정이 가는 도시라는 뜻이다.

케이프타운에 가면 꼭 보아야 할 것이 있다. 볼더스 비치Boulders Beach라고 하는 작은 펭귄penguin 보호 구역이다. 어미 펭귄이 새끼를 보호하는 모습은 가히 본받을만했다. 따가운 태양 빛을 어미의 몸으로 막아 새끼를 보호하는 모습은 눈물겹다. 태양 빛을 따라 어미가 몸의 방향을 바꾼다. 사진은 찍을 수 있으나 소리를 지르거나 물건을 던질 수는 없다. 그곳에서 유명한 아마룰라amarula라는 나무 열매로 만든 술이 생산되는데, 술병에는 반드시 코끼리가 그려져 있다. 떨어진 아마룰라 열매가 발효된 것을 코끼리가 먹고 취해서 비틀거리는 것을 보고 술을 만들었다는 아마룰라 술은 목 넘김이 부드러웠다. 그 소식을 접한 관광객들은 너도나도 한 병씩 구입해서 가방에 넣었다.

여기서 잠깐 짚고 넘어갈 것은 우리가 흔히 아카시아acacia라고 한 식물이 사실은 아카시아가 아니고 우리나라에 있는 식물은 아카시다. 남아프리카에서 드물지만 아카시아를 볼 수 있는데 꽃이 붉은색으로 무척 예뻐 보였다. 관광버스가 달리다가 중간에 화장실을 가게 되는데 그곳에 난전亂廛이 펼쳐진다. 멧돼지 이빨로 만든 열쇠고리, 흑인 모습을 한 장난감, 흑단으로 만든 머리빗, 목이 긴 기린 인형, 이것저것을 살펴보며 흥정을 하고 구매하는 것도 보람이 있다. 단 주의할 점은 일단 구매했으면 남이 같은 물건을 구매했을 때 가격을 묻지 않는 게 예의다. 남보다 비싸게 구입했으면 마음이 아프고, 싸게 구입했으면 더 구하지 못해서 안달이다. 그러니 침묵이 금이다. 가는 곳마다 이국적인 물건을 구입하는 것도 여행의 멋스러움이다.

나에게는 특별한 성격이 있다. 내가 잘못이 없는데도 나를 멸시하고 질투하고 무시하거나 내가 하는 일을 방해하면 나는 그 사람과 영원히 인연을 끊어버린다. 길에서 마주쳐도 인사는커녕 고개를 돌리고 모른 척한다. 그래서 세상이 만만치 않음을 느낀다. 내가 잘못을 저지르지 않았는데도 나를 미워하고 질투를 하면 나는 절대 좌시하지 않는다. 어느 지인에게 연이어 세 번이나 안부를 문자로 물었다. 그러고도 오랜 시간이 지났다. 그런데도 답장이 없어서 그의 이름을 서슴없이 지웠다. 그 후 몇 달이 지나서 그 사람한테서 전화가 왔지만 나는 받지 않았고, 문자가 왔어도 가차 없이 지웠다.

얼마 전에도 나는 스마트폰에서 한 사람의 이름과 전화번호를 야멸치게 지웠다. 내시內侍 같은 행동이며 하는 짓마다 동료들의 지탄을 받는 통에 미련 없이 이름을 삭제했다. '내시도 실력이다'라는 말을 듣고 내 귀를 잘라버리고 싶었다. 얼마나 마음이 통쾌하고 후련하든지 삼 년 묵은 체증이 내려가는 기분이었다. 나는 완벽하게 도덕적으로 살진 못해도 어느 정도 양심적으로 살아야 한다고 생각한다. 그런데 도덕은 물론 양심까지도 저버리고 사는 사람을 나는 경멸한다. 그래서 나는 아무리 화가 나도 힘으로 남을 공격하지 않는다. 무슨 일이 일어날지 몰라 나 자신이 두렵기 때문이다.

나는 젊은이들에게 권유하고 싶은 게 세 가지가 있다. 하나는 젊었을 때 여러 곳을 여행하라는 이야기고, 다른 하나는 많은 책을 읽으라는 것이다. 여행은 세상을 보는 안목이 넓어지고, 독서는 마음의 양식이 되기 때문이다. 더불어 혼자서도 할 수 있는 건전한 취미를 가지라고 권고하고 싶다. 요즘 아파트나 공원 같은 곳에 운동할 수 있는 기구가 얼마나 많이 설치되어 있는가. 마음만 먹으면 항상 운동을 할 수 있다. 운동만이 아니라 악기를 다루는 것도 좋고 노래를 부르는 것도 좋다. 조각을 할 수도 있고 요리를 할 수도 있으며 분재를 배울 수도 있다. 중장비를 운전할 수도 있으며 위험물 취급 자격증을 딸 수도 있고 그림을 그릴 수도 있다. 골동품을 모을 수도 있으며 유튜브를 운영할 수도 있고 등산을 할 수도 있다. 컴퓨터를 공부할 수도 있고 외국어를 학습할 수도 있으며 글을 쓸 수도 있다. 일은 찾으면 얼마든지 있다. 젊었을 때 준비를 철저히 해야 노년이 돼도 외롭지 않다. 생각해 보니 살아 있음이 선물이다. 그러나 정적인 삶보다 동적인 삶이 더 멋지다는 생각이다. 움직인다는 건 살아 있다는 명백한 증거이니까. 하지만 나이가 들면 점점 동적인 삶이 정적으로 변해간다. 그건 어쩔 수 없는 자연의 순수한 이치다. 가끔 지인을 만나 술을 한잔할 때가 있다. 오랜만에 만난 지인은 '누구누구가 세상을 떴다'라는 이야기를 한다. 그럴 때면 인생 참 허무하다는 생각이 든다. 생전에 그토록 소유욕所有慾이 강했는데 그게 아까워 어떻게 눈을 감았을까를 생각하니 너무도 허망하다는 느낌이 다가왔다. 결국 다 놓고 가는데 생전에 그토록 재물에 집착하던 그의 모습이 주마등走馬燈처럼 지나갔다.

내 책을 읽는 독자는 설령 나이를 많이 먹었어도 마음만은 젊었으면 좋겠다. 그래야 이 노인의 마음을 어느 정도는 이해할 테니까. 내 글이 타인에게 얼마나 많은 공감을 일으킬지 나는 모른다. 하지만 나는 한 자 한 획 진심 된 자세로 지면을 메웠다. 나름 정성을 들여 쓴 내 글을 읽어 주는 독자가 있다면 나에게는 참으로 감사한 일이다.

2024년 가을에
洗心軒에서
朴權夏

차례

■ 프롤로그

나이 든다는 것의 서글픔 · 9

1. 사는 즐거움

 63 · 봄, 희망을 심다

 67 · 여름, 풍성해진다는 것

 70 · 가을, 결실의 수고로움

 73 · 겨울, 평화 그리고 안식

 78 · 나이 들어감을 대비한다는 것

 83 · 욕심이란 이름의 망령

 89 · 보고 싶은 형님

 93 · 취부득取不得 사부득捨不得

 97 · 동시몽同時夢

101 · 맛의 진정성

105 · 영혼의 윤활유

113 · 상식이라는 것

118 · 천상에서 날아온 티베트 무용수 용지擁吉

127 · 물질 만연 시대

131 · 식물들의 함성

2. 떠난 자와 남은 자

139 · 플라멩코flamenco와 파두pado

144 · 대청도에는 천사가 산다

149 · 고향, 늘 생각나는 곳

153 · 공중분해 된 모임

157 · 행복해지려면

162 · 지나친 비교가 주는 슬픈 현실

167 · 삶과 죽음의 경계선

173 · 여자가 명품 백에 집착하는 이유

177 · 상사화와 꽃무릇

180 · 오모리와 나비잠

185 · 두 가지 전쟁

189 · 미움도 사랑의 한 조각인 것을

192 · 동파육東坡肉을 만들며

196 · 치마와 바지

201 · 비정상적인 사회

3. 어행수탁魚行水濁 **조비모락**鳥飛毛落

209 · 가을, 그 앞에 서면
211 · 기대해 볼 만한 일
213 · 담금주 마실 생각에
215 · 왜들 이러는가?
217 · '됐다'를 이해하는 시간
219 · '~한니다'와 '~하겠슈니다'
221 · '보시면 됩니다'에 의한 충격
223 · 꽃의 본질
225 · 여자의 지혜
227 · 듀센미소와 판암미소
229 · 실천하는 여장부의 힘
231 · 과욕이 부르는 결과
233 · 여자도 여자를 모른다
235 · 녹색 거품 폭탄
237 · 어행수탁魚行水濁 조비모락鳥飛毛落

4. 살다 보니

241 · 살다 보니 1
246 · 살다 보니 2
251 · 살다 보니 3
258 · 살다 보니 4
265 · 살다 보니 5
272 · 살다 보니 6
279 · 살다 보니 7
283 · 살다 보니 8
288 · 살다 보니 9
295 · 살다 보니 10
302 · 살다 보니 11
310 · 살다 보니 12
318 · 살다 보니 13
324 · 살다 보니 14
328 · 살다 보니 15

과거에 매달리는 사람은 불행한 사람이다.
과거는 미래를 개선하기 위한 발판이지
과거 그 자체에 매달리면 미래가 없다.

-저자의 생각-

1

사는 즐거움

**남인도 마두라이
스리미낙시 사원**
20년마다 색을 다시 칠하여
아름다움의 극치를 이룬다.

중국 깐수성 둔황시 명사산
바람이 불면 모래 흘러내리는 소리가 우는 소리 같다 하여 명사산이라 했다.

봄, 희망을 심다

상고대에 반짝이는 아침 햇살도 반갑지가 않았다. 마스크로 호흡기를 가린 승객들이 지하철에 오른다. 표정과 언어를 잃어버린 회색 인간들 같은 모습이다. 모임은 제한되고 거리 두기의 제약이 우리를 가뒀다. 적군과 대치하고 있는 방어선 같은 자태다. 모든 길이 철저하게 차단되었다. 심지어는 망자亡者가 가는 길의 배웅마저도 통제되었다. 엎친 데 덮친 격으로 조류 인플루엔자까지 발생해서 우리 주변의 많은 것들이 피폐해졌다. 중국 우한武漢에서 발생한 코로나19 바이러스가 퍼진 지 2년이 지났다. 코로나가 창궐한다고 발표하던 그해 겨울에는 앙상한 나뭇가지에 칼바람이 불었었다. 몸도 추웠지만 마음도 얼어붙는 듯했다. 투명한 햇살마저 차갑게 느껴지던 계절이었다.

인간에게 내려진 재앙으로 전 세계는 극심한 몸살을 앓고 있다. 어느 나라에는 사망자가 몇만 명에 이르고, 또 다른 나라는 하루에도 수만 명씩 확진자가 나온다니 가슴이 졸여진다. 우리나라도 예외는 아니다. 우리나라에 코로나 하루 확진자가 이십만 명을 넘나든다. 여러 업종

중에서 가장 큰 타격을 받은 곳이 자영업자와 소상공인 그리고 여행업계다. 국내 여행도 조심스러울 뿐 아니라 외국 여행은 꿈도 못 꿀 처지에 놓여있다. 마스크 문제로 다툼이 벌어지고, 승객에게 마스크 착용을 요구한 버스 기사가 승객으로부터 무차별 공격을 당했다는 보도는 가슴을 아리게 한다. 같이 살아야 한다는 문구가 무색할 지경이다.
자영업자나 소상공인은 매출은커녕 임대료조차 내기가 어려워 발을 동동 구르는 신세가 됐고, 어떤 자영업자는 극단적 선택까지 했다고 신문이 전했다. 내가 근무했던 여행사의 사장은 영업용 택시를 운전한다고 하는 이야기를 풍문으로 들었다. 하지만 마른 땅에서도 새싹이 돋는 것처럼 임대료를 깎아준 주인이 있었다니 훈훈한 인심에 그나마 위안이 되었다. 그렇지만 달걀값은 천정부지로 치솟았고 서민들의 생활은 팍팍해졌다.
하지만 다행인 것은 백신이 들어왔다는 소식이다. 아울러 우리나라에서도 백신을 생산한다고 하는 반가운 소식까지 들린다. 2차 접종을 끝낸 노인이나 요양원 입소자는 3차 접종인 부스터 샷까지 하고 있는 실정이다. 더 우리를 들뜨게 하는 것은 위드 코로나라 하여 코로나와 같이 살게 된다는 뉴스다. 더불어 백신 여권을 가진 사람에게 외국 여행도 가능하다는 이야기다. 그 제도에 희망을 걸고는 있지만 그런 날이 우리 앞에 금세 퍼질지는 조급함이 앞선다. 문득 백신의 부작용이 나타났다는 보도는 들뜬 기분을 침잠沈潛하게 했다.
그러나 누가 뭐래도 철저한 방역과 그에 따른 국민 개개인의 투철한 위생 관리와 협조가 관건이라는 생각이다. 하루에도 무서울 정도로 많은 확진자가 나오는 현실을 생각하면 가슴이 쓰리다. 더불어 눈보라가 치고 매서운 한파가 몰아쳐 코로나19와 함께 우리의 생활을 움츠리게 했던 지난겨울과 꽃이 피는 봄에도 확진자는 크게 줄지 않았다. 아니 기하급수적으로 늘어났다. 모두의 생활은 집을 등에 지고 다니는 달팽이처럼 움츠러들기만 했다. 그래도 계절은 어김없이 바뀌었다. 코로나의 긴 터널 속에서도 봄이 왔고 아파트 담벼락엔 개나리가 만개했고, 어느 것은 앙증맞은 연교連翹를 맺기 시작했다. 뒤이어 산수유도 노란 꽃망울을 터트렸고, 목련이 수려한 자태를 뽐내기에 분주했다. 백목련의 우아한 맵시를 시샘이라도 하듯 자목련도 꽃들의 잔치에 동참했다. 살아있는 모든 것들은 저마다의 모습을 보이려고 안간힘을 쏟는 듯했다.

아파트 화단에서 흐드러지게 핀 동백이 붉다 못해 처연悽然하게 보였다. 앙상하게 마른 가지 속을 타고 흐르는 생명의 희열이 가슴을 뛰게 했다. 뿌리나 줄기 어디에도 보이지 않던 화려한 꽃들이 실 같은 가지 끝에서 피어남은 실로 기적이 아닐 수 없다. 땅속의 기운을 받은 머위나 원추리 싹도 흙을 밀어 올려 초록의 물결을 이루어낸 희망의 봄이다. 이렇듯 지난봄은 내게 위안이자 희망이었지만 좀처럼 코로나가 수그러들지 않았다. 코로나에 힘든 건 사람뿐만은 아니었다. 쓰다 버린 마스크 줄에 비둘기 다리가 감겨 죽어간다고 신문이 아우성이다. 그렇게 잔인한 한 해가 지나고 다시 봄을 맞이하고 있다. 하지만 새로 맞이하는 계절은 항상 새롭다.

코로나19도 물러가고, 조류 인플루엔자도 사라지고 이웃 간에 미소가 오가는 계절이기를 소망해 본다. 전화기 속에서 들리는 정겨운 웃음소리와 함께 겨울에 쌓인 먼지와 노곤한 봄의 기운을 훌훌 털어버리는 희망찬 계절이기를 갈망한다. 자주는 아니라도 봄이 오면 생각나는 게 있다. 내가 태어난 시골 고향 뒤뜰에 탱자나무가 서너 그루 있었다. 봄이 되면 가시가 뾰족하고 긴 탱자나무에서 쌀 튀김 같은 흰색 꽃이 무수히 핀다. 그때가 되면 내 바로 위의 기다란 갑사댕기를 머리끝에 매단 누님이 탱자나무꽃을 자주 따주었다.

꽃을 따주면서 누님의 얼굴에 피어났던 행복한 모습이 지금도 눈에 선하다. 그 뾰족한 가시를 뚫고 더러 굴뚝새가 집을 짓는다. 가장 위험한 곳이 가장 안전한 곳인 듯싶다. 아주 오래전 일이지만 그때의 기억이 새롭다. 세월이 흘러 지금은 고희古稀를 지나고도 희수喜壽도 지났다. 세월처럼 무심한 것도 없나 보다. 위드 코로나 시대에는 외국 여행도 가능하다니 마음속에 희망을 심고 싶다. 미지의 세계를 본다는 것은 생각만으로도 가슴이 벅차다. 신문은 외국의 몇몇 나라로 가는 여행객을 모집한다는 기사까지 전하고 있다.

문득 다가오는 봄에는 목련차를 마셔야겠다는 생각이 들었다. 연노란빛으로 우러나는 목련차를 음미하면서 지나간 세월을 반추反芻하고, 다가올 날에 대한 그리움으로 하루를 열고 싶다. 언제 코로나가 우리를 괴롭혔느냐 하는 듯 가까이 있는 친구를 불러내어 따스한 목련차를 마시며 덕담을 나누고 싶은 고즈넉한 저녁 시간이다.

여름, 풍성해진다는 것

생명의 희열은 활짝 핀 꽃에서도 찾는다. 꽃은 그냥 피는 것이 아니다. 한 송이 꽃을 피우기 위해 많은 아픔이 있었을 것이다. 그러나 꽃은 꽃으로서의 책무責務만 있을 뿐 꽃을 피우기 위해 다른 일을 하지 않는다. 아무리 하찮은 꽃이라도 꽃은 자신의 사명감을 가지고 있다. 꽃이 크다고 작은 꽃을 시샘하거나 시기하지 않고, 꽃이 작다고 큰 꽃을 미워하지 않는다. 화려한 꽃이라고 초라한 꽃을 나무라지 않고, 초라하다고 화려한 꽃을 보고 주눅 들지 않는다. 바위틈에서 피어나는 이름 모를 꽃에도 아름다움이 있다. 찬란한 생명의 희열喜悅이 어디엔들 없으랴! 세상에 얼굴을 내민 꽃들은 설령 이름이 없더라도 꽃은 꽃이다. 그래서 꽃은 화려하면서도 겸손하다.

꽃은 더 많은 자손을 퍼트리기 위해 최선을 다한다. 벌 나비가 날아들고 그들에 의해서 자손이 번성해 간다. 더러는 바람결에 자손을 날려 보내고, 때로는 빗물에 자식을 실어 보낸다. 그들이 멀리 가면 갈수록 꽃은 더 많은 미소를 품는다. 멀리 간 자손은 그곳에 새로운 터전을 마련하고 새 생명의 싹을 틔운다. 여름에도 안개가 낀다. 여름 안개는 봄 안개와는 다르다. 봄 안개가 포근하다면 여름 안개는 서늘하다. 봄 안개가 까칠하다면 여름 안개는 묵직하고 봄 안개가 부드럽다면 여름 안개는 뭉클하다. 산에도 안개가 끼고 바다에도 안개가 내린다.

바다 안개인 해무海霧가 앞을 가리면 뿌연 안갯속에서 조용히 움직이는 어선이 나타나고, 활기찬 물고기의 움직임을 마주한다. 정중동靜中動의 세계가 그곳에서도 힘차게 움직인다. 여름이면 힘찬 생명의 노랫소리를 듣는다. 특히 매미가 그러하다. 비록 짧은 생을 산다고 그들은 서러워하지 않는다. 주어진 삶을 열심히 노래하며 산다. 숙명을 받아들이는 그 모습은 실로 장엄하다.

옛날 임금이 썼던 모자를 익선관翼善冠이라 했다. 여름 한철 노래하다가 떠나는 매미의 날개를 세워 논 형태의 모자다. 하찮은 매미에게서도 배울 점이 많다고 했다. 그것을 매미의 오덕五德이라 했다. 매미는 스스로 떠날 때를 알고 있으며, 이슬만 먹고 사는 청빈한 삶을 살고, 집이 없으며, 매미 머리에 문인의 기상을 품었고, 짧은 생을 살기 위해서 인고忍苦의 세월을 땅속에서 지낸다고 했다. 생각할수록 우리 선조들은 지혜가 많았던 것 같다. 나무는 어떤가. 진한 초록으로 물드는 여름은 쉴 틈을 주지 않는다. 바람이 불 때마다 초록 이파리들은 서로를 부비며 속삭인다. 초록의 전령傳令은 우리에게 풍성함과 위안을 준다. 여름의 태양은 뜨거움으로 대지를 달군다. 무논의 벼들이 초록을 만들고 탐스러운 과일이 키 재기를 한다.

아주 어릴 적 무논의 벼 포기 밑에 땡감을 몇 개 묻어 두고 이삼일이 지나면 우려져서 먹곤 했다. 입안 가득히 퍼지는 자연의 진득한 맛을 지금도 잊을 수가 없다. 과일 또한 어떠한가. 여름엔 과일이 풍성하지만 그중에서 으뜸은 수박이다. 짙은 초록색 수박을 반으로 가르면 선명하게 나타나는 붉은색이 우리의 눈을 즐겁게 한다. 입안에서 녹는 수박의 깊은맛은 오래도록 긴 여향餘香을 풍긴다. 여름엔 바다의 신神이 더 많은 물고기를 내어주고, 어부는 물고기와 밀어를 나눈다. 여름은 풍성함을 지닌 인심 좋은 계절이다. 여름은 자신의 모든 것을 충만함으로 축적하며, 인내를 기르고 자신을 살찌우는 풍요의 계절이다.

후텁지근한 더위를 식혀주는 소나비가 있어서 좋은 계절이 여름이다. 장대처럼 쏟아지는 비는 모든 시름을 쓸어갈 기세다. 고된 작업을 끝낸 후 웃통을 벗고 등목을 해도 크게 무람 되지 않는 계절이 여름이다. 여름 장마가 그치고 난 후 소담스레 피어난 능소화凌宵花를 보는 것은 크나큰 기쁨이다. 오랜 옛날 광해군 시절에 소화少花라는 궁녀가 임금의 눈에 띄어 빈嬪의 자리에 올랐다. 하룻밤을 보내고는 소식이 없자 임금을 기다리다 죽은 그녀의 무덤에서 피었다는 주황색 꽃. 전설은 슬프지만 떨어진 꽃은 예쁘기만 하다.

비가 그치고 뭉게구름이 피어오르면 고향이 생각나는 계절이 여름이다. 이럴 땐 얼음이 깔린 막국수나 김칫국물이 배어 있는 열무국수 아니면 닭고기가 듬뿍 들어간 초계국수醋鷄麪子가 입맛을 돋울 것 같다.

가을, 결실의 수고로움

가을은 식물이 열매를 맺는 계절이다. 들녘에 펼쳐진 황금벌판을 보면 먹지 않고 바라만 보아도 풍성함을 느낀다. 가만히 있어도 배가 부른 듯하다. 태양열을 간직한 열매가 그곳에 머물러 있기 때문이다. 땀 흘린 농부의 수고로움이 들녘에서 조용히 머문다. 굽었던 허리를 펴면 손 안 가득히 쥐어진 결실에서 웃음꽃이 피어난다. 그래서 가을은 더욱 풍요롭다. 식물뿐만 아니라 동물들도 살이 찌는 계절이다. 한서漢書의 흉노전匈奴傳에 가을을 '하늘은 높고 말이 살이 찐다'는 천고마비天高馬肥의 계절이라 하지 않았던가! 가을이 되면 여름 내내 힘들었던 농부의 얼굴에서 미소가 배어 나온다. 노고勞苦가 진하게 묻어나는 계절이 가을이다. 또한 가을은 조용히 옷깃을 여미고 태양열에 마주했을 여름을 반추反芻하는 계절이다. 뜨겁던 여름이 조용히 물러나면 가을이 그 자리를 마중한다. 그러나 가을은 결코 외롭지 않다.

가을은 풍성하나 헤프지 않고, 넉넉하나 자만하지 않는다. 멀리서 들리는 종소리에 잠시 일손을 멈추고 자신을 돌아보는 계절이 가을이다. 땀 흘린 것만큼 보답받는 절기다. 더러는 쭉정이로 자신을 포장해도 결코 서러워하지 않는 시간이다. 준 것만큼 보답하는 계절이 가을이다. 발아래 떨어진 낙엽이나 잔가지라 할지라도 매몰차게 내치지 않는다. 낙엽이나 잔가지도 그들 나름대로 의미가 있다. 떨어진 낙엽을 다시 그러모아 자신의 자양분으로 만들 준비를 하고 있는 계절이 가을이다. 가을이면 모든 것이 더 아름다운 색깔로 자신을 포장한다. 가을엔 중간색이 존재하지 않는다. 붉은색이 그렇고 노란색이 그러하며 갈색이 진해진다. 가을 무지개는 그래서 더욱더 선명하다. 포말로 부서지는 폭포의 물보라 속에서 피어나는 무지개는 참으로 장관이다. 운이 좋으면 쌍무지개도 볼 수가 있다. 가을은 여름의 태양열을 녹여서 자신을 완성해 가는 결실의 계절이다. 감나무 끝에 매달린 붉은색의 홍시가 가을임을 알린다. 가을은 혼자 오는 게 아니다. 하늘을 나는 날짐승에게도 가을은 마음을 쓴다. 배고픈 새들이 빨리 보라고 홍시는 붉은색을 띠는지도 모른다. 사람이 아닌 새들에게도 가을은 풍성함을 베푼다. 한두 개 매달린 홍시가 바로 그것이다. 배고픈 새가 먹이를 찾아 내려앉는 계절이 가을이다. 새들은 단지 먹이만을 먹는 게 아니라 먹은 후에 씨앗을 날라다 준다. 그래서 가을은 상부상조하는 계절이다.

폴란드Poland 격언에 '가을은 미망인이다'라고 표현한 말이 있다. 그만큼 쓸쓸하다는 이야기일 것이다. 넉넉한 들판의 곡식을 추수한 후의 모습은 미망인처럼 쓸쓸할지도 모른다. 그러나 그 쓸쓸함의 반대편에는 거두어들인 알찬 곡식이 있지 않은가. 그래서 가을은 결코 쓸쓸하지 않다. 가을은 잘 익은 밤처럼 풍성하다. 알알이 영근 밤은 먹지 않아도 배가 부른 듯하다. 그뿐만이 아니다. 사과의 맛은 두고 온 고향을 생각나게 한다. 홍옥이 그렇고 감홍이 그렇다.

가을은 식욕이 왕성해지는 계절이기도 하다. 무엇을 먹어도 맛이 있다. 특히 박속낙지탕이면 말할 필요도 없다. 바지락, 미나리, 박속에 낙지가 들어간 탕은 먹기 전부터 침을 고이게 한다. 내용물을 다 먹은 다음에 칼국수를 넣어 끓여 먹는 음식은 시원함을 넘어 개운한 맛까지 아낌없이 선사한다. 자연을 닮은 송이 구이는 또 어떤가. 두툼하게 깔린 소금 위에서 익어가는 통통한 새우 또한 빼놓을 수 없다.

가을이 되면 같은 하늘도 높게 보이고, 시원한 바람이 우리 곁에서 머문다. 문득 고향 떠난 친구의 얼굴이 떠오르는 계절이다. 불현듯 달려가고픈 마음이 앞선다. 코스모스가 활짝 핀 가로수 길을 시원하게 달리는 모습은 상상만 해도 즐겁다. 가을은 그리움을 잉태한 계절이다. 그 계절 앞에 서면 모두가 시인이 된다. 가을바람은 살갑고 도탑다. 부는 바람에 나뭇잎이 흔들려도 서럽지 않다. 겨울을 예고하는 바람이라 할지라도 가을바람은 시원하고 상큼하다. 멀리 떠나가는 꽃상여마저 예쁘게 보이는 계절이 가을이다.

겨울, 평화 그리고 안식

겨울은 매섭고 춥지만 생각처럼 춥지 않다. 내린 눈이 대지를 덮고 있기 때문이다. 눈은 대지를 덮는 순결한 이불이다. 눈은 어디서나 공평하다. 어디에서 그 많은 눈송이가 날리는지 아는 사람은 있어도 말하지 않는다. 말하지 않았다고 해서 없는 것이 아니고 없어지는 것도 아니다. 그냥 항상 그 자리에 있을 뿐이다. 겨울이 웅크리고 있다고 해서 정지된 것은 아니다. 새싹을 밀어 올릴 강인한 힘을 내부에 축적하는 기간이다. 겉으로는 쉬고 있으나, 속으로 움직이는 계절이 겨울이다. 겨울은 많은 이야기를 담고 있다. 그렇다고 도란도란 나누는 연인들의 속삭임만 있는 것은 아니다. 더러는 포효咆哮하고 때로는 움츠러들더라도 겨울엔 이야깃거리가 풍성해진다. 할머니의 옛이야기가 그렇고 자장가를 부르는 엄마의 노랫소리가 그러하다. 과일의 껍질을 벗기듯 한 겹 두 겹 벗겨지는 내밀한 언어들이 쌓여가는 기간이다.

눈은 광활한 하늘로부터 온다. 눈이 오면 마음이 기쁘고, 나만 기쁜 게 아니라 누구든지 기뻐한다. 눈이 오기를 기다리는 농부도 기쁠 것이고, 첫눈이 오는 날의 약속을 생각하는 연인의 가슴도 사랑으로 벅찰 것이며, 겨울잠을 자는 식물들도 눈을 기다린다. 더운 여름엔 나무가 옷을 든든히 입는데, 추운 겨울이면 나무가 풍성한 옷을 모두 벗는다. 단순히 옷만을 벗는 게 아니라 속살을 드러내며 온몸을 다 내어준다. 벗은 옷들은 또다시 자연으로 돌아가고 그것은 자신의 양분이 되어 땅속으로 스며든다. 식물은 동물과 반대의 삶을 산다. 나무는 겨울이 되면 더 강인해지고 용감해지며 추우면 추울수록 가지가 더 단단해진다. 속살을 보여주면서도 결코 수줍어하거나 움츠러들지 않는다. 오히려 더 의젓하고 정대正大한 표정이다. 그것이 나무의 진면목眞面目이고 본성이다.

겨울은 따뜻한 차茶가 그리워지는 계절이다. 목련차가 됐든 국화차가 됐든 차의 이름은 중요하지 않다. 따뜻한 차 속에 녹아 있는 인정이 그리운 계절이 겨울이다. 차는 모든 걸 녹인다. 마음과 그리움이 녹아 있고 세월의 그림자가 촉촉하게 배어 있다. 길 떠나는 나그네에게도 차는 위로의 선물이며, 도를 닦는 스님에게도 차는 위안이다. 차 속에는 많은 이야기가 담겨있다. 지나온 세월이 담겨있고, 아련한 회상이 스며있으며, 지난至難했던 과거가 찻잔 속에 녹아 있다. 그래서 겨울은 늘 수평으로 우리를 찾아온다.

겨울에 어울리는 음식으로는 과메기貫目魚가 제격이다. 꾸덕꾸덕 해풍에 말린 과메기는 훌륭한 술안주가 된다. 날리는 눈을 맞으면서 서서 먹는 어묵 또한 일품이다. 진갈색 간장에 곁들어 먹는 어묵은 먹어본 사람만이 아는 진정한 식품이다. 간장독 위에 쌓인 눈이 겨울을 알린다. 지난여름 진홍색으로 물들였던 맨드라미의 잔해가 아직도 장독대를 지키고 있다. 처마에 매달린 고드름이 세월을 알린다. 고드름이 녹아 눈물을 흘려도 겨울은 서러워하지 않는다.

바람이 차가워도 땅속 어디선가 봄을 그리는 냄새가 날 듯한 계절이다. 발목까지 덮는 눈 위를 걷는 것도 감미롭다. 발아래서 뽀드득거리며 내는 소리가 기억을 되살리려 한다. 차창으로 보이는 눈 덮인 대지를 보며 여행을 떠나는 계절이 겨울이다. 눈이 내린 겨울 풍경은 단조롭지만 결코 그 속에 내재된 겨울은 단조롭지가 않다. 또 겨울 해변은 어떤가! 겨울은 그리운 이의 얼굴이 떠오르는 계절이다. 그래서인지 유독 겨울에 대한 훌륭한 문학작품이 많다. 1968년 노벨 문학상을 받은 일본 작가 '가와바타 야스나리'의 「설국」雪國이 대표적인 작품이다. '국경의 긴 터널을 빠져나오자, 눈의 고장이었다'로 시작되는 이 소설은 겨울이 주된 무대이다.

러시아 작가 '보리스 파스테르나크'의 「닥터 지바고」는 또 어떤가? 주인공 지바고와 그의 아내 토냐, 연인인 라라의 삼각관계가 설원雪原을 무대로 이야기가 펼쳐진다. 무대가 설원이 아니고 광활한 초원이었다면 감흥은 완전히 달랐을 수도 있다. 지바고의 콧수염에 매달린 고드름이 무척이나 인상적이다.

시 중에서 겨울을 노래한 시가 많다. 그 시들은 한결같이 상큼하고 정결하다. 어쩌면 계절 탓인지도 모른다.

경남 하동 출신 김연동의 「겨울 언덕」은 이렇게 시작된다.

겨울 언덕

갈꽃 진 겨울 언덕 바람이 불다 갔다
황혼이 쓸린 그 자리 어둠이 짙어 오고
박토의 가슴 위에는
흰 눈만이 내린다.

얼마나 멋진 표현인가!
본명이 백기행인 시인 백석白石은 「나와 나타샤와 흰 당나귀」에서

가난한 내가
아름다운 나타샤를 사랑해서
오늘 밤은 푹푹 눈이 나린다.

라고, 애절하게 노래하고 있다. 연인을 사랑해서 눈이 내린다는 그의 생각은 가히 자연과 사랑이 하나 되는 강한 느낌을 받는다. 여기서 나타샤는 백석의 연인 자야子夜(본명 김영한)를 가리킨다. 6·25전쟁으로 백석은 북에 남고, 자야는 남에 정착한다. 훗날 거부가 된 자야가 천억 원 대의 토지와 건물을 길상사 주지에게 시주를 했다. 그 사연을 듣고 기자가 "천억 원이 아깝지 않습니까?"라고 묻자 자야가 한 대답은 "그까짓 천억 원이 백석의 시 한 줄만 하겠습니까"라고 대답했다. 이 한마디가 진정한 사랑의 진수眞髓처럼 느껴진다.
겨울철 서울 성북구 성북동 길상사 경내에 있는 김영한의 공덕비 길상

화吉祥華에 내린 눈이 쌓이면 애절한 사랑이 무엇인지 다시금 생각나게 한다. 1999년 그녀가 세상을 뜨자 49재가 지난 눈 내리는 날 길상사 마당에 그녀의 유해가 뿌려졌다. 백석이 좋아했던 눈 속으로 그를 찾아 영원히 떠난 것일까! 겨울은 조용하나 잠들지 않고, 소리 내지 않으나 결코 정지한 계절이 아니다. 새로운 도약을 위해 잠시 숨을 고르고 있는 계절이 겨울이다. 하늘 가득히 눈이 내리면, 손을 호호 불면서 눈사람을 만들어 대문 앞에 세워 놓았던 옛날이 더욱더 그립다.

나이 들어감을 대비한다는 것

철마다 바뀌는 자연을 바라본다. 봄이면 연초록의 물결이 솜처럼 부드럽다. 무성한 잎보다 연초록 일 때가 더 귀엽다. 그러던 잎이 세월 가면 무서우리만큼 푸른색으로 달려온다. 그 앞에 서면 웅장한 기운에 압도되는 느낌이다. 그 울창한 자연이 가을이면 벼가 고개를 숙이듯 잔잔한 모습으로 우리 앞에 선다. 왠지 서먹하고 조용한 기분이다. 눈이 내리는 겨울이 되어 순백의 절경이 폐부를 가로지르면 그때야 느끼게 된다. 이게 인생과 마찬가지가 아닌가 하고, 나이가 더 들기 전에 조금이라도 더 알고 싶고 배우고 싶은 심정이다. 내가 아는 사람 중에 많은 땅을 가진 친구가 있다. 그는 금전적 여유가 생기면 땅을 샀다. 남이 보기에도 부자이고, 실제로도 부자인 그였지만 언제나 가난에 쪼들리는 사람으로 보인다. 남들은 땅 한 평도 없는데 땅을 수천 평이나 가진 그인데도 항상 빚에 쪼들리는 모습이 보는 이를 안타깝게 한다. 친구를 만나면 술자리도 제대로 갖지 못한다. 그가 입은 옷도 남이 보기에는 단 한 벌만 있는 것처럼 보인다. 자식들이 장만해 준 옷도 아까워서 입지 못한다.

이유는 간단하다. 가질 줄만 알았지 쓸 줄을 모른다. 수천 평에서 조금만 팔아서 그 돈으로 노후를 즐기면 간단한데 그 쉬운 걸 못 한다. 그런 사람은 외국 여행을 가서도 손자들에게 줄 싸구려 기념품 사기에 급급하다. 이제는 어린 손자들도 세상 물정을 어느 정도는 알아서 크게 반기지 않는다. 그러기에 정작 본인 것은 변변한 기념품 하나 장만하지 못한다. 들리는 이야기로 식사도 그야말로 간장 하나에 밥을 비벼서 먹을 정도라고 한다.

은행에 가면 '모기지론'이라는 게 있다. 살고 있는 집을 담보로 매월 얼마간의 돈을 받는 구조다. 그런데 그 좋은 것을 우리나라 사람들은 선호하지 않는다. 죽어서 싸서 가지고 갈 것도 아닌데 집은 내 것이어야 한다는 고정관념이 뇌리에 박혀있기 때문이다.

성현聖賢의 말에 의하면 한 세대는 벌기에 바쁘고, 다음 세대는 쓰기에 바쁘다는 말이 있다. 다시 말하면 아비는 잔뜩 벌고, 자식은 아비가 번 재산을 쓰기에 바쁘다는 말이다. 생각만 해도 불공평 하지 않은가. 돈은 번 사람이 써야 마땅한 일이다. 그런데도 평소에 그런 훈련이 되지 않아서 잔뜩 움켜쥘 줄만 알았지 쓸 줄을 모른다. 그러니 녹색의 자연을 누릴 여유나 있겠는가. 어떤 70대 노인은 그 나이에 가진 재산이 넉넉함을 넘어서 풍족한데도 돈을 더 벌려고 주식에 투자했다가 낭패를 당해 앓고 누웠다는 이야기를 들었다.

내 친구 중에 수석壽石을 정말 좋아하는 친구가 있다. 수석에 문외한인 내가 봐도 오묘한 무늬에 생김새도 독특해서 탐이 나는 돌이 많았다.

아파도 병원에 가는 대신 수석을 사는 친구였다. 수석 하나에 수백만 원 하는 것도 가지고 있었다. 그렇게 수석을 좋아하던 그가 죽자 그의 아들이 그걸 한 번에 다 팔아서 다른 걸 샀다는 이야기를 들었다. 시쳇말로 죽 쑤어서 개에게 준 꼴이 되고 말았다. 수석 하나만 덜 사도 친구 몇 명은 사귀는데 그 많은 돈을 돌 사는데 써버린 것이다.

또 하나는 노인이 하는 소리는 잔소리로 치부하기가 쉽다는 평이다. 그래서 젊은이와 노인 간의 대화가 부재인 경우가 허다하다는 것이다. 어느 가정에서는 아예 노인들에게 손자와의 대화를 차단한 가정도 있다는 슬픈 소리를 들었다. 노인은 그냥 노인이 아니다. 세상의 온갖 풍파를 싸워 이긴 불굴의 전사들이다. 노인들에게 지혜를 배우려 하지 않고, 무조건 노인들의 이야기는 잔소리라는 이 말은 노인들을 더욱 더 우울하게 만든다. 세상에 태어난 사람치고 언젠가는 노인이 된다. 노인들을 폄하하고 멸시하는 그들은 노인이 되지 말란 법이 어디에 있는가. 노인은 그냥 단순한 노인이 아니라 성숙했다는 의미도 있다. 그 성숙 속에는 세상의 온갖 이치를 꿰뚫어 보는 혜안慧眼도 있음을 명심할 일이다.

사실 노인에게도 몇 가지의 문제는 있다. 옛날에 내가 어쨌는데 심지어는 우리 선친께서는 어느 벼슬에 있었는데 하는 이야기는 듣는 사람을 안타깝게 하고 슬프게 한다. 지나간 것은 지나간 것이다. 지나간 것에 집착하는 사람은 미래가 없다라는 말이 있다. 과거 선친이 억만장자면 뭐할 것이며 우의정을 했다면 어찌할 것인가. 현재를 잊은 사람을 보면 딱하기까지 하다. 괜한 허영심과 자존심은 접어야 한다. 자존심이 높다고 인격까지 높아지는 것은 아닐 것이다. 노인일수록 몸을 청결히 해야 한다. 내가 아는 어떤 노인은 노인이 되기 전에는 청결을 몸에 지니고 살았다. 젊었을 때 그의 별명이 청결이었으니까. 가끔가다 그를 만나면 고급 외제 향수 냄새까지 풍겼다. 그러던 그가 어느새 노인이 되고 상처喪妻까지 하는 신세가 됐다. 그가 어느 잡지에 실릴 글을 작성하다가 컴퓨터에 문제가 생겨서 나를 불렀다. 부랴부랴 달려간 그의 집에서 나온 그는 거지 중의 상거지 모습을 하고 있었다. 그의 몸에서는 노인 특유의 좋지 않은 냄새가 역하게 풍겼다.

또 하나 노인은 반려자에게 아량을 베풀 줄 알아야 한다. 평생을 뒷바라지해 온 반려자에게 번듯한 선물이라도 하나 해주어야 할 것이 아닌가. 노인 하면 고집이란 단어가 떠오름은 잘못된 관습이 몸에 밴 까닭으로 보인다. 자기만 아는 노인은 대접받지 못한다는 것도 명심할 일이다. 노인들의 특징은 명령을 잘한다는 것이다. 노인이 돼도 본인의 일은 본인이 움직여서 처리해야 한다. 주변 사람에게 이것 해라 저것 해라 하는 명령식의 대화는 더 이상 먹혀들지 않는다는 점도 유념할 일이다. 자신에게는 엄격하고 남에게는 관대한 모습을 보여주어야 노인 대접을 받는다는 점을 항상 생각해야 한다. 명령 대신 남의 말을 들을 줄 알고 실천해야 대접받는다.

그리고 일에서 스스로 즐거움을 찾아야 한다. 즐거움은 타인에게서 얻는 것이 아니다. 강태공처럼 일자一字 낚시에 세월을 낚지는 못하더라도 스스로 즐거움을 발견해야 한다. 혼자 하는 낮은 산의 등산도 그중의 하나일 수 있고, 햇빛이 드는 마루에서 독서를 하는 것도 기쁨

일 수 있으며, 가까운 곳에 가서 민물낚시를 하는 것도 즐거움일 수 있다. 길가에 지천으로 피어나는 들꽃을 핸드폰으로 촬영하는 것도 크나큰 행운일 수 있고, 개울가에서 기타를 쳐보는 것도 운치 있을 것 같으며, 소식이 뜸했던 친구에게 메일로 안부를 자주 묻는 것도 정신건강에 좋다고 한다.

곱게 나이 든다는 것이 결코 어려운 일이 아닌 것 같은데 그게 잘 안되는 것 같아 안타깝다. 하기야 몸에 밴 어떤 행동이 하루아침에 쉽게 바뀌지겠는가. 그러니 평소에 꾸준한 훈련이 필요하리라. 노인이 되기 전부터 그런 훈련을 한다면 더 좋은 일일 수 있을 것이다.

철마다 바뀌는 자연을 마주한다. 어느새 내 나이가 연초록의 봄을 지나 무서우리만큼 푸른 여름을 넘었다. 이제는 벼가 고개를 숙이듯 잔잔한 모습으로 내 앞에 나타난 가을을 비켜 눈이 내린 겨울이 된 듯한 이 현실을 뭐라고 표현해야 할까. 이게 바로 인생과 마찬가지가 아닌가. 가을을 지나 겨울에 온 것 같은 나 자신을 바라보면 그런 생각이 더욱 더 든다.

욕심이란 이름의 망령

욕심이란 욕구의 극대화를 말한다. 욕구가 무엇을 얻거나 무슨 일을 하고자 바라고 원함인데 비하여, 욕심이란 무엇을 지나치게 탐내거나 누리고 싶어 하는 마음이다. 욕구가 생활의 발전을 가져왔다면, 지나친 욕심은 인간을 파괴한다는 점이 눈여겨볼 만하다. 인간에게 욕구라는 내면의 작용이 없었다면 지금처럼 찬란한 문명의 혜택은 없었을 것이다. 욕구가 인간의 생활을 편리하게 했고, 윤택하게 한 것만은 사실이다. 욕구 때문에 수집이란 단어가 탄생했고, 소유라는 개념이 확실해졌다. 그런데 지나친 욕심은 인간을 파멸로 이끈다는 점이 무섭다. "지인(至人 : 덕이 썩 높은 사람)은 자신에게 집착하지 않으며, 신인(神人 : 신통력을 가진 사람)은 공적에 무관하고, 성인(聖人 : 지덕이 뛰어나 세인의 모범으로서 숭상 받을만한 사람)은 명예를 탐내지 않습니다"라고 설파한 장자莊子의 이 말을 어떻게 생각하는지 묻고 싶다.

내가 가장 아끼는 맹수를 잡을 때 쓰는 흑단 나무망치나, 중국 구채구에서 산 옥으로 깎아 만든 사자상, 베트남 하노이 노이바이 국제공항에서 구매한 흑색 옥玉 소주 컵 몇 개, 어렵게 구한 손바닥 크기의 진회색 바탕에 흰색 구름 모양이 선명한 운무석雲霧石 한 점, 나의 책장 중앙에 모셔 놓은 결혼하기 직전에 받은 아내의 흑백 대형 사진. 이 모든 것들이 나에게는 지극히 소중하나 떠날 때는 어느 것 하나 가지고 갈 수 없다. 결국은 아무리 귀하고 아꼈어도 떠날 때는 놓고 가야 한다. 수의壽衣에 주머니가 없는 게 바로 그 이유다.

살인이 벌어지고, 사기를 치고, 협박을 하고, 폭행을 하는 것이 욕심 때문에 생겨나는 일들이다.

시인 최산의 「국밥집에서」를 부른 장사익의 노래는 애가 절절 끓는다.

국밥집에서

노래를 부른다.
허리가 굽은 그가 탁자를 탁탁 치며
이 풍진 세상을 만났으니 너의 희망이 무엇이냐
부귀와 영화를 누렸으면 희망이 족할까
희망가를 부른다.
이마의 깊은 주름은 세상을 덮고
눈길 머무는 나를 본다.
그렇다.
저 노인은 가는 길을 안다.
끝내 흙으로 돌아가는 길을 안다.

숨을 쉬지 않고, 심장박동이 멈추고, 뇌의 활동이 정지되면 육신은 자연으로 돌아간다. 무엇을 더 바라겠는가. 그것이 지고지순한 자연의 한 법칙인 것을! 그것을 우기고 자신은 천년만년 살 것 같이 몸부림을 치는 걸 보면 어떤 때는 인간이 참으로 불쌍하다는 생각이 들기도 한다. 허황된 욕심이 빚어낸 결과물이다.

노래가 끝을 달리자 청중은 울음바다를 이룬다. 그의 노래에 감동한 것일까 아니면 삶과 죽음을 현실로 받아들인 것일까! 한 나라의 재벌이 금전이 모자라서, 통치자가 권력을 부릴 데가 없어서, 호사가가 그의 애장품들이 보기 싫어서 죽는가? 어둠은 빛을 이길 수 없듯이 때가 되면 모든 게 죽게 되어있다. 세상에 태어난 모든 생명체는 생자필멸生者必滅의 길을 한 치도 벗어날 수 없다. 그것이 지극한 자연의 순수한 도道다. 그런데도 자신만은 영원히 살 것같이 욕심을 부린다. 그런데 눈을 떠보니 어느덧 귓가에 허연 서리가 보인다. 세월이 할퀴고 지나간 자리다. 그것을 받아들이지 못하면 결국 자신이 쳐놓은 그물에 걸리게 되어있다.

텔레비전의 채널을 돌리다 보면 '나는 자연인이다'라는 것을 방송할 때가 있다. 가족을 도시에 남겨두고, 또는 혼자가 되어서 첩첩산중疊疊山中에서 사는 모습을 보여준다. 그분들의 사연은 가지각색이지만 공통점이 하나 보인다. '여기 들어오기 전에는 몸이 아주 좋지 않았어요. 폐도 약하고, 그런데 여기 와서 좋은 공기 마시고 모든 걸 내려놓으니까 십 년이 되었는데 폐도 아주 튼튼해져서 지금은 산을 두 개나 넘어도 숨이 차지 않아요. 더구나 좋은 약초도 캐고, 열매도 따서 먹으니까 더 좋아진 것 같아요. 아주 좋은 건 모든 걸 내려놓으니까 더없이 건강해지고 정신건강에 아주 좋아요.'
그분 개인의 생각이겠지만 그도 일리 있어 보였다. 그가 지은 창고에는 산에서 캐고 채취한 약초 수십 가지가 벽면에 걸려있는 게 보인다. ― 하수오, 더덕, 황기, 맥문동, 유근피, 겨우살이, 삼지구엽초, 가시오가피, 당귀, 야관문, 구절초, 석이, 운지버섯, 사철쑥, 복령, 엄나무, 영지버섯, 말굽버섯, 익모초, 우슬― 봉지마다 매달린 모습이 옛날의 한약국을 방불케 한다.
"우리 산으로 약초 캐러 가요?"
망태를 짊어진 방문객이 뒤따르고, 주인은 괭이를 들고 앞서간다. 얼마를 가다가 주인이 무엇인가를 캐기 시작하는데 산삼이란다. 귀한 것이라면서 방문객에게 건네준다. 그러면서 주인은 말한다.
"자연은 욕심내면 안 돼요. 더러는 아낄 줄도 알아야 해요. 저쪽 나무에 말굽버섯이 보이네요."
그쪽으로 다가간 주인이 말굽버섯을 몇 개 채취했다.
"이건 너무 작아 더 클 때까지 남겨 놔야겠어요."
주인은 이미 논어에 나오는 과유불급過猶不及이라는 뜻을 실천하고 있는 듯 보였다. 앞서가던 주인이 자리에 선다.
"더덕 냄새가 나요. 한 뿌리 캐지요."
캐고 보니 생각보다 작다. 캤던 더덕을 다시 땅에 묻는다.
"아니, 왜 다시 묻어요?"
"내년에 캐야지요. 어린 걸 캐면 너무 야박하잖아요."

몇 발짝 앞서가던 주인이 다시 더덕을 한 뿌리 캤다. 그 옆에도 더덕이 많이 있다.

"오늘은 이만 캡시다. 너무 욕심부리면 스스로 구속당합니다."

맞는 말이다. 배려처럼 아름다운 마음도 없다는 걸 깨우치게 된다. 마치 도인 같은 음성이다. 마음을 내려놓으면 그런 소리가 나는 것일까! 계곡을 내려오던 주인이 돌 틈 사이로 몸을 구부려 물을 마시려고 고개를 숙였다. 대자연에 얼굴을 묻는 것이다. 석간수石間水를 마신 주인이 하늘을 보면서 행복한 미소를 짓는다. 그 모습이 천진난만한 어린아이 같다. 계곡의 석간수가 마음을 정화시켜 주는 것 같다. 그가 중얼거렸다.

'계곡에서 솟는 석간수는 언제 마셔도 시원해.'

지난봄에 나의 차에 아내를 태우고 나들이를 했다. 돌아오는 길에 아내가 불쑥 물었다.

"당신은 외제 차 가지고 싶지 않았어요?"

"아니."

"그래요?"

"그렇다니까."

아내는 '이렇게 욕심 없는 남자를 다 봤나!' 하는 표정을 지었다. 그걸 구입하고 운영할 능력이 없는 걸 뻔히 알고 있는 내가 그런 욕심을 부리지 않으니까 편할 데가 만고강산萬古江山이다. 지족자부知足者富하고 안빈낙도安貧樂道하는 삶이 나를 행복하게 한다는 걸 나는 오래전에 깨달았다. 가진 것도 없는데 욕심부리면 나만 괴롭다. 분수를 지키고 욕심을 내려놓으니, 매사가 즐겁다. 올라가지 못할 나무는 처음부터 포기하는 게 빠르다는 것을 안다. 그것이 연륜이고 경험이다. 세월은 그냥 흐르는 게 아니다. 흐르는 세월 속에 지혜가 숨 쉬고 요령이 자리한다.

빨리 집에 가서 쉬고 싶다. 나도 나이가 드나보다.

보고 싶은 형님

오랜 옛날에는 소풍으로 더러 들리던 곳이었다. 지금도 국립대전현충원은 초·중·고등학생들의 소풍지로 많이 애용되고 있는 곳이다. 가끔은 노란색 옷을 입은 유치원생들의 나들이도 볼 수 있다. 때로는 연인들의 만남의 장소로도 이용되고 있다는 소리를 들었다. 일 년에 3백만 명 이상이 찾는 곳이라는 말이 실감이 간다. 정문을 지나면 천마웅비상의 거대한 조형물이 방문객을 반긴다. 이곳이 바로 330만㎡에 국가와 사회를 위해 희생하신 분들의 안식처. 잘 가꾸어진 조경과 깨끗한 모습은 가슴마저 숙연하게 한다. '계룡산의 맥을 이어온 명당으로 국가와 사회를 위해 희생하신 호국 영령 13만 2천여 위位가 영면해 계시는 보훈의 성지'라는 안내판의 글씨가 방문객을 반긴다. 이곳이 바로 나라 사랑의 체험 현장이라는 글이 가슴을 저민다. 국가원수묘역, 장군묘역, 제7묘역, 국가유공자묘역, 연평해전 전사자묘역, 경찰관묘역 등 27개의 묘역이 자리 잡은 곳이 대전 국립현충원이다.

마음이 심란할 때나 아니면 가까운 거리의 등산을 하고 싶을 때 들리던 곳이었다. 현충원 정문을 지나 한참을 들어가면 현충지顯忠池에 다다른다. 가을이면 현충지 주변에 있는 나뭇잎의 색이 총천연색이다. 물에 비친 나뭇잎은 가히 탄성을 지르게 한다. 하늘이 물이고 물이 하늘 같다. 야생화 공원에 들어서면 싱그러운 꽃냄새가 코끝에서 맴돈다. 시간이 넉넉하면 걸어가도 좋고 차로 한 바퀴 둘러보는 것도 커다란 위안이 된다.

대전 국립현충원 묘역을 차례대로 걸어서 둘러보려면 적어도 하루 정도 걸린다. 현충원을 감싸고 있는 둘레길도 가볼 만한 곳이다. 정문을 들어서서 왼쪽 길을 택하면 처음으로 보라 길이 나오고, 이어서 쪽빛 길이 연결된다. 보훈정을 지나 파랑 길로 접어들고 호국 전망대를 지나면 초록 길로 안내된다. 보훈 전망대를 지나면 노랑 길이 나오고 이어서 주황 길로 연결된다. 정문으로 연결되는 빨강 길을 나서면 들어오던 정문이 보인다. 줄잡아 10여 킬로미터나 되는 길에는 원색의 등산객들이 삼삼오오 줄을 잇는다.

소풍으로나 아니면 마음이 심란할 때 들리던 그곳 국립대전현충원이 작년부터 꼭 들려야 할 장소가 되었다. 나의 형님은 6·25 전쟁 때 영천 전투에서 공을 세웠고, 제대 후에는 고향에서 농사를 지으며 살았다. 그러던 형님이 노환으로 돌아가시자 고향 선산에 모시다가 형수님마저 세상을 뜨자 대전 국립현충원 제7묘역에 합장으로 안장되었다. 제7묘역은 27개의 묘역 중에서 가장 높은 곳에 있다. 그곳에서 아래를 내려다보면 넓은 곳의 묘역이 한눈에 들어온다. 잘 정돈된 묘역은 그야말로 티끌 하나 없는 성지가 되었다. 재작년 형님 내외가 안장되던 그때가 눈에 선하다. 안장 의식은 오후 2시에 시작되었다. 개식이 있고 국기에 대한 경례와 영현에 대한 경례가 있었다. 이어 종교의식이 뒤를 이었고 헌화, 분향, 헌시 낭송의 순서가 이어졌고 일동 묵념이 있었다. 다음으로는 영현 봉송과 하관, 허토가 뒤를 이었고 목비木碑가 설치되었다. 3개월 후에 들렸을 때는 목비가 사라지고 화강암 석비가 그 자리를 지키고 있었다. 가로세로 한 치의 흐트러짐 없이 줄을 선 화강암 묘비 옆에 수많은 조화가 영혼의 넋을 위로하는 듯했다.

문득 생전의 형님 모습이 눈에 선하다. 전투 때 날아 온 파편 조각들이 할퀴고 지나간 슬픈 상흔들. 형님 등에 선명하게 남아있는 그날의 상처가 마음을 저리게 한다. 그것들을 바라보는 내 가슴이 또다시 슬픔을 만든다. 형님은 생전에 그 상처를 훈장처럼 달고 살았다. 비 오는 날은 아픔에 인상까지 썼었다. 하지만 형님은 한 번도 나라를 원망하거나 저항하지 않았다. 오히려 당당히 맞서 싸운 그날을 형님은 자랑으로 여겼다. 이제 지하에서 형님은 더 많은 영혼을 만나리라 믿는다. 홍범도 장군을 비롯하여 류자명, 곽낙원, 나운규, 김옥련, 황병길 님 등의 유해가 대전 국립현충원에 모셔져 있다. 또한 대통령의 묘소도 그곳에 있고, 내가 군대 생활을 할 때 같이 근무했던 4성 장군 오자복 님의 묘소가 장군 제2묘역에 있으니 말이다.

그뿐만이 아니다. 대전 국립현충원에는 호국기념관도 둘러볼 수 있고, 보훈 둘레길을 따라 산책 할 수도 있다. 가을이면 단풍의 명소로 사진에 관심이 있는 작가들의 발길이 닿는 장소이기도 하다. 더구나 6·25 전쟁 때 위용을 자랑하던 전투기와 탱크가 여러 대 전시되어 볼거리를 제공한다. 가을이면 노란색으로 변한 은행나무 잎이 멋을 더한다. 더 들어가면 정자가 보이고 현충지라는 연못이 나온다. 어디로 갈지 방향은 잡지 않아도 된다. 그저 발길 닿는 대로 가면 되는 곳이다. 호국분수탑 앞에서 포즈를 취하고 그 모습을 핸드폰에 담아도 좋다. 그 뒤로 메타세쿼이아 길이 나온다. 가는 곳마다 명소가 펼쳐진다. 그러기에 그곳에 잠들어 있는 영혼들은 멋진 산책을 하리라 생각한다. 그것이 우리가 바라는 소망이다. 대전 국립현충원 탐방을 마치고 밖으로 나오면 소문난 맛집이 즐비하다.

우리는 매년 6월 6일 단 하루 현충일을 맞는다. 비록 날짜가 하루지만 마음으로는 일 년 내내 현충일의 마음이었으면 하는 바람이다. 나라와 사회를 위해 희생하신 분들을 어찌 단 하루만 기릴 수 있겠는가. 그분들의 노력과 희생이 있었기에 오늘날 우리가 편히 살 수 있음을 실로 감사하게 생각하고, 부지런히 살아야겠다는 마음가짐을 오늘도 하게 된다.

지루한 장마가 계속되다가 해가 떴다. 나와 아내는 간단하게 짐을 챙겨 대전 국립현충원에 가기로 했다. 그곳은 집에서 차로 가면 금세 갈 수 있는 가까운 거리다. 마음은 벌써 형님 내외가 안장된 현충원 제7묘역을 향하여 달리고 있다.

63년간 지상에 머물다 떠나신 형님. 보고 싶습니다. 많이 보고 싶습니다. 아주 많이 보고 싶습니다. 형님, 형수님 편히 쉬십시오.

취부득取不得 사부득捨不得

화면이 나오고 동시에 소리가 나는 것이 텔레비전이다. 텔레비전을 사전대로 풀이하면 전송 사진의 방법을 방송 전파에 응용하여 실경實景을 전파로 보내어 수신기에 재현시키는 장치라는 것이다. 아주 옛날, 동네에 텔레비전 한 대만 있어도 너도나도 텔레비전 앞으로 모여들어 그걸 지켜보던 때가 있었다. 지금 생각하면 하찮지만 그때는 참으로 신기한 일이었다. 흑백이 칼라가 되기까지도 우여곡절이 많았다. 처음 흑백이 나왔을 때 상단은 약간 붉은 색이었고 하단은 조금 푸른색이었다. 그래서 사람의 얼굴 부분은 살짝 붉게 나왔고, 몸통은 다소 푸르게 나왔다. 그것이 발달에 발달을 거듭한 끝에 지금 같은 컬러텔레비전이 나온 것이다. 규격도 배가 볼록한 브라운관에서 평면 텔레비전이 나왔고 지금은 초대형까지 등장해서 영화관에서 영화를 보는 것 같은 착각마저 들 정도가 됐다. 처음 텔레비전이 나왔을 때는 손으로 채널을 돌렸지만 지금은 리모컨으로 채널을 바꾼다. 어떤 텔레비전은 음성으로도 채널이 바뀐다고 한다. 멋진 세상이다.

결혼 20년 차 중년의 부부가 있었다. 홈 쇼핑인가 뭔가가 발달해서 이제는 마음에 드는 것이 있으면 집에서도 얼마든지 원하는 물건을 살 수 있다. 텔레비전 화면을 이리저리 돌려보던 남편이 청바지를 파는 화면에서 리모컨을 멈추고 화면을 응시하고 있었다. 청바지도 그냥 청바지가 아니었다. 저렴한 것부터 아주 고급의 청바지까지 다양했다. 국산도 있었고 비싼 수입품도 있었다. 저렴한 것은 청바지 하나에 만 원을 조금 넘는 것도 있었고, 비싼 것은 몇만 원을 했는데 알고 보니까 몇 십만 원 하는 청바지도 있다는 소리를 들었다.

색깔도 그랬다. 검정에서 진한 색의 청바지가 있었는가 하면 연한 빛의 청바지도 보였다. 또 같은 색이라도 모래를 뿌려 탈색하는 소위 물 빠짐 청바지도 눈에 띄었다. 남편은 화면을 보면서 속으로 생각했다. '색깔은 어떤 것이 좋은지, 가격은 적당한지. 기모起毛는 들어있는지, 허리 밴드는 있는지, 물 빠짐은 멋있는지, 신축성은 있는지' 등등을 보고 있었다. 그때 마침 아내가 들어왔다. 그녀의 눈에 비친 건 청바지의 색감이나 가격이 아닌 청바지를 입고 있는 늘씬한 여자의 엉덩이였다.

같은 화면을 보는데도 보는 마음의 눈이 달랐다.

아내가 툭 하고 한 마디 던졌다.

"당신, 늘씬한 여자 좋아해요?"

"늘씬한 여자라니?"

"지금 청바지 입고 있는 여자 보고 있었잖아요?"

"청바지를 보고 있었어."

"내 눈에는 청바지를 보는 게 아니라 청바지를 입고 있는 여자 엉덩이를 보고 있었는데, 그 여자 엉덩이가 아주 섹시한데요."

칭찬인지 비아냥인지 말에 가시가 들어 있었다.

"당신, 지금 무슨 상상을 하는 거야?"

"상상이 아니라 당신이 조금 전에 본 걸 말하는 거예요."

"여자를 본 게 아니라 청바지를 본 거라고 했는데."

"시치미 떼지 말아요."

남편과 아내 사이에 이상한 기류가 흘렀다.

"시치미 떼지 말라니, 청바지를 보고 있었다니까."

"내 눈에는 청바지가 아니라 청바지를 입은 여자의 엉덩이를 보고 있었는데요."

부부 사이에 수상쩍은 분위기가 감지됐다.

"속을 뒤집어서 보여줄 수도 없고, 청바지를 보았다니까."

"왜 들켜서 쑥스러워서 그래요. 섹시한 여자가 좋으면 좋다고 말해요."

두 사람 사이에 불꽃이 튈 것 같은 불안한 상태가 연출됐다. 아내는 한 수 더 떠서 남편의 속을 뒤집어 놓을 기세였다. 한 화면을 보고도 이렇게 생각의 간격이 크다는 것을 미처 몰랐었다. 생각 같아서는 텔레비전을 당장 부숴버리고 싶은 심정이 됐다. 정말 가질 수도 없고 버릴 수도 없는 취부득 사부득의 물체가 텔레비전이 아닌가 하는 생각이 문득 들었다. 베란다를 응시하던 남편은 엘리베이터를 타고 밖으로 나가 등나무 아래서 담배만 뻐끔거리며 피워댔다. 그러면서 속으로 울음을 삼켰다. 손으로 달을 가리켰는데 아내는 손끝만 보고 있으니 속이 터질 것 같은 마음이다.

취부득取不得 사부득捨不得

'이참에 텔레비전을 부숴버려, 아니면 참아.'

남녀가 근본적으로 다르다는 말을 듣긴 했어도 이렇게 다를 줄은 꿈에도 몰랐다고 투덜거렸다. 솟아나는 싹을 자를 게 아니라 아예 뿌리를 캐어버리고 싶은 심정이 됐다. 아니 어쩌면 다르다고는 하지만 그렇게 다를 수 있단 말인가 하고 남편은 깊은 생각에 잠겼다. 버리지도 못하고 갖지도 못할 전자기기 때문에 남편은 오늘도 애꿎은 담배를 연거푸 피워댔다. 그러면서 속으로 다짐했다. 그 다짐을 한 이후로 남편의 손에서는 텔레비전 리모컨이 쥐어지지 않았다.

하기야 같은 「첫사랑」도 남자는 그것을 가슴에 품고, 여자는 기억 속에 간직한다고 했다. 그래서 남자는 첫사랑을 영원히 잊지 못하는 대신 여자는 「끝 사랑」을 오래 간직한다고 했다. 남과 여의 생각은 영원히 좁혀지지 않는 평행선이 되어야만 하는가 하는 의문이 화두로 남았다. 하늘엔 비가 한바탕 쏟아지려는지 먹구름이 몰려오고 있었다.

동시몽同時夢

꿈의 사전적 해석은 '꿈이란 잠자는 동안 생시처럼 보고 듣고 느끼는 여러 가지 현상 또는 수면 중에 일어나는 일련의 시각적 심상'이라고 풀이하고 있다. 사람이 다른 동물이 되지 못해서 정확히 알 수는 없지만, 어느 학자는 사람 이외의 동물은 꿈을 꾸지 않는다고 말한 이가 있는가 하면 고등동물이나 심지어는 개도 꿈을 꾼다고 주장하는 학자도 있다. 꿈의 종류도 많아서 일일이 열거할 수 없다. 아주 어릴 때는 하늘을 나는 꿈이나, 높은 곳에서 떨어지는 꿈을 자주 꿨다. 더러는 무서운 꿈을 꾸다가 놀래서 깬 적도 많다. 나이가 들면 젊었을 때 일들이 꿈으로 자주 보이며, 더러는 그리워한 상대가 꿈에 나타나기도 한다는 것이다.

꿈을 연구한 학자의 말을 빌리자면 인간이 꾸는 꿈의 종류가 무려 3만 가지가 넘는다고 한다. 그것도 인간의 욕심인가 꿈을 꾸고 나서 무엇인가 좋지 않은, 또는 좋을 것 같은 생각이 드는데 그걸 알아볼 마뜩한 묘안이 없음을 깨달았는지 꿈을 풀이해 주는 해몽가解夢家란 직업도 생겨났다. 또 "좋은 꿈은 남에게 말하지 않는다"라는 말도 있고, "좋은 꿈은 팔라"는 일까지 나타났다. 인간의 내면에 존재하는 궁금증을 이용한 것이 아닌가 하는 생각이 든다.

그뿐이 아니다. 꿈에 대한 속담도 많다. "꿈보다 해몽이 좋다"라는 말이 있는데 이는 사실은 그렇지 못한데 해석이 그럴싸하다는 말이다. "꿈에 서방 맞은 격"이라는 말도 있다. 이는 "제 욕심에 차지 않는다"라는 말이고, "꿈에도 없다"라는 말은 "생각조차 못 해봤다"는 말이다. 과학이나 예·체능의 분야에서 장차 뛰어난 사람이 될 재주와 뜻이 있는 아이를 꿈나무라 했으며, 꿈에 나타난 일이나 내용을 꿈자리라 표현했다. 그 외에도 "떡 줄 사람은 꿈도 안 꾸는데 김칫국부터 마신다"라는 말도 있고, "꿈도 꾸기 전에 해몽"이란 속담도 있다. 분명하지 못한 존재를 이르는 말로 '꿈에 떡 맛보듯'이란 말도 있다.

때로는 꿈이 자기 자신을 통제하거나 주의를 기울이게도 한다. "지난밤 꿈이 영 좋지 않았어"라면서 하루를 조심하는 경우도 있고, "지난밤에는 도둑맞는 꿈을 꿨어"라면서 구매계약을 미루는가 하면 "지난밤 꿈이 뒤숭숭했어"라면서 가족에게 주의를 당부하기도 한다. 꿈속에서 만났던 옛 연인을 만나기 위해서 꿈에 나타난 그 장소를 찾아갔다는 사람도 있다고 한다. 또 "꿈도 꾸지 말라"는 말은 미래에 나타날 좋지 않은 일을 미리 차단하는 암시였다. 이렇듯 인간에게는 뗄 수 없는 수면 중에 일어나는 일련의 시각적인 일들이 살아 있는 사람에게서 끊임없이 일어난다. 또 꿈을 꾸면서도 이게 정말 꿈인가 하고 느끼는 경우도 있고, 때로는 이게 꿈이었으면 좋겠다고 하는데 이를 자각몽自覺夢

이라 한다. 꿈을 꾸면서 땀을 흘리는 때도 있고, 때로는 대화를 나누거나 소리를 지르기도 한다.

장자莊子의 제물론齊物論에 〈장자와 나비〉라는 고사성어가 있다. 이를 호접몽胡蝶夢 또는 호접지몽胡蝶之夢이라고도 한다. 장자가 자다가 꿈을 꾸었는데 나비가 되어 즐겁게 놀았다는 내용이다. 곰곰이 생각해 보니 장자가 꿈에 나비가 되었는지 아니면 나비가 장자가 되었는지 모른다는 이야기다. 결국 이 이야기가 전하고자 하는 핵심은 꿈과 현실, 삶과 죽음 이 모든 것이 둘이 아니고 하나이며 모든 것은 끊임없이 변해가는 과정의 일부라는 내용이다. 이를 어떤 학자는 장주지몽莊周之夢이라고도 한다.

보통 사람 누구나 꾸는 꿈이지만 2,300여 년 전의 중국 송나라 때 사상가인 장자는 하나의 꿈에서도 제물설齊物設을 주창하였으니 사상가는 일반인과 다르다는 느낌을 받았다. 선천적 시각장애인도 꿈을 꾸며, 꿈도 흑백으로도 꾸어지고 천연색으로도 꾸어진다고 한다. 3만여 가지나 되는 꿈에서 가장 많이 꾸는 꿈은 누군가에게 쫓기는 꿈을 많이 꾸고, 드물지만 복권에 당첨되는 꿈을 꾸기도 하고, 때로는 과거 직장에 다니던 동료의 꿈이나 연모하는 사람을 꿈에서 만나기도 한다.

우리도 어렴풋이 알고 있는 독일의 비판 철학자 임마누엘 칸트Kant나 스위스의 정신과 의사이자 심리학자인 구스타프 융Jung같은 저명한 학자도 꿈에 대한 연구를 했다고 한다. 칸트는 꿈에 대한 윤리학적 접근을, 융은 꿈에 대한 심리학적 접근을 꾀했던 것으로 알려졌다. 꿈의 종류가 많다고 했지만 꿈을 꾸는 상태도 여러 가지가 있다고 한다. 그중에서 둘이 동시에 같은 꿈을 꾸는 것을 동시몽同時夢이라 한다.

지난 초가을이었다. 그날도 보통 때처럼 하루 일과를 끝내고 텔레비전을 시청하고 잠을 자다가 꿈을 꾸었다. 꿈속에서 아내와 내가 우두커니 앉아있었다. 그때 침침한 어둠 속에서 한 남자가 검은색 정장에 모자를 깊게 눌러쓰고 우리 곁으로 천천히 다가오고 있었다. 예감이 불길했다. 꿈속에서도 그의 얼굴은 굳어 있었으며 음산한 분위기였다. 그 남자가 점점 더 우리 곁으로 가까이 왔을 때 그의 얼굴은 심하게 일그러져 있었고 험하게 보였다. 나는 너무 놀라 뒤로 물러섰고, 아내의 얼굴이 파랗게 질렸다. 이윽고 아내가 '으악'하고 단말마의 소리를 질렀다. 그건 꿈속에서 낸 소리가 아니라 잠을 자다가 실제로 소리를 지른 것이다. 나는 아내의 비명悲鳴에 놀라 잠이 깨서 아내에게 물어보았다. 아내의 대답은 나를 놀라게 했다. 내가 꿈속에서 보았던 일을 그대로 이야기하는 것이 아닌가. 그게 바로 동시몽이란 걸 나중에 알았다. 내가 난생처음으로 꾸어본 기이한 경험이었다.

들은 바로는 어떤 사람은 평생 동시몽을 한 번도 꾸지 못한 사람이 있는가 하면 여러 번 동시몽을 경험한 사람도 있다고 한다. 동시몽은 일반적으로 쌍둥이에게서 많이 나타난다고 한다. 하여튼 나로서는 난생처음 겪어본 생소한 경험이었다. 극히 드물지만 같은 꿈을 여러 사람이 동시에 꾸는 집단몽集團夢이라는 것도 있다고 한다. 인간만이 겪는 일인지는 분명하지 않지만 고도로 과학이 발달한 지금도 인간이 확연하게 설명 못 하는 것이 의외로 많다는데 놀라지 않을 수 없다.

맛의 진정성

얼마 전부터 텔레비전에 유명한 요리사들이 나와서 요리 대결을 벌이는가 하더니 이제는 대결 정도가 아니라 치열한 경쟁을 벌이곤 한다. 그곳에는 외국인 요리사도 등장하고, 스승과 제자도 한 자루의 칼을 쥐고 외나무다리에서 만나듯 열심히 음식을 만든다. 겉으로는 미소를 흘리지만 속으로는 어떻게든 상대를 이겨야 하는, 다시 말해 출연자의 입맛을 사로잡아야 하는 숙명 같은 대결이 목전에서 벌어지고 있다. 요리사들이 들고 나온 칼도 수십만에서 수백만 원이 넘는 것도 있다니 요리사에게 칼이 보배요 생명줄인 것이리라. 요리사의 이름이 새겨진 칼도 등장한다. 어떤 요리사는 칼이 수십 자루를 넘는다는 이야기도 있다. 가수나 배우 혹은 무용수나 운동선수의 냉장고에 있는 식재료를 옮겨온다. 등장한 두 명의 요리사는 그곳에 있는 재료를 이용하여 15분 안에 음식을 만들어서 평가받는 데 보는 이의 마음을 졸이게 한다. 냉장고 주인인 출연자가 맛을 보고 그가 좋아하는 음식을 만든 요리사를 선택하고 그에게 별을 달아주는 것으로 막을 내린다.

사회자가 옮겨온 냉장고를 열어서 이것저것을 꺼내 보이면서 재치와 익살을 부린다. 간혹 어떤 음식 재료는 곰팡이가 피었거나 냄새가 심하게 나는 것도 보여준다. 그곳에 등장하는 냉장고도 크기나 모양이 가지각색이다. 요리사들이 그 속에 들어있는 음식물을 꺼낸다. 물론 선택 받은 한 명이나 두 명의 출연자가 대기한다. 어떤 출연자는 신맛을 좋아하고 다른 출연자는 매운 것을 좋아하고, 또 다른 출연자는 단맛을 선호한다고 하면 그가 좋아하는 음식을 만들려고 혼과 열을 다하는 모습이 처절할 정도다.

그런데 냉장고 속에 무엇이 들어있는지 보기 전에는 감히 상상도 못한다. 시작종이 울리면 요리사는 냉장고에서 음식 재료를 꺼내서 요리를 시작한다. 이마에선 땀방울이 그야말로 비 오듯이 떨어진다. 어떤 요리사는 조미료를 넣는데도 그냥 넣지 않고 현란한 동작으로 재료를 넣어서 보는 이를 즐겁게도 한다.

요리를 하는 과정에서 시간이 모자라 중요한 것을 빼먹는 경우도 발생하고, 플라스틱병을 잘라 믹서mixer로 간 음식을 넣는 모습도 보여준다. 이것저것을 만들다가 센불에 음식이 약간 타기도 하는 그야말로 분초를 다투는 치열한 경쟁이 전개된다. 그도 그럴 것이 그곳에 등장하는 요리사들은 단순히 요리만을 선보이는 게 아니라 명성이 자자한 음식점을 경영하는 사람이기 때문이다. 어떤 요리사가 까다로운 출연자의 입맛을 사로잡았다는 이야기가 퍼지면 그 집은 대박이 보장된다는 점은 간과할 수 없다는 사실이다. 다시 말해 생활이 아니라 생존과

직결된다는 점이 그들을 흥분케 하고 초조하게 만든다.

흔하디흔한 라면 하나 끓일 줄 모르는 사람이 대한민국 어디에 있겠는가 싶다. 식당 개 삼 년이면 라면도 끓인다는데, 그런데 라면 하나를 끓이는데도 순서가 있음을 확연히 보여준다. 보통은 물이 끓으면 라면을 넣고 다시 끓어오르면 스프를 넣어서 먹는다. 얼마나 쉬운가? 그런데 그게 아니었다. 맛있는 라면을 끓이려면 끓는 물에 라면을 먼저 넣는 것이 아니라 스프를 먼저 넣고 끓어야 한다. 그래야 스프의 맛이 라면에 골고루 밴다는 것이다. 물이 팔팔 끓으면 라면을 넣는다. 그곳에 된장을 반 숟갈 정도 넣는데 새우젓을 소량 넣어도 좋다. 라면이 반쯤 익었을 때 썰어 놓은 파를 넣는다.

다음에 계란을 터트리지 않고 조용히 넣은 후 끓으면 완성이다. 팁을 하나 보태면 다진 마늘을 조금 넣고 깻잎 몇 장, 식초나 커피를 조금 넣어주면 라면 특유의 밀가루 냄새가 사라진다. 라면이 끓기 시작하면 면발을 젓갈로 집어 올리면 라면이 꼬들꼬들해진다. 물 대신 우유로 끓여도 맛이 난다. 이땐 쇠로 된 젓가락이 아니라 나무로 된 젓가락을 사용하면 라면이 미끄러지는 것을 예방할 수 있다는 것은 누구나 다 안다. 이상은 내가 개발한 것이 아니라 텔레비전에서 나온 것을 요약하고 내가 실제로 끓여 본 라면이며 식구들이 먹어보고 그야말로 탄성을 질렀던 경험의 라면이다.

그런데 우리가 하나 짚고 넘어갈 게 있다는 점을 시청자들은 놓치고 있다는 사실이다. 보통 맛 하면 5미를 말한다. 5미란 단맛, 신맛, 쓴맛, 짠맛, 매운맛으로 알고 있다. 그런데 5미란 없었던 것이라고 한다. 처음엔 4미만 있었다. 4미란 단맛, 신맛, 쓴맛, 짠맛이고 여기에 매운맛을 더하여 5미라 했는데 실은 매운맛은 맛이 아니라 통증이라는 새로운 학설이 등장하고 있다는 점이 흥미롭다. 또 하나 짚고 넘어갈 게 4미란 말이나 5미란 말은 우리나라에만 있다는 점이다. 물론 다른 나라에도 있긴 하지만, 다른 나라에서는 우리나라와 똑같이 4미나 5미로 정하지 않고 다른 맛을 넣어서 말하는 나라가 대부분이다. 그러니까 나라마다 맛의 기준이 다르다는 것이다.

외모가 출중해야 음식을 잘 만드는 건 아닐 테지만 텔레비전에 나오는 요리사들은 하나같이 미남이다. 나는 오늘도 요리사들이 음식 만드는 텔레비전 시청을 하기 위하여 그 시간을 기다리고 있다. 요리가 아름답고 질서 있는 과학임을 깨달은 요즈음 나의 생활은 더없이 즐겁다. 우연의 일치인지 존 웰스 감독의 〈더 셰프〉가 영화관에서 상영된다는 소식이다.

그 일 이후로 라면은 내가 도맡아 끓이고 심지어는 아내도 라면을 나에게 끓여달라고 애교(?)를 떤다.

영혼의 윤활유

 술이 만들어진 것은 오랜 옛날 원숭이들이 먹다 남은 과일이 시간이 지나자 발효가 되었고, 그걸 마신 원숭이들이 취해서 놀았다는 학설이 가장 유력한 것 같다. 그 후 인간의 욕구에 고급의 술이 등장하게 된 것이다. 애주가가 지방의 토속주나 외국을 나갔을 때 현지의 멋진 술을 마신다는 것은 크나큰 아름다움이다. 동양에서는 술을 도자기로 만든 독에 담는데, 서양에서는 오크oak통 속에서 술을 숙성시킨다. 동양에서는 술의 도수와 맛을, 서양에서는 술의 숙성 기간과 도수를 중요하게 여기는 듯하다. 서양에서 술의 숙성 기간은 오크통 속에 있을 때만을 말한다. 술이 유리병 속에 담기면 아무리 오래되어도 숙성년도는 변하지 않는다.
 술은 오래될수록 좋다지만 최근 것이 좋은 술도 있다. 그것을 '햇술'이라 한다. 일본 술인 사케가 바로 그것이다. 사케는 쌀에 누룩을 넣어 빚은 술인데 오래되면 냄새가 날 수 있다. 사케를 마시는 방법은 네모난 편백나무 상자(마스) 속에 컵을 넣고 술을 따른다. 때로는 컵이 넘치도록 술을 따르는데 간혹 넘친 술이 나무상자 속으로 들어간다. 이때는 컵의 술을 마신 다음에 나무상자의 술을 마신다. 어느 때는 나무상자 속의 술에 편백나무 향이 배어 나와 맛이 더 좋을 때가 있다. 보통 사람들은 술은 그대로 마시거나 차게 해서 마신다. 대표적인 술이 보드카다. 보드카는 일반적으로 추운 지방에서 생산되는 독주이다. 보드카는 냉동실에 넣었다가 마셔야 제맛을 느낄 수 있다. 냉동실에 오래 두면 물 같은 보드카가 꿀처럼 진득해지는데 그때 마셔야 보드카의 진수를 맛볼 수 있다.

술은 도수에 -를 붙인 숫자에 언다고 한다. 보드카가 40도니까 -40도가 되어야 언다는 뜻이다. 소주가 17도라면 -17도가 되면 언다. 도수가 약한 술일수록 빨리 언다는 뜻이다. 그런데 중국 저장성에서 생산되는 소흥주紹興酒는 데워 마시기도 한다. 또한 일본 술인 사케는 복어 지느러미를 조금 태워서 술에 넣어 마시면 맛이 좋다. 서양에서도 끓여 마시는 술이 있다. 뱅쇼vin chaud라는 술은 포도주에 과일을 넣어 끓여 마시는 술인데 감기 치료제인 일종의 약술이다.

동양에서의 술독은 깨지지 않는 한 수십 년에서 수백 년을 사용하지만 서양에서 오크통은 단 한 번만 사용하고 버린다. 오크통 속에 위스키 원액을 225리터 넣었는데 17년 후에 꺼내보니까 20㎖가 증발되었다면 없어진 양을 '천사의 눈물'이라 한다. 술을 '악마의 작품'이라고 말한 이가 있는데 거기에 '천사'를 대비한다는 것은 보통의 반어反語가 아니다. 우리나라 사람들은 브랜디(과일주) 보다는 위스키(곡물주)를 선호하는 경향이 짙다. 그런데 그 독한 위스키 원액을 그대로 마시는 경우가 허다하다. 도수 높은 술을 그대로 마시면 식도에 화상을 입거나, 위장에 부담을 줄 수 있다. 이때는 얼음이나 과일 주스를 섞은 소위 칵테일Cocktail로 마시면 위에 부담을 적게 준다.

간단하게 만드는 칵테일 술로 솔티 도그Salty Dog라는 게 있다. 컵의 가장자리에 레몬즙을 바른 다음 종이 위에 고운 소금을 조금 깔고 컵을 뒤집어 소금을 묻힌다. 그 컵에 얼음 몇 개와 자몽 주스를 넣고 진이나 보드카를 소주잔으로 한 컵 정도 넣어 마시는 술인데 만들기가 쉽고 또 내가 좋아하는 술이기도 하다. 아무리 술을 좋아해도 외국 여행을 할 때 조심할 것은 그 나라의 음주문화를 알고 가는 것이다.

외국을 여행할 때 마시면 좋은 경험이 될 것 같은 술을 몇 가지 소개한다.

나 라	술 이름	특 징
그리스	우 조	40도. 물처럼 투명하나 물을 섞으면 우윳빛으로 변한다. 주정에 정향, 계피를 넣어 만든다. 안주는 요구르트가 적당하다.
남아프리카 공화국	아마룰라 크림	17도. 병 표면에 코끼리 그림이 있다. 마룰라 열매로 만드는데 우유, 커피, 보드카에 섞어 마시면 멋진 음료가 된다.
네 팔	뚱 바	원액에 온수를 타서 빨대로 빨아 마신다. 1500미터 고산에서 자라는 '꼬도'라는 씨앗을 고두밥으로 만든다.
독 일	예거마이스터	35도. 56가지 향료를 사용하여 만든다. 건강주로 천식, 위장병에 효험이 있다. 짙은 허브 향과 단맛이 특징이다.
루마니아	쭈이꺼 빨린꺼	40도. 쭈이꺼는 자두 증류주로 식전에 조금 마신다. 빨린꺼는 자두, 배, 사과, 체리 등을 2~3번 증류하여 빚은 술이다.

나 라	술 이름	특　　징
리투아니아	미 드	50도. 꿀에 효모를 넣어 발효시켜 만든 술이다. 리투아니아에서 생산하는 술은 갈색 도자기 병이나 무색투명한 병도 있다.
멕시코	데낄라	40도. 용설란이라는 선인장으로 만든다. 손등에 레몬즙을 바르고 고은 소금을 뿌린다. 데킬라를 마시고 소금을 핥는다.
몽 골	아이락	말 젖 발효주로 도수가 낮다. 손님에게 대접하면 환영한다는 뜻이 있는 술로 오래되면 조금 시큼한 맛이 난다.
베트남	냄모이 민망주	40도. 숭늉 냄새가 나며 안주는 붉은 연어 고기가 어울린다. 37도. 베트남 전통 한약재 술. 자라 성분이 들어간 것도 있다.
스리랑카	아 락	33.5도. 야자수 발효 위스키. 원래는 야자열매를 술잔으로 사용하고, 술을 마신 후에는 그 술잔을 안주로 먹었다.
에스토니아	바나탈린	35, 40, 45, 50도의 네 가지가 있음. 레몬 기름, 계피, 바닐라, 럼이 들어간 술로 갈색 병이 특징이며 맛이 부드럽다.
체 코	베체로브카	38도. 온천수에 수십 가지 약초로 담근 한약재 술이며 소화제로 사용된다. 제조법은 단 2명만 알며 공장도 한 곳뿐이다.
쿠 바	모히토	헤밍웨이가 즐긴 술이다. 박하, 얼음, 설탕, 라임에 진이나 보드카를 넣은 술. 소주에 깻잎을 넣어도 좋다.
터 키	라 키	45도. 투명하나 물을 부으면 우윳빛으로 변한다. 투명할 때는 '사자의 눈물', 우윳빛으로 변할 때는 '사자의 젖'이라 한다.
헝가리	우니쿰	40도. 40종 이상의 한약재가 들어간 술이다. 병 모양이 표주박처럼 생겼다. 1790년 하프스부르크 왕가 의사인 츠바크가 처방했다.

미국의 몇몇 주에서는 공원에서 술병을 꺼내놓고 술을 마시면 거액의 벌금이나 징역을 살 수도 있다. 호주에서는 길거리나 공원, 해변에서의 음주를 제재한다. 싱가포르는 오후 10시 30분에서 오전 7시까지 공공장소에서는 음주가 불가능하다. 태국도 비슷하다. 또 종교적 문제로 금주하는 나라도 있다. 특히 이슬람교는 술을 금지하므로 이슬람 국가를 여행할 때는 술의 반입이나 음주 자체를 극히 조심해야 한다.

이 세상에 존재하는 단일 음식으로 가장 비싼 것이 술이란 점도 흥미롭다. 해마海馬를 포함해 30가지가 들어간 불도장佛跳牆 한 그릇에 백만 원을 하는 것도 있고, 금가루를 섞은 음식은 더 비싼 것도 있다. 하지만 술 한 병에 무려 39억 7,075만 원이나 하는 술이 있다는데 그게 데낄라 레이 925라는 술이다. 나도 사진으로만 보았지 실물은 못 봤다. 지구상에 존재하는 술의 종류가 무려 수만 가지가 넘는다는데 그 많은 술이라 할지라도 비슷한 것들끼리 모으면 단 세 종류다. 양조주와 증류주 그리고 혼성주다. 가정에서나 양조장에서 만든 술이 양조주이고, 양조주를 가열하여 증류한 것이 증류주이며, 증류주에 허부나 색소를 첨가한 것이 혼성주다. 아무리 비싸거나 희귀한 술이라 하더라도 이 범주를 벗어날 수는 없다. 그렇게 만들어진 술은 탄생에서부터 죽음까지 동반한다. 탄생을 축하하는 자리에도 술이 등장하고, 부부의 연을 맺는 장소에도 술이 있으며, 제사에서도 술은 자리를 같이했다. 인류의 역사는 바로 술의 역사라 해도 과언이 아니다.

황건적에 맞설 관군을 모집한다는 날 28세인 유비, 27세의 관우 그리고

22세의 장비가 복숭아밭에서 의형제를 맺는다. 이른바 도원결의桃園
結義가 있던 그날도 술이 있었다. 술잔에 복숭아 꽃잎을 띄워서 마셨
다면 더 운치가 있었을 것이다. 생각만 해도 군침이 돈다.

정확한 통계는 없지만 술 하면 제일 먼저 떠오르는 나라가 중국이다. 나
라도 큰 데다 인구도 많은 것이 원인인 것 같다. 중국에는 4,500여 종
의 술이 있다는 말도 있고, 다른 문헌에는 8,000여 종의 술이 있다고도
했다. 예를 들면 뱀이나 지네 또는 해구신으로 담은 불로주가 있는가
하면 불개미주, 해마주, 육종용주 등의 술이 있으며, 동물 수컷의 생식
기를 넣어 담은 장유삼편주라는 술도 있고, 술은 아니지만 살아 있는
새우를 술에 넣어 술에 취한 새우醉鰕를 먹는 일도 있다. 그러니 자연
히 술에 관한 이야기나 시詩가 많을 수밖에 더 있겠는가!
그뿐이 아니다. 8대 명주니 4대 명주라는 말이 있다. 8대 명주는 귀주의
마오타이, 130가지 약제를 넣어 만든 동주, 사천성의 오량액, 검남춘,
노주노교특곡, 시안의 서봉주, 화산의 분주 그리고 안휘성에서 생산
되는 고정공주를 말한다.

나라별 술 소비량은 1위가 벨라루스로 1일 평균 17.5리터를 마시고,
몰도바가 2위로 16.8리터, 리투아니아가 3위로 15.4리터인데 우리나
라는 15위로 12.3리터를 마셨다는 것이다. 한국인이 일 년간 마신 술
은 소주가 일 인당 53병, 맥주가 83병이라고 한다. 술 때문에 발생하
는 사회적 경제적 손실도 간과할 수는 없지만 다르게 생각하면 술을

마신다는 것은 건강하다는 증거이기도 하다.

반세기도 전 고등학교 국사 시간에 선생님에게서 들은 내용인데 너무 오래되어 정확하지가 않다.

술의 찬가

토르스텐이 왕에게 바치려던 티올티오와 입볼트가 마신 파란 술은 사랑의 미주美酒.
클레오파트라가 시저에게 건넨 술은 유혹의 술이요,
성춘향이 이도령에게 바친 술은 백년가약의 맹세주盟誓酒라.
당명황唐明皇 산약주가 불로주라니
적벽강 소동파가 어이 술 없이 배를 탔으며,
한강 나룻배에 술 없는 선유仙遊가 어디 있단 말이더냐.
달도 차면 일그러지고 누에도 고치를 지면 날짐승이 되나니,
항차 사람의 마음인들 변치 않겠는가.
언제 어디서 마시던 정직한 것,
이것이 술이 아니고 무엇이던가.

맞는 말이다. 더러 "술이 원수다"라는 말을 한다. 왜 그 좋은 술이 원수인가. 정직하고 황홀하게 하고 기분을 좋게 하는 음식인데 그토록 폄하하는 것은 슬픈 일이다. 술 마시고 크게 실수하거나, 나쁜 짓을 하거나, 운전해서 사람을 다치게 했을 그때 술이 원수지 술 자체는 얼마나 고귀한 음식인가. 기분이 우울할 때 진열된 세계 각국의 술을 본다는

것만으로도 위안이 된다.

새로 들어온 소식이 하나 있다. 지금까지 술을 만들 때 서양에서는 오크통을 한 번만 사용하고 버렸다. 그런데 최근에는 이미 사용한 오크통 내부를 타기 직전까지 그을려서 다시 사용한다는 것이다. 그러면 그을린 내부가 필터 역할을 해서 불순물을 제거한다고 한다. 그 결과 술에서 단맛이 나고 더 부드러워진다는 것이다. 그러나 아무리 변화를 주어도 술은 술이다. 어느 때고 과음過飮은 금물이다.

국내여행이나 해외여행 중에 애주가들은 현지에서 〈영혼의 윤활유〉인 독특한 술 이름만 들어도 가슴이 뛰지 않겠는가! 살아서 활동한다는 건 역시 아름다운 일이다.

상식이라는 것

코로나19라는 바이러스 감염병이 창궐하면서 집에서 지내는 시간이 길어졌다. 길어졌다고 말했지만 사실은 아주 지루하게 길어졌다. 마치 거대한 중력장 안에 있는 것 같이 시간이 느리게 갔고, 모든 게 정지된 듯한 상태가 됐다. 정부 당국에서도 여러 사람 간의 만남을 자제하라고 권고하는 중이다. 코로나 감염증 확산을 차단하는 최선의 방법은 밀집된 장소를 피하고, 어떤 경우에도 마스크를 쓰라고 했고, 환기를 자주 하라는 권고나 지시가 하루에도 여러 번 스마트폰을 달궜다. 그래서 텔레비전 앞에 서성거리는 횟수가 잦아진 것이다.

겨울철 밤이 길어진 탓에 텔레비전을 시청하는 시간도 덩달아서 길어졌다. 채널을 이리저리 돌려보던 도중에 남녀 사회자가 나와서 대화를 하는 화면이 보였다. 시누이와 올케 또는 친정어머니와 시어머니와의 관계에 관한 토론이 한창 이루어지고 있었다. 그때 나에게 호기심을 일으키게 하는 장면이 포착됐다. 결혼한 젊은 여자였는데 얼굴 모습으로 보아 20대 중반이나 후반으로 보였지만 실제 그녀의 나이는

30대 초반이라고 했다. 더구나 그녀의 학벌은 최고라고까지 했다. 그런 그녀가 결혼을 하고 시댁을 갔는데 시누이가 그녀를 부엌으로 오라 하더니 그녀 앞에 과일을 몇 개 내놓으면서 그녀에게 이렇게 말했다고 했다.

"나 좀 도와줘."
"뭐를 도와드릴까요?"
"저기 사과 좀 깎아줘."
"네?"
"사과 좀 깎아줘,"
"저보고 지금 사과를 깎아달라고 하셨어요?"
"일손이 바쁘니까 사과 좀 깎아달라고 했어."
"저, 사과 깎을 줄 모르는데요."

그 장면을 시청하는 내 가슴에 '저것이 사실일까?' 하는 의구심이 번갯불처럼 빠르게 지나갔고 뒤이어 천둥소리가 크게 울렸다. 내 옆에 앉아서 텔레비전을 보던 나의 아내도 순식간에 얼굴이 파랗게 질리는 것을 보았다.

그뿐이 아니다. 얼마 전에는 나이가 비슷한 여자분들 서너 명이 남도南道의 한 가정에 모였다. 마당에는 잔디가 깔려 있었고 등 굽은 소나무가 운치를 자랑했다. 고급의 헤링본herringbone이 깔린 거실에서 환담을 하던 그때 언니뻘 되는 여자가 일행 중 한 명에게 부탁을 했다.

"너, 저기 있는 달걀 좀 가지고 와."
"그거 뭐하게요?"

"프라이해서 먹게, 저거 가지고 가서 프라이 좀 해."

"나보고 달걀 프라이를 해오라고요?"

"응, 그래 바로 점심때야 그걸로 비빔밥을 해서 먹게."

"언니?"

"왜?"

그녀의 얼굴에 낭패한 기색이 역력했다.

"나, 달걀 프라이 할 줄 모르는데."

듣고 있는 언니뻘 되는 여자는 금세 놀란 얼굴이 되었다.

"뭐라고 했어 지금?"

"나, 달걀 프라이 할 줄 모른다고 그랬어."

"어머, 세상에 너 몇 살인데 달걀 프라이를 할 줄 모른다고?"

"지금까지 한 번도 안 해봤어."

"살면서 지금까지?"

묻고 있는 언니뻘 되는 여자의 얼굴이 굳어졌다.

"응."

"너 나이가 60은 넘었잖니?"

"……."

위의 두 가지 내용은 내가 지어내거나 상상으로 한 말이 아니다. 실제로 텔레비전 화면에 비친 것들이고 당사자가 나와서 본인의 입으로 말한 내용들이다.

그렇다면 상식이란 무엇인가 라는 말을 되새겨볼 필요가 있다. 상식이란 보통 사람으로서 으레 가지고 있을 일반적인 지식이나 판단력을 말한다. 그러니까 사과를 깎는 것이나 달걀 프라이를 하는 것이 상식에 속한다고 말할 수 있다. 사과하나 깎는데 고도의 기술이나 상당한 지식이 필요한 것도 아니고, 달걀 프라이 하나 하는데 고학력이나 무지하게 비싼 프라이팬이 있어야 하는 것도 아니다.

사과를 깎는 방법이야 여러 가지가 있겠지만 우선 사과를 들고 칼로 한 부분을 톡하고 껍질에 흠집을 내고, 흠집 난 곳에 칼을 비스듬하게 넣고 살살 돌려가면서 깎으면 쉽게 껍질이 벗겨진다. 예술적으로 사과를 깎아 특수한 모양을 내라는 말이 아니다. 그냥 껍질을 벗기기만 하면 된다. 달걀 프라이도 사람마다 조금씩 다르겠지만 프라이팬에 기름을 아주 조금 두르고 불판이 달궈지면 기름을 닦아낸 뒤에 달걀을 깨서 프라이팬에 넣으면 된다.

일상 사용하던 프라이팬은 굳이 기름을 두르지 않아도 된다. 눈으로 봐서 적당히 익었다고 생각되면 달걀을 뒤집으면 끝이다. 알려주지 않았는데도 초등학교에 다니는 내 친구의 손자는 여러 개의 달걀 프라이를 쉽게 해서 가지고 오는 걸 봤다.

결혼이 단지 사과를 깎고 달걀 프라이를 하려고 하는 것은 아닐 것이다. 옛날처럼 신부 수업을 받고 결혼을 하는 것도 아닌 세태다. 그러나 누구나 할 수 있는 사과를 깎는 일이나 달걀 프라이를 하는 것도 모르고 결혼을 했다면 그 사람의 결혼 전 생활은 어떠했을까 하는 생각을 해봤다. 가정부를 서너 명씩 두고 극도로 편안한 생활을 했을까 아니면 너무 가난해서 아예 사과를 한 번도 깎기는커녕 먹어볼 기회가 없었거나, 달걀 프라이를 한 번도 먹어본 적이 없었거나 하는 생각이다.

바보상자라 말했던 텔레비전에 나온 사람들의 모습을 보고 그녀들의 말이 웃자고 한 말일 거라는 상상도 했다. 하지만 한편으로는 사실일까 하는 의구심과 함께 내 가슴에 무엇인가 뭉근한 것이 남아있는 것 같아 씁쓸한 마음을 지울 수가 없었다.

내 마음을 헤아렸는지 밖에는 함박눈이 줄기차게 내렸다. 천지가 순식간에 백설白雪로 변했다. 마른 메타세쿼이아 가지를 흔들면서 차가운 바람이 지나갔다. 그때 양지바른 베란다 화분에서 자라고 있는 문주란의 넓은 잎이 한층 짙게 보였다. 그 초록 잎 속에서 봄이 오는 소리가 들리는 듯했다.

바보상자는 저 혼자 떠들어도 세월은 무심히 흘러간다.

천상에서 날아온 티베트 무용수 용지擁吉

티베트의 유명 여가수 린진될마가 원주민 복장에 털모자를 쓰고 부른 청해호靑海湖 가사는 이렇다.

청해호

고원高原 위에서 짙푸르게 출렁이는
마음속의 큰 호수 청해호

겹겹이 밀려오는 물결이 휘감기는 때
내 마음은 아득한 옛날로 되돌아간다

보라 세계의 지붕인 설역雪域의 고향에
피와 땀으로 힘들게 창조한 기적들

아~~ 아~~

나의 청해호
나의 청해호
너는 어느 부왕父王의 피땀인가?

청색의 바다라는 뜻의 청해호. 중국 칭하이성 동부에 있는 중국 최대의 소금 호수이다. 해발 3,200m에 있는 이 호수에는 비늘이 없는 물고기가 산다고 한다. 중국에는 크고 작은 호수가 24,800여 개가 있다고 한다. 그 많은 호수 중에서 가장 아름다운 호수를 5개 선정했는데 첫 번째가 청해호다. 그다음으로 신강의 카나스호, 티베트의 나목초, 길림성의 백두산 천지 그리고 절강성 항주의 서호를 꼽는다. 청해호는 중국에서 가장 큰 호수 중에서도 첫 번째로 꼽힌다. 청해호는 너무 넓어 언뜻 바다 같은 느낌을 주는데 유채꽃이 피었을 때가 호수의 본모습을 볼 수 있다. 호수 주변에서 야크와 양 떼가 풀을 뜯을 때 목가적인 느낌을 느낄 수 있다는 것이다.

그 호수의 이름이 붙은 노래 청해호는 간결하면서도 슬픈 감정을 나타낸다. 노래와 빠른 반주가, 더러는 반주만 흐르는 곳에 맞추어 추는 춤. 유연하면서도 힘차고 더불어 아름다운 곡선을 그리는 무용수의 몸짓은 선녀를 보는 느낌이다. 춤의 근원은 설산雪山을 나는 독수리의 날갯짓에서 영감을 얻었다고 한다. 무릎을 자춤거리면서 두 팔을 위아래로 또는 독수리가 날아가는 형상을 취하기도 하고 때로는 하강하는 모습을 보이기도 한다. 어느 때는 몸을 구부린 채 두 팔이 땅에 닿을 듯한 모습이 독수리의 급강하를 보는 느낌이다. 곧이어 먹이를 찾아 힘차게 날아오르는 모습이 연출되기도 한다. 무용수는 오른팔을 우상右上으로 왼팔을 좌하左下로 몸을 비틀면서 비상하는 모습을 연출하고 때로는 그 반대의 모습을 보인다. 마치 독수리가 좌우의 날개를 퍼덕이는 모습이다. 한 마리의 독수리가 넓은 창공을 비상하는 듯한 착각이 들 정도다. 게다가 무용수는 연신 웃음이 충만하다. 가지런한 치아가 보는 이를 행복하게 한다. 그녀는 춤을 추는 동안 항상 미소가 넘친다. 무용수는 언제나 팔과 손 그리고 얼굴만 보일 뿐 몸은 천으로 가려져 있다. 가끔가다가 치마 끝에서 잔걸음을 하는 구두의 모습을 볼 수 있다.

길거리 관객은 그녀의 몸동작은 물론 그녀가 짓는 미소에 감격스러운 아름다움을 느낀다. 무리 지어 춤을 추는 춤꾼이 많아도 관객의 시선은 그녀에게 모두 쏠려있다. 그녀가 춤을 출 때는 언제나 허리를 질끈 묶은 기다란 치마를 입고 허리 양쪽에 화려한 노리개가 달려있다. 그녀의 춤을 감상하는 관람객만이 바지를 입는 경우가 허다하지만 그녀는 언제나 치마를 고수한다. 치마와 저고리는 항상 단색이다. 그녀의 춤은 우아하고 품위가 있다는 평을 듣는다. 관객이 관람석에 앉아서 춤을 감상하는 것이 아니라 관객과 무용수가 한 팀이 되어 움직인다. 그것도 춤을 관람하는 무대가 따로 있는 것이 아니라 포장된 도로가 바로 무대이다. 그녀는 가끔 목에 흰 실크 머플러를 걸고 춤을 추는데 이는 귀한 손님이 올 때 환영한다는 의미라고 한다. 관람객 중 누군가가 목에 걸어준 실크 머플러다. 춤은 한 장소에서만 춤을 추는 게 아니라 이동하면서 춤을 춘다. 자연히 관객도 같이 춤을 추며 이동한다. 때로는 원형으로 둘러서서 춤을 추는 일도 있다. 이때도 원형은 둥글게 원을 그리면서 돈다.

티베트 전통 민속춤인 귀쫭을 추는 티베트 장족 여인인 용지는 서남 민족대학을 졸업한 여성으로 티베트 사람들만의 자랑이 아니라 세계적인 전통 민속춤인 귀쫭의 대가大家로 우뚝 섰다는 평이다. 그녀는 티베트 성도의 고승교 금외센터 로마 휴일 광장에서 춤을 춘다. 그곳은 거대한 건물이 아니라 누구나 갈 수 있는 평범한 광장이다. 그녀는 2023년 23세의 나이로 춤을 가르치는 교사이자 무용단 단원으로 활동하는 것으로 알려져 있다. '매번 춤을 추지 않는 날들은 모두 삶을 헛되이 보낸 것이다. 춤은 언어의 어머니다'라고 말했다고 한다. 그녀의 원래 이름은 용지라무인데 줄여서 용지라 부르고 있다. 이름에서 용지는 티베트어로 강이라는 뜻이고 라무는 여신이라는 뜻이라고 한다. 그러니까 그녀의 이름을 풀이하면 '강의 여신'이 되는 셈이다. 티베트인들은 성이 없고 단지 이름만 있다. 티베트인들은 2자 또는 4자 아니면 6자나 8자의 이름을 가지고 있는데 신분이 높은 사람들은 6자나 8자의 이름을 가지고 있는 것으로 알려져 있다. 티베트 사람들의 이름은 자연의 한 부분 예를 들면 달빛, 태양, 연꽃 등의 이름을 넣기도 하고 때로는 출생 일자를 사용하기도 하며 어느 때는 출생 요일을 사용하기도 한다.

티베트는 중국 서남 지역 5개 소수민족 자치구 중 하나로 1950년대 중국에 편입되었다. 그곳을 한국에서는 티베트라 하고 중국에서는 시장西藏이라 한다. 티베트는 중국의 자치구로 중국 전체 면적의 8분의 1

을 차지할 정도로 넓으며 미얀마, 인도, 부탄, 네팔과 국경을 맞대고 있다. 티베트의 수도 라싸는 해발고도 3,500m에 있다. 이곳에 달라이라마가 살던 유명한 포탈라궁이 있으며, 풍부한 천혜 자원이 있는 지역이다. 달라이라마는 티베트 국가의 원수이자 최고 통치자이다. 티베트 국민은 대부분이 불교를 믿고 있다. 티베트 불교는 미래보다는 과거에 더 큰 의미를 두고 있다. 그래서 그들 신자는 평생에 한 번은 신성한 산 카일라스를 향해 세 발짝 걷고 신체의 다섯 부위 즉 양 무릎, 양 팔꿈치, 이마를 땅에 대는 삼보일배三步一拜, 오체투지五體投地를 한다. 삼보일배에서 1보에 탐욕을 떨쳐내어 부처님께 귀의하고, 2보에 속세에서 더럽혀진 마음을 버려 가르침에 귀의하고, 3보에 수치심을 버려 스님께 귀의 한다는 의식으로서의 걸음이다.

그 기간은 열흘도 되고 한 달도 되고 몇 달도 된다. 그런 의식을 행하면 지은 업보가 사라진다고 믿는다. 이런 험난한 의식을 일생에 한 번은 해야 한다고 티베트 사람들은 믿고 실천한다. 신체가 불편하거나 이동이 곤란할 경우 제자리에서 돗자리를 깔고 오체투지를 한다. 더불어 마니차를 돌리며 마음을 정화한다. 티베트 사람들은 상당수가 양이나 염소 또는 소를 키우는 목축업을 하고 있다. 그들은 끓인 물에 버터와 소금을 넣어 만든 수유 차를 즐겨 마신다. 생활 편의상 모든 음식과 양념은 말려서 보관한다. 그들은 목축업을 하면서 외로움을 달래기 위해서 스스로 노래를 즐겨 불렀다. 그 노래는 자연을 무대로 하면서 일반적으로 고독한 노래가 많았다.

티베트 고원은 평균 고도가 4,900m나 된다. 이곳이 전 세계에서 가장 많은 야생 상태의 '야차굼바'인 동충하초冬蟲夏草가 생산되는 지역이다. 동충하초는 인삼, 녹용과 더불어 동양의 3대 명약 중의 하나로 불리는데 해발 4,000m 이상에서만 볼 수 있는 귀한 약용 버섯이다. 동충하초는 풀숲에서 피어나는 작은 버섯인 관계로 걸으면서는 찾기가 어려워 험한 산을 기다시피 하면서 5~6월 사이에 채취한다. 그 시기가 되면 동충하초를 채취하기 위하여 네팔 같은 곳에서 20여 일을 걸어와 험준한 히말라야산맥을 넘는다. 일행은 고산에서 텐트를 치고 버섯을 채취한다. 채취하는 동안 숙식이 그곳에서 이루어진다. 채취하는 기구는 괭이처럼 생겼는데 괭이보다 날이 뾰족하고 길다. 괭이의 구부러진 부분을 잡고 땅속 깊게 밀어 넣은 다음 짧은 자루를 당기면 흙이 올라오고 손가락만 한 동충하초가 보인다.

고산은 동충하초를 캐는 인부들의 원색 점퍼가 울긋불긋한 색조로 산을 메운다. 산에서 캔 동충하초는 상처가 나지 않게 어린애 다루듯 조심조심 흙을 털어낸다. 동충하초는 한약재상들에게 한 개에 일만 원 정도에 팔리고 그 돈으로 그곳 원주민들은 생활에 필요한 물품을 산다. 신장과 폐를 튼튼히 하고 항균 항암과 혈압과 혈당 조절 그리고 노화를 방지한다는 이야기가 퍼진 가운데 등소평이 보양식으로 즐겨 먹고 장수하였다고 하는 말이 퍼지면서 구매자가 폭발적으로 늘었다. 생산량은 일정하니까 가격이 천정부지天井不知로 오르고 무분별한 채취로 생산량이 적어지기 시작했다.

티베트의 결혼 생활은 지형적 특성 때문에 아주 독특하다. 일처다부제가 보편화되어 있다는 점이다. 보통 남편은 형제간이 대부분이고 가끔 홀아버지가 된 경우 부자가 한 여자의 남편이 된 일도 있다. 또한 일부다처제에도 여자 형제가 아내인 경우가 대부분이고 심지어는 모녀가 아내로 살고 있는 경우도 있다. 이때 어머니는 과부여야 한다. 척박하고 고립된 곳에서 사는 사람들의 독특한 생활방식이다. 우리의 사고로는 상상을 초월하지만 그들은 결혼 생활에서 불화가 거의 없는 것으로 알려져 있다. 그래서 성은 없고 이름만 있는데 이름 중에 엄마 성을 한 자씩 따서 쓰고 있다고 한다.

외부와 단절된 고립무원孤立無援에서 자주 볼 수 있는 것은 하늘을 나는 독수리다. 그곳 주민들은 창공을 나는 새에서 영감을 얻어 자연 친화적인 그곳만의 고유한 춤을 개발해 낸 셈이다. 게다가 춤을 위해 태어난 것 같은 여성 무용수 용지라무의 춤 솜씨는 가히 독수리를 능가한다는 평을 받는다. 그녀의 춤사위는 보는 사람의 가슴에 영원한 천사로 남을 것이란 찬사가 끝나지를 않는다. 그녀는 오늘도 로마 휴일 광장에서 관람객들과 함께 그녀만의 우아한 춤을 선사하고 또 같이 춤을 추며 삶을 즐기고 있다. 그녀가 추는 춤이 독수리 날갯짓에서 영감을 얻었다고 했는데 이유가 있는 것 같다.

고원에서 살면서 유목 생활을 하는 티베트 사람들에게는 동토凍土에 장례를 지내는 것은 매우 어려웠을 것이다. 게다가 나무를 베서 시신을 화장한다는 것도 난감했을 것이다. 유목 생활을 하기에 한 곳에 시신을 매장한다는 것도 쉽지 않았을 것이다. 그래서 생각해 낸 것이 천장天葬을 선택한 것이다. 천장을 조장鳥葬이라고도 하는데 시신을 독수리에게 공양하는 풍습이다. 죽은 자의 시신을 독수리가 먹고 하늘 높이 날아

가면 죽은 자의 영혼이 하늘로 간다고 믿는다. 독수리는 죽은 자의 영혼을 하늘로 보내는 매개 역할을 한다. 그러니 독수리는 신성한 새가 되는 것이다. 그래서 독수리에게서 영감을 얻었다는 이야기가 설득력을 얻는다.

티베트에는 종교의식에서 사용하는 '다마루'와 '캉링'이라는 악기가 있다고 한다. 다마루는 사람 해골 두 개를 붙여 만든 작은 북으로, 두 개골을 붙인 중간에 끈을 묶고 끝에 가죽 뭉치를 달아 북을 치는 게 아니라 흔들면 가죽 뭉치가 북을 때려 소리가 나게 한 것이고, 캉링은 사람의 대퇴부를 사용하여 만든 관악기인데 음을 조절하는 지공指孔이 없고 단지 입술로 높이를 조절한다고 한다. 주술적 의미가 있는 악기는 고음과 청아한 소리를 내는 데 사용된다는 것이다. 뼈라고 해서 아무 뼈나 사용하는 게 아니고 불교도이면서 몸과 마음이 깨끗한 자의 것이라야 한다고 강조한다. 특히 불교를 믿는 승려의 것이면 최상으로 친다는 것이다. 어찌 보면 죽은 후에도 산 사람과 같이 있다는 의미를 지닌 것 같다. 민간에서 사용하는 악기로는 기타인 '다녠'이, 해금인 '삐왕', 양금인 '귀망' 피리인 '링부'가 대표적이라고 한다. 종교에서 사용하는 악기가 중저음을 내는 반면 민간에서 사용하는 악기는 단조롭지만 고음을 낼 수 있다는 것이다.

천상에서 날아온 무용수 용지가 있는 한 티베트 무용은 영원히 아름답다는 확신이 든다. 춤은 양손을 허리춤에 대고 조곤조곤 걸으면서 시작한다. 시간이 지나자 팔의 움직임이 커지고 끝내는 양팔을 벌려 비상하는 모습을 끝없이 연출한다. 동시에 발걸음도 빨라진다. 그 모습은 우아하면서도 활기차고 아름다우면서도 고요하다. 전 세계가 티베트 처녀 용지 춤에 점점 빠져들고 있다는 소식이다. 드넓은 호수에서 수면을 향해 내려 꽂이기도 하고, 넓은 평원에서 달아나는 짐승을 향해 공격하기도 하고, 높은 절벽 위에서 급속도로 하강하면서 날짐승을 잡아채기도 한다. 때로는 저돌적으로 솟아오르는 맹렬한 기세. 가끔은 좌로 우로 수평으로 삶을 위한 투쟁이 계속된다. 그녀가 한 마리 새이고, 한 마리 새가 바로 그녀다. 우리가 텔레비전으로나마 수만 리 떨어진, 설산 자락에 사는 아름다운 무용수 용지라무의 그림 같은 춤-화려하면서도 경박하지 않고 조용하면서도 웅장한-을 본다는 것만도 행운 중의 행운이다.

나는 오늘도 용지라무의 멋진 춤을 감상하면서 잠시나마 피로를 푼다.

물질 만연 시대

사람이 살면서 남보다 더 잘 살고 싶은 것은 기본적인 욕망이라 할 수 있다. 더구나 우리의 사고로서는 집을 한 채 갖는다는 것은 평생의 소원일 수도 있고, 또 집을 한 채 갖기 위해서 엄청난 노력을 기울인다. 오늘도 내가 사는 아파트에서 다른 곳으로 이사를 가는 집을 발견했다. 이사 가는 집에서 내어놓은 가구가 그야말로 작은 산을 방불케 했다. 지나가는 사람들이 한마디씩 했다. 상표가 붙어있는 고급 장롱이며, 윤기가 나는 탁자와 그 위를 장식했던 두꺼운 유리판, 예쁜 모양의 쓰레기통도 있고, 스탠드 등도 있으며, 아주 새것 같은 소파도 보였고, 터지지 않은 청바지도 몇 벌 나왔다. 세상의 온갖 물건들이 그곳에 다 모인 것 같았다.

얼마 전에 들은 바로는 중년의 남자가 이혼하고 다른 여자와 결혼을 했는데 부인된 여자가 "전에 부인이 쓰던 가구를 몽땅 버리라"고 했다는 것이다. 그래서 그랬는지 그 집에서 내어 논 생활용품이 트럭으로 서너 대가 넘었다. 포장도 뜯지 않은 화장지 뭉치도 보였고, 김장할 때 사용하는 대형 쇠 바구니도 몇 개가 있었으며, 아기가 웃고 있는 사진 틀도 서너 개가 나뒹굴었다. 박스째 나온 보온병이며 상표가 붙어있는 가죽 가방도 있었고, 전자제품도 몇 개가 나왔다. 더구나 우리의 호기심을 불러일으킨 건 '필요한 물건은 가져가세요'라고 쓰인 작은 종이 앞에는 가격표가 그대로 붙은 호화로운 영국제 사기그릇도 부지기수로 있었다.

젊은 아낙들이 언제 그 소식을 들었는지 물건을 고르는 인파가 인산인해였다. 어떤 아낙은 아예 작은 수레까지 끌고 와서 내어놓은 물건들을 그곳에 실었다. 남이 내놓은 물건을 들고 왔다고 구박하던 아내도 내가 들고 온 뜯지 않은 보온병 박스를 보고는 좋아하는 모습을 보였다. 아내는 한 수 더 떠서 다른 것도 있나 살펴보라고 넌지시 말을 건넸다. 나는 아내의 말을 듣고는 물건이 쌓인 곳으로 달려갔다.

"좋은 집으로 이사를 가는가 보군!"

물건을 고르던 옆에 섰던 다른 사람이 거들었다.

"새집에는 새 가구가 들어가야 제격일 테지."

"그래도 이건 아니다 싶어. 이렇게 새 가구까지 놓고 가는 걸 보니 엄청 부자인가 봐."

물건을 집으면서 한마디씩 거들었다. 그때 낡은 트럭이 한 대 다가오더니 젊은이 내외가 가구를 이리저리 살펴보고는 탁자와 의자를 싣고 떠나는 게 보였다. 누구는 '새 술은 새 부대에 담아야 한다'라면서 가차 없이 버리고 떠나고, 다른 누구는 가차 없이 버린 가구를 소중하게 차에 싣고 떠나는 걸 보면서 만감萬感이 교차했다. 아무튼 물건도 인연이란 게 있어서, 내게 머무는 시간이 다해 인연이 끝나면 멀어지게 마련인 것 같다. 아주 특별한 물건이 아니고서야 매입할 때 마음과 오래도록 두고 볼 때 마음이 달라질 수도 있다. 오래되면 낡고 헤져서 사용이 불편할 수도 있고, 싫증이 날 수도 있을 것이다. 어찌 보면 그게 가진 자의 특권일 수도 있다. 그것 자체를 말하려고 하는 것은 물론 아니다.

우리가 언제부터 이렇게 풍족하게 살았는가를 한 번쯤은 짚고 넘어 가 보고 싶은 마음이 생겨서 그러는 거다.

자주는 아니라도 신문에 보면 먹을 쌀이 없어서, 하루에 두 끼를 먹는 가정이 있다는 기사를 읽은 적이 있다. 아주 옛날에는 먹을 양식이 없어서 물로 배를 채웠다는 이야기를 듣기도 했었다. '물 들어올 때 노 저어라'는 말이 여기에 해당하는지는 모르겠지만, 있다고 흥청망청하는 것은 지나친 것 같다는 생각이다. 우리가 언제부터 이렇게 풍족하게 살았나 하는 것을 한 번쯤은 짚어 볼 필요가 있지 않나 하는 마음이 앞선다. 소비가 미덕일 때도 있었지만 물자를 아껴 쓰는 것도 미덕이 아닌가? 필요 때문에 저축하고 아끼는 게 아니던가!

그런 말이 있긴 있다. 어느 날 어린아이를 둔 부자父子가 나눈 대화다.

"아빠는 어릴 때 쌀이 없어서 밥을 먹지 못한 때가 있었단다."

그 말을 들은 아들이 한다는 말이

"그러면 라면이라도 끓여서 드시지 그랬어요?"

세대 간 간극間隙이 너무나도 크다. 곱게 자란 아이들은 가난이라는 단어 자체를 모르는 것 같다. 금수저를 물고 태어난 아이들에게 '쌀은 어디서 나는 거냐?'고 물었더니 '쌀 나무에서 딴다'라고 답했다는 이야기가 조금도 이상하지 않다고 했다. 물론 가난을 물려주고 싶은 부모가 세상천지 어디에 있겠는가!

부모에게 부탁하면 무엇이든지 사주는 풍조가 만연한 게 지금의 세태인 것 같다. 장난감 하나에 몇만 원 혹은 몇십만 원을 주고 사주는 부모의 마음을 이해 못 하는 건 아니다. 하지만 그것도 가진 자의 이야기지 부모를 조른다고 무엇이든지 다 가질 수는 없다. 적어도 '가난이란 이런 것이다'라는 정도는 교육해야 하지 않을까? '절약이란 미래를 위한 투자'라는 것도 알려줄 필요가 있지 않은가. 아이가 조른다고 무조건 사주는 부모가 정말로 아이를 위한 현명한 부모일까 다시금 생각나게 하는 계절이다.

짙은 구름이 밀려오는 게 금방이라도 비가 쏟아질 것 같은 하늘이다.

식물들의 함성

동물은 심한 고통을 느끼면 소리를 지른다. 아프다고 말하거나 울기도 한다. 더러는 자신을 학대하기도 하고, 때로는 고통 때문에 남을 공격하기도 한다. 말 못 하는 작은 동물은 심한 몸부림을 치고, 더러는 자신을 파괴하기도 한다. 이런 것들이 동물들이 고통을 느낄 때 취하는 일반적인 행동이다. 사실은 말 못 하는 동물이 아니라 너무 작은 소리를 내서 인간이 알아듣지 못할 뿐이다. 식물은 어떤가? 식물도 고통을 느끼면 소리를 낸다고 하는 것이 평소 나의 생각이었다. 어떤 사람은 내가 그런 소리를 하면 나를 이상한 사람 취급을 하며 나를 쳐다보던 때가 생각난다.

내가 아주 어릴 때 동네 형들을 따라 산에 오르는 일이 있었다. 동네 형들은 커다란 나무망치와 자루를 들고 산에 올랐다. 그들은 울창한 상수리나무를 만나면 나무망치로 나무를 두들겨 팼고, 그와 동시에 나무가 '부웅'하는 미약한 소리를 냈고 잠시 후에 상수리가 우수수 떨어졌다. 우리는 떨어진 상수리를 주워 자루에 담았다. 그럴 때면 동네 형들이 그런 말을 했다.

"지금 나는 소리 들었지? 나무가 우는 소리야."

라고. 나는 그런 소리를 그저 지나가는 소리로만 들었다. 몇 해 전이었다. 우연히 텔레비전을 시청하는데 심산유곡深山幽谷의 작은 사찰 대웅전 뒤뜰에 있는 차나무에서 비구니와 신자가 찻잎을 따고 있었다. 그때 잿빛 승복을 입은 비구니가 가까이서 찻잎을 따는 신자를 보고 그런 말을 했다.

"찻잎은 당기면서 따지 말고 꺾으면서 바로 따세요."

"무슨 이유라도 있어요?"

"그래야 차나무가 고통을 덜 느끼지요."

"……"

나는 그 소리를 들으면서 막연히 측은지심惻隱之心일 거라고 생각했다. 그런데 최근에 나의 생각을 빗나가게 한 연구 결과가 나왔다. 내가 생각한 것은 식물이 고통을 호소할 때 내는 소리는 너무 작은 소리여서 인간이 들을 수 없다고 평소에 생각했었다. 그런데 이스라엘 텔아비브대 연구진이 밝혀낸 바에 의하면 식물이 내는 소리는 내가 생각했던 작은 소리가 아니라 아주 큰 소리라는데 놀라지 않을 수 없었다. 소리를 들을 수 있다는 것은 소리를 내는 물체가 진동하여 공기를 통해 인간의 귓속에 있는 고막을 자극하고, 그것이 뇌에 전달되어 소리를 감지한다. 소리의 크기를 나타내는 단위에는 헤르츠Hz와 데시벨dB이 있다.

물체가 진동하여 공기가 1초에 16번에서 20,000번 흔들리게 하는 것을 정상적인 고막을 가진 인간은 들을 수 있다. 이것을 과학적 용어로 16헤르츠Hz에서 20,000헤르츠Hz라 하고 그것을 〈가청 진동수〉라 한다. 그러니까 그것보다 작은 진동수나 큰 진동수의 소리는, 소리는 나는데 인간의 귀로는 들을 수 없다는 이야기다. 식물이 내는 진동수가 텔아비브대 연구진의 설명에 의하면 40,000Hz~80,000Hz (40KHz~80KHz)라고 한다. 실로 엄청나게 큰 소리를 식물이 낸다는 것이다.

이처럼 인간이 들을 수 없는 높은 진동수를 갖는 소리를 '초음파'라 한다. 다른 단위인 데시벨dB은 두 물리량의 비에 상용로그를 취한 다음 10을 곱한 단위를 말한다. 다 같이 소리의 크기를 나타내는 단위지만 데시벨은 소음의 크기를 나타낼 때 주로 사용한다. 상용로그에 10을 곱한 값으로 나타내니까 130dB은 120dB보다 10배 큰 소리이고, 130dB은 110dB보다 10의 10배 즉100배 큰 소리라는 뜻이다.

연구진에 의하면 식물이 내는 소리는 뽁뽁이를 터트릴 때 내는 소리와 비슷한데 보통은 한 시간에 한 번 정도의 소리를 낸다는 것이다. 하지만 고통을 호소할 때는 한 시간에 30회에서 50회까지 소리를 낸다고 한다. 그런데 다른 연구진은 더 충격적인 소식을 전하고 있다. 인간이 들을 수 없는 진동수의 범위를 훨씬 벗어난 것까지 인간이 아닌 다른 동물들은 들을 수 있다고 한다. 예를 들면 지구 내면에 있는 마그마 magma의 활동에서 일어나는 소리를 인간은 들을 수 없지만 개犬나 소牛는 들을 수 있다는 것이다. 그래서 지진이 일어날 조짐이 보이면 외양간에 있는 소가 뛰쳐나오기도 하고 개가 짖기도 한다는 것이다. 그런데 입이 없는 식물이 어떻게 소리를 내는지 그것이 궁금했다. 식물이 내는 소리는 물관 속의 물의 속도 변화가 원인이라고 설명한다. 즉 물의 속도가 빠르거나 느리면 물관 속에 기포가 생기고, 이 기포가 터지면서 충격파가 소리로 변한다는 이론이다.

비단 물 주기의 변화에만 소리를 내는 것은 아니라고도 했다. 식물의 가지를 자를 때도 고통을 호소하는 소리를 낸다는 것이다. 식물 기르기를 좋아하는 나로서는 실로 섬뜩한 이야기가 아닐 수 없었다. 그 기사를 읽은 후에 나뭇가지 하나를 자르는데도 자꾸 그 생각이 나서 마음이 불편해졌다. 나뭇가지 하나 마음대로 잘라서는 아니 된다는 교훈 같아서 나무를 바라보는 내 마음이 짠하기도 하다.

오래전에 들은 이야기가 있다. 시골의 한 중학교에서 양파를 길렀다고 했다. 같은 조건에서 양파를 기르는데, 한쪽 교실에서는 양파 주변에 모여서 감미로운 노래를 부르고 조용한 음악을 들려주는 대신 같은 시각에 다른 교실에서는 시끄러운 음악을 들려주고 양파를 향해서 욕설 했다고 한다.

일정 기간이 지나서 양파에 나타난 결과는 실로 충격적이었다고 했다. 조용한 음악을 들려준 교실의 양파는 싹이 나서 잘 자랐는데, 욕설을 하고 시끄러운 음악을 들려준 곳의 양파는 시들었거나 썩었다고 했다. 나는 그때 식물이 소리를 듣는다고 생각했었다. 그런데 이번에는 식물이 소리를 듣는 것을 지나 말한다니 참으로 경이롭다는 생각이 들었다. 연구진은 다른 예를 하나 들었다. 토마토에 물을 주지 않으면 이틀 후부터 소리를 내고 그 후 삼사일이 지나면 시들기 시작한다는 것이다. 이를 파악하면 식물이 원하는 시기에 물을 줘서 식물을 잘 자라게 할 수 있으리라는 전망을 내놓았다.

하루가 다르게 발전하는 자연현상의 규명에 고개가 숙연해 질 뿐이다. 이와 함께 인간의 마음도 좋은 쪽으로 변해갔으면 하는 게 나의 바람이다. 지금처럼 어수선한 날에는 그런 생각이 더욱더 든다.

떠난 자와 남은 자

**노르웨이 송노표르다네주
스테달스브레 빙하**
지구 온난화로 푸른 빙하가 조금씩 아래로 내려온다.

아프리카 모로코 페스
미로 같은 골목과 가죽을 만드는 '슈아라 탄네리'로 유명한 곳이다.

플라멩코flamenco와 파두pado

사람은 누구든지 잘하는 것과 못하는 것이 있다. 그런데 나를 돌아보면 나는 잘하는 것보다 못하는 것이 훨씬 많다. 나에겐 못하는 것이 많지만 그중에서도 노래를 못한다. 젊었을 때 야외에 나가서 노는 날이면 둥글게 앉아 노래를 부르는 일이 자주 있었는데 그게 나에게는 고역 중의 고역이었다. 나의 기억으로는 지금까지 남의 앞에서 노래를 불러본 일이 거의 없다. 그런데 내가 생각해도 희한한 것은 노래를 못 부르는 대신 노래 듣는 것은 좋아한다. 아주 젊었을 때는 경쾌한 노래를 즐겨 들었는데, 나이가 차츰 들어가면서 조금은 구슬프고 처량한 노래를 자주 듣게 되었다. 그중에서도 내가 좋아하는 노래가 플라멩코flamenco와 파두pado다.

그것은 어쩌면 외국 여행을 하면서 자주 플라멩코나 파두를 접했던 그리고 그게 강렬하게 나의 마음속에 남았는지도 모른다는 생각이 든다. 스페인의 최남단 안달루시아 지방에서 발달한 플라멩코는 가슴 저변에 깔린 그 무엇인가를 끌어 올리는 듯하다. 화려한 주름치마를 입은 무용수가 악기의 리듬에 맞추어 추는 춤은 영혼을 불태우는 느낌이 든다. 더구나 빠른 발놀림과 현란하고도 절제된 몸동작은 보는 이의 혼을 흔들어 놓는다. 집시Gypsy들의 가슴 저미는 듯한 한恨의 노래는 춤과 어우러져 낯설고 호기심 많은 관람객을 사로잡는다.

플라멩코는 모든 것들이 한데 녹아든 종합 예술이다. 그곳에 작고 앙증맞은 타악기 캐스터네츠의 단조롭고 거친 소리가 절정을 이룬다. 플라멩코 속에는 피맺힌 한과 어두운 숙명과 절규가 함께 녹아있다. 플라멩코는 세 그룹으로 이루어져 있다. 춤을 추는 무희, 악기를 연주하는 악사 그리고 노래를 부르는 가수들이다. 압권은 무희의 절제된 손동작과 현란한 발 구르기다. 꺾어지는 듯한 손동작을 시작으로 탭 댄스 같은 발 구르기는 심장을 두근거리게 한다. 무희가 입는 옷은 붉은색 또는 검은색이나 흰색의 원피스 같은 옷인데 특이한 건 등이 없고 치마는 옆이 터진 치파오 같은 옷이다. 더러 무희는 차양이 큰 모자를 쓰고 등장하기도 한다. 여러 명의 악사나 가수가 한 무대에 등장하지만 무희는 단 한 명이다. 운이 좋으면 두 명이나 더 많은 인원의 플라멩코 무희를 한 무대에서 볼 수도 있다.

무희가 절제된 손동작으로 관객을 서서히 흡입한다. 관능적인 동작을 몇 번 하고 난 후 뒷굽이 높은 투박한 구두의 발놀림이 시작된다. 플라멩코 부츠라는 말 장화 같은 구두를 신은 무희의 발동작은 신의 경지에 이른 듯하다. 따닥따닥 따다닥 따다닥 따닥따닥 따다닥 따다닥……. 관객은 무희의 급격한 무드에 동조된다. 소리의 울림을 극대화하기 위하여 상설 공연장의 바닥은 두 겹으로 돼있다. 아래와 위 바닥 사이에 공간을 두어 공명共鳴을 최대한으로 끌어 올린다. 어떤 여행객은 플라멩코를 보기 위하여 스페인에 간다는 말을 할 정도다. 플라멩코를 좋아하는 사람에게 플라멩코는 마약 같은 존재다.

플라멩코와 더불어 내가 좋아하는 노래가 파두다. 파두는 포르투갈의 전통적 음악이다. 포르투갈은 스페인에 붙어있는 나라다. 남자나 여자 솔로 가수가 부르는 애잔한 노래가 대부분이다. 깊고도 고음의 노래는 듣는 이의 가슴을 후벼 판다. 12줄이 단린 포르투갈의 기타 반주가 뒤따랐지만 지금은 일반 기타가 자주 보인다. 포르투갈의 항구도시 리스본에는 파두 공연장이 많다.

파두를 전문적으로 노래하는 공연장이 있는가 하면 식당에서도 파두를 공연하고, 심지어는 길거리에서도 파두를 들을 수 있다. 유명한 가수가 나오는 파두 공연장에는 공연 한 시간 전부터 자리가 꽉 들어찬다. 파두가 한창 진행될 때 이곳저곳에서 파두가 수록된 씨디CD를 파는 모습을 볼 수 있다.

파두는 거의가 바다에 얽힌 한을 담은 노래가 주를 이룬다. 많은 식민지를 거느렸던 포르투갈이 식민지를 잃고 최빈국으로 전락한 데 대한 애환과 슬픔을 노래한 민중 음악이 바로 파두다. 더구나 바다는 인류에게 많은 식품을 제공했지만 그와 더불어 많은 사람을 집어삼킨 비운의 장소기도 하다. 또한 미지의 세계로 나가기 위해 바다를 건너야 했던 남편이나 남자 친구를 기다리면서 아내나 연인의 눈물과 탄식을 담아낸 원망스러움의 노래가 파두가 된 것이다. 파두Pado라는 단어가 '운명'이라는 말을 뜻하는 것처럼 처량함과 애절함이 극에 달하면 관객은 숨소리마저 죽인다. 플라멩코와 비슷하게 고음을 길게 늘이는 창법은 관람객의 호흡마저 흡입할 정도다.

플라멩코는 세 그룹이 무대를 이끌어 가지만 파두는 두 그룹 즉 악사와 가수뿐이다. 파두를 부르는 가수의 옷은 플라멩코와 달리 대체로 자유롭다. 아픈 곳을 더 아프게 할 것 같은 치명적인 고독과 서글픈 묘사는 듣는 이를 더 침잠하게 만든다. 영혼의 치료제 같은 노래를 쏟아낸 전설적 가수가 바로 '아말리아 로드리게스'인데 현재는 작고하고 없다. 그녀를 음악의 위인偉人으로 만든 노래가 바로 「검은 돛배」다.

검은 돛배

아침에 내가 푸석한 얼굴을 하고 있으면
모두 나를 두려워했다.
내가 해변에 쓰러져 있다가 눈을 떴을 때
당신의 눈은 나에게 말하고 있었다.
내 마음속에 한 줄기 빛이 비치고
당신의 눈은 나에게 말하고 있었다.
그 순간 내 마음속에
한 줄기 빛이 비쳤다.
~~~~~~~~

음악의 거성巨星 아말리아 로드리게스가 1999년 10월 6일 79세로 세상을 떴을 때 포르투갈 정부가 3일간의 애도 기간을 정해 국장國葬을 치러 주었다고 한다. 따라서 그녀의 묘소는 국가 위인들을 안장한 국립 판테온으로 정했다고 한다. 들을수록 가슴을 저며내는 듯한 애절함과 처량함이 더 깊이 파인다. 상처 난 곳에 소금을 뿌리듯 다가오는 가수들의 애처롭고 슬픈 노래는 삶이 무엇인가를 깨우쳐 주는 동화 같기도 하다. 음악과 시詩가 결합된 노래는 들을수록 슬픔이 가슴 저변에 깔리는 기분이 든다.

나는 오늘도 인터넷에서 아말리아 로드리게스의 끊어질 듯한 고음과 길게 늘어지는 '검은 돛배'를 듣는다. 음악이 끝날 즈음엔 마음이 차분해지고 그리고 조금은 우울하면서도 행복한 느낌이 든다. 신앙의 최종 목표가 구원이듯 파두는 내게 신앙 같은 존재다. 어쩌면 우리의 정서와 같은 깊은 한이 흐르기 때문인 것 같기도 하다.

나는 다시 현장의 음악을 듣고 싶어 지도를 편다. 포르투갈의 리스본 파두 공연장을 그리면서 여행 일정을 살펴보고 있다. 시원한 바다를 바라보면서 먹는 대구大口 요리인 바칼라우와 돼지고기 샌드위치인 프란세지냐를 먹으면서 듣는 파두는 그 자체가 인생이고 영혼이다. 그럴 때가 나에게는 참 행복한 시간이다.

대청도에는 천사가 산다

아내는 많은 호기심을 가진 여자이지만 그중에서도 여행에 호기심이 많다. 하지만 사는 게 뭔지 일에 파묻혀 살다 보니까 아내와 같이 여행을 자주 못 갔다. 마침 코로나가 발생하여 2년 넘게 여행사 일을 못 하게 되었고, 코로나가 잠잠해지자 그동안 아내와의 여행을 못 한 것에 대한 보상 심리가 발동했는지 아니면 젊었을 때는 멀리 가고 나이 들어서는 가까운 데를 가라는 말처럼 국내 여행을 자주 하기로 했다.

일흔 살이 훨씬 넘은 나이에 선택한 곳이 서해안 최북단 백령도와 대청도를 방문하기로 했다. 여행사를 알아보고, 여행 경비를 산출하고, 날짜를 잡고 계약을 했다. 떠나기 전부터 아내는 여행을 간다는 것에 마음이 들떴고, 칠십이 넘은 아내는 아이처럼 기쁜 모습을 보였다. 드디어 출발 날짜가 다가왔다. 아내와 나는 고속버스를 타고 인천에 도착한 후, 인천 여객선 터미널 부근의 아담한 호텔에서 하룻밤을 보내고 다음 날 아침 일찍이 백령도로 가는 여객선에 올랐다. 배에는 여행을 떠나는 사람들과 백령도나 대청도, 소청도 주민들이 승선했다. 여행의 순서는 대청도가 먼저고 다음 날 백령도로 가는 일정이었다.

난생처음으로 도착한 대청도는 우리나라 땅이지만 새로운 모습으로 우리 눈에 들어왔다. 우리가 여객선에서 내려 선착장에 도착했을 때 우리 일행을 맞이한 버스 기사는 버스가 출발하자 우리에게 만남을 반기는 인사를 하고 대청도에 대해 간단한 소개를 했다. 버스 기사는 버스를 운전하면서 동시에 안내원 역할까지 했다. "이곳 대청도는 1928년까지 백령면에 속해 있다가 1974년에 대청면으로 승격했고, 1995년에 인천광역시로 편입되었습니다. 이곳의 면적은 백령도의 사분의 일이고, 소청도는 대청도의 사분의 일입니다. 현재 이곳 인구는 대략 1,500여 명이며, 면적은 15.56㎢이고 최고점은 삼각산인데 그 높이가 343m입니다. 인천에서 북서쪽으로 202㎞ 떨어져 있고, 북한 황해도 장산곶과는 불과 19㎞ 떨어진 전략적으로 중요한 요충지입니다. 이곳 이름이 대청도인데 그 유래는 수목이 무성한 큰 섬이라는 뜻으로 대청도라 하였습니다. 더 자세한 이야기는 여러 곳을 안내하면서 설명해 드리겠습니다."

우리는 운전기사의 이야기를 열심히 경청했다. 처음으로 도착한 곳이 농여農與 해변이었다. 모랫바닥이 단단하게 굳은 것처럼 편평했다. 그 위를 갈매기들이 수평으로 날았다. 밀물 때 들어온 바닷물이 썰물 때 빠져나가지 못하고 만들어진 '풀등'이 여기저기서 보였다. 중간중간에 병풍처럼 솟아난 기암괴석이 이방인의 시선을 사로잡았다. 가는 모래는 풍파에 시달렸는지 가루보다 더 고왔다. 나는 나이테 바위 앞에 아내를 세워놓고 사진을 여러 장 찍었다. 다음으로 달려간 곳이 옥

중동 모래 해변이었는데 길이가 1.5㎞, 폭이 50m로 멋진 풍광은 물론 모래 언덕이 압권이었다. 그리고 옛날에는 사탄동이라 불렀는데 어감이 좋지 않아 모래울 해변으로 개명했다는 곳을 방문했다. 넓게 퍼진 백사장은 마음마저 시원하게 해주었고, 그 끝 야트막한 언덕에 모양 좋은 해송海松이 우리를 반겼다. 여름철 이곳에 많은 인파가 몰린다는 말이 실감이 났다.

늦은 오후가 되어서 우리는 해변 서풍받이 트래킹에 나섰다. 높이가 100m이르는 규암 덩어리로 깎아지른 듯한 절벽이 보는 이를 감탄하게 했다. 비바람에 깎이고 바닷물에 씻긴 바위는 기괴한 형상으로 여행객을 반겼다. 날아갈 듯한 바위틈 사이로 소나무가 자랐다. 생명의 연속은 어디서나 이루어졌다. 모래 사이로 수줍은 듯 비집고 드러난 매끈한 조약돌은 얼마나 파도에 부딪혔으면 저런 돌이 되었을가를 생각하니 새삼 인생무상이 느껴지기도 했다. 밀물과 썰물이 교차되는 순간순간 바닷물과 돌들이 마주하면서 모난 곳이 깎여나간 세월의 흔적이 작은 돌에서도 발견된다.

하루의 일정이 끝나기 전에 운전기사가 자유식으로 되어 있는 저녁 식사 주문을 받았다. 나는 아내가 평소에 먹고 싶어 했던 '꽃게탕'을 주문했다. 하루의 일정을 끝내고 우리가 D가든으로 들어갔을 때 주문한 꽃게탕이 우리를 기다리고 있었다. 나는 아내가 그토록 먹고 싶어 했던 꽃게를 단 한 점도 남기지 않고 모두 건져내어 아내 앞의 그릇에 놓았다. 아내는 행복한 모습으로 내가 건넨 꽃게를 모두 먹었다. 그 모습을 지켜보던 식당의 여자 사장이 이렇게 말했다.

"참 보기에 좋네요. 행복한 모습이 너무너무 보기에 좋아요."
칭찬은 고래도 춤을 추게 한다던가! 그 말을 듣는 순간 아내보다도 내가 행복함을 느꼈다. 식사를 끝냈을 때 아내가 말했다.
"난생처음 이렇게 맛있는 꽃게를 그것도 모두 먹기는 처음이었어요."
진정 기쁜 모습이었다. 더구나 식사를 마치기 전 내가 만든 위스키 칵테일을 마신 아내의 얼굴에 약간의 홍조가 띠었다. 내가 보기에도 강복康福한 모습이었다.
인도의 철학자 브하그완이 말했다.
'여행은 타향에 대한 지식이고, 고향에 대한 애착이며, 자신에 대한 발전이다.' 그 말은 언제 들어도 진리라는 생각이 든다. 그의 말을 확인이라도 하려는 듯 우리는 저녁 식사를 끝내고 주변을 둘러보러 밖으로 나왔다. 길을 걷다가 옹진군 대청면의 지도가 그려진 커다란 입간판을 두 개의 기둥이 받치고 있는 것을 발견했다. 그 기둥 사이에 나와 아내가 번갈아 서서 서로의 사진을 찍었다.
그때가 2022년 5월 16일 저녁 6시가 조금 넘은 시각이었다. 내가 다시 아내를 세워놓고 사진을 찍으려는 순간 우리 옆을 스쳐 지나가던 작은 승용차가 우리가 있는 10여m 떨어진 곳에 멈추는 게 아닌가. 그러더니 차에서 젊은 여자분이 내려서 우리 곁으로 다가왔다.
"두 분 같이 서세요. 제가 사진을 찍어 드릴게요."
아내와 나는 얼떨결에 팔짱을 끼고 나란히 입간판 아래에 섰다. 그분이 우리를 핸드폰 사진기로 몇 장을 찍었다. 그러고는 핸드폰을 넘겨주고 차를 타고 떠났다. 참으로 순식간에 벌어진 일이었다. 마치 무엇에 홀린 기분이었다. 그분이 떠나고 난 다음 아내가 말했다.

"그분은 보통 사람이 아닌 것 같아요. 그분도 갈 길이 바쁜 사람 같아 보였는데, 가던 길을 멈추고 우리가 부탁하지도 않았는데 일부러 내려서 사진을 찍어주고 가는 게 그분은 대청도에 사는 천사가 분명해요."

그분이 떠나고 우리는 한동안 전기에 감전된 듯한 강한 인간미를 맛보았다. 분명 대청도는 살만한 가치가 있는 멋진 섬이라고 아내와 내가 동시에 느꼈다.

우리가 들렸던 대청도는 우리에게 희망의 섬이고 은혜의 땅이며 미래의 개척지였다. 소망이 있다면 그 입간판 아래서 다시 사진을 찍고 인연이 된다면 대청도 천사와의 멋진 재회를 기대해 본다. 아내가 말했다.

"우리 다시 대청도에 가요. 이번에 가면 이름도 모르지만 대청도 천사도 만날 것 같고 그리고 얼마 동안 그곳에 머물고 싶어요."

여행을 좋아하는 아내는 대청도를 간 듯 아니 천사를 만난 듯 벌써부터 들뜬 마음이다. 그런 아내를 보는 내 마음도 덩달아 설레기 시작했다.

고향, 늘 생각나는 곳

내 고향은 충청북도 최남단에 있는 영동永同이다. 고향에서 조그만 산을 넘으면 금강이 흐른다. 세월처럼 무심한 것도 없는 것 같다. 특히 요즘 그런 생각이 자주 난다. 몇 달 전에는 기관지가 약해서 병원 신세를 졌다. 대학병원 병실에서 며칠을 보내는 동안에도 고향이 생각났다. 특히 저녁 시간이 되면 구름이 흘러가는 고향 쪽을 바라보면서 눈시울이 뜨거워지는 나 자신을 발견할 때도 있었다. 마음이 약해진 걸까. 내가 세상에 태어나서 지금까지의 기간이 희수喜壽를 지났으니 예전 같은 나이로 치면 아주 오래 산 것이다. 모두 과학의 발전, 그중에서도 의학 발전의 덕이겠지만 그만큼 걱정은 물론 생각도 많아졌다.
내가 태어난 곳은 읍내에서도 한참을 들어가야 하는 시골이다. 내가 태어나서 고등학교를 졸업할 때까지도 전기조차 들어오지 않았던 촌리村里였다. 나는 미루나무가 줄지어 선 먼지가 날리는 신작로를 하루 왕복 30리 길을 5년간 걸어서 중·고등학교를 단 하루도 빠짐없이 다녔다. 고등학교 3학년 때는 대학 진학을 염두에 두고 읍내에 있는 시집간 누님 집에서 1년을 보냈다. 그때는 별생각이 없었지만 지금의 견해로 보면 매형과 나 사이에 끼인 누님이 고생이 많았으리란 생각을 한다.

그 후로는 고향을 떠난 셈이다. 다른 지역에서 4년간 자취를 하며 대학을 졸업하고, 군대를 다녀오고, 사회인이 되어 취직을 하고 지금의 아내를 만나 결혼을 했다. 그런 와중에 미국 대학에서 공부를 하고 돌아와서도 고향에 안착하지 못하고 떠돌아다녔다. 어쩌면 역마살驛馬煞이 낀 줄도 모른다는 생각을 했다. 그러기를 수십 년 그러는 동안에 머리엔 서리가 내리고, 고향은 어느새 군부대가 들어와서 형체도 없이 사라졌다. 없어지는 고향이 너무 서럽고 그리워 내가 자란 고향 마당의 흙을 한 움큼 퍼내어 간직했었는데 몇 번의 이사 때 감쪽같이 사라져 버렸다.

여우도 죽을 때는 자기가 살던 굴 쪽으로 머리를 둔다는데, 누군들 고향이 그립지 아니하겠는가마는 나는 사라진 고향이 더욱더 그립다. 지금 고향은 사라졌지만, 없어진 고향 근처에 부모님 산소가 있다. 부모님 산소 바로 밑에 장조카가 집을 지어 살고 있다. 산 중턱에 덩그러니 들어선 단 한 채뿐인 집이다. 말하자면 장손이 내 부모님 산소를 지키고 있는 셈이다. 내가 마음이 적적할 때나 그리울 때 종종 들렸었는데, 나도 나이가 들면서 자주 못 가는 신세가 됐다.

오십여 가구가 살던 동네는 아담하고 정이 흐르는 집성촌이었다. 동네에서 가장 위쪽에 위치한 나의 고향집은 야트막한 산 아래에 있었다. 그곳에서 내가 태어났고 고등학교 2학년 때까지 보냈다. 뒷산에는 참

나무며 소나무가 무성했고 탱자나무와 오래된 모과나무가 있었다. 그뿐이 아니었다. 장독대 근처에는 분홍 꽃을 매단 봉선화와 닭 볏같이 붉은 맨드라미가 우뚝 서있기도 했다. 봉선화꽃이 만발하면 바로 위 누님이 봉선화꽃을 찧어서 손톱에 물을 들여 주었고, 모과가 익으면 그걸 따서 먹었는데 시큼한 맛을 지금도 잊지 못한다. 특히 내 바로 위의 갑사댕기를 머리끝에 매단 누님이 모과를 썰어 주었는데 시큼하면서도 싸한 즙이 입안을 적실 때는 그런대로 먹을 만했다. 하기야 시골에서는 그것밖에 먹을 게 없었으니까. 그때는 지금처럼 빙과나 과자가 흔치 않았고, 설령 있다고 해도 시오리 떨어진 읍내나 나가야 겨우 맛볼 수 있는 귀한 재료였다.

지금 도시 아이들은 물론 시골 아이들도 홍시 대신 아이스크림을 선호한다고 한다. 하지만 나는 지금도 김 대신 호박잎이나 깻잎을 좋아하고, 아이스크림 대신 일반 홍시나 얼린 홍시를 자주 먹는다. 내 아내는 내가 홍시를 즐겨 먹는 걸 보고 가을이 되면 잘 익은 홍시를 무더기로 구매해서 얼린다. 눈 내린 겨울날 저녁에 얼린 홍시를 꺼내 먹으면 잃어버린 고향 생각과 함께 어릴 때 뛰어놀던 동산이 가슴 속까지 미치어 닿는다. 얼린 홍시 맛 또한 알뜰하다.

더 나이 들기 전에 부모님 산소에 자주 들려야겠다. 아울러 고향을 지키고 있는 친구들도 만나보고 싶다. 그들도 나처럼 속절없이 늙어갈까? 초등학교 때는 남녀가 같은 반에서 공부했는데 그들은 지금 어디에서 어떻게 살고 있을지 궁금해지기도 한다. 가끔가다 고향에서 열리는 체육대회 때 가보면 동창인데도 전혀 얼굴이 생각나지 않아서 혼란스러울 때가 있었다. 더러는 먼저 세상을 떴다고도 했다. 누구는 질병으로, 누구는 사고로, 누구는 행방을 모른다고 했다. 지금 거주하는 이곳에서도 초등학교 동창 서너 명이 가끔 만난다. 만나면 누가 세상을 떴다고 이야기하는데 모습이 생각나지 않아서 안타깝다. 세월은 많은 것을 변화시켰다.

금년 여름은 유난히 더운 것 같다. 구름이 빠르게 흘러가는 걸 보니 비라도 한 줌 뿌리려나 보다. 매미의 노랫소리가 한층 유정하게 들린다. 이렇게 후텁지근한 날엔 아니 초록이 유난히 반짝거리는 나뭇잎을 보는 날엔 고향이 더 사무치게 그립다.

공중분해 된 모임

남자들 세계에서는 만나면 보통은 식사를 하게 된다. 그런데 말이 식사이지 실제로는 식사 전에 반주를 곁들이는 경우가 대부분이다. 물론 술을 못 하는 친구는 불편하겠지만 일반적으로 그렇게 흘러간다. 보통 남자들은 술을 마시면 마실수록 대화가 늘어나고, 술을 마시는 속도도 빨라진다.

조금 오래전 이야기다. 술을 마시는 자리에서 내가 이런 말을 했다.

"우리나라에 이렇게 20도짜리 소주가 있다는 건 행운이야. 맛도 괜찮고 가격도 적당하고 취기도 있고……."

다른 친구가 내 말을 받았다.

"나도 그렇게 생각해. 정말 좋은 술이야."

그렇게 대화가 무르익어가고 있었다. 그때 옆에 있던 친구가 가방에서 작은 양주병을 꺼냈다. 딸이 외국 나갔다가 오는 길에 사 온 것이라면서 한 병을 내놓았는데 가격이 만만찮다고 했다. 옆에 있던 친구가 허리가 잘록한 호리병 모양의 술병을 들어 보이며 코냑인데 아주 비싼 술이라고 말했다. 그 친구는 평소에 술을 즐겨했지만 어떤 경우에도 주도酒道를 넘지 않았다. 술을 가져온 친구가 참석한 친구들에게 한 잔씩 술을 따랐다. 갈색의 술이 소리를 내며 컵을 채웠다. 그의 말대로 향이 좋고 맛이 부드러웠다. 비싸다는 술은 맛과 향이 고급임을 여실히 증명했다.

"야, 정말 멋진 술인데!"

"내 아들도 다음 달에 들어오는데 한 병 부탁해야겠군."

술은 대화를 풍성하게 하고 분위기를 돋웠다.

그때 내가 전에 읽었던 신문의 한 면을 생각해 내고 그들에게 이렇게 말했다.

"신문에서 읽었는데 5병 한 세트가 8,000만 원 하는 위스키가 우리나라에 들어왔대. 글쎄 따져보면 한 잔에 240만 원을 한다네. 그것의 맛은 어떨까, 우리로서는 그림의 떡이겠지."

"그런 술이 있어?"

다른 친구들이 놀라는 표정을 지었다.

"그 술을 만든 사람은 영국 왕실이 수여하는 명예훈장도 받았다고 하더라고. 그렇게 비싼 술이 단 한 세트 들어왔다는데 그 술을 마시는 사람은 도대체 누구야?" 옆의 친구가 거들었다.

"나는 그림이라도 봤으면 좋겠다."

조용히 술을 마시던 한 칸 건너에 있던 친구가 갑자기 소리를 지르면서 말을 잘랐다.

"야, 뻥 치지 마, 진시황이 마신 불로주야 뭐야. 뻥도 어지간히 쳐야지.

그런 술이 세상천지에 어디에 있어?"

그의 목소리가 너무 커서 다른 친구들의 목소리가 모두 숨어드는 듯했다.

"신문에 났어."

"어느 신문이야, 내가 전화를 걸어보게. 참말인가?"

나는 그의 목소리가 너무 커서 죄인인 양 소리를 죽이고 시든 콩나물처럼 우두커니 있었다. 몇몇이 그 친구를 어르고 다독여서 그날의 술자리는 그렇게 끝을 냈다. 무심한 게 세월이었다. 다음 달의 모임 날짜가 부직 부직 다가왔다. 나는 지난번 일을 생각해 내고 신문에 났던 기사를 복사해서 가지고 갔다. 술이 한 순배가 돌아갈 즈음 복사한 용지를 친구들에게 나누어 주면서 말했다.

"지난번 친구가 나를 그렇게 무시하는 눈으로 쳐다보면서 망신을 주었는데 그때는 말만 했지 증거가 없었어. 오늘 그 증거를 복사해서 가지고 왔어."

"어 그랬어, 내가 취했었나 봐. 미안해."

나는 그런 그의 말을 기대하고 있었다. 그리고 그의 말에 대한 대답까지도 염두에 두고 있었다.

"그날 친구가 술에 많이 취한 것 같았어."

라고. 그런데 그 친구의 말은 내 상상의 한계를 넘어서고 있었다.

"뭐 그까짓 것 가지고 그래. 있으면 있는 거지 그걸 뭐 복사까지 해 가지고 오냐, 쪼잔하게."

그 친구는 망신 주는 게 취미인 양, 아니 억지가 갖는 어떤 쾌감 같은 게 있는 듯 보였다. 패배敗北를 승복할 줄 모르는 뻔뻔함과 오만함의 극치에 내 심기가 심히 불편했다. 나는 그때를 이용하여 다른 복사 용지를 하나 더 돌렸다.

"놀라지 마, 세계에서 가장 비싼 술이라고 인터넷에서 읽었던 거야."

내가 돌린 프린트를 보면서 옆의 친구가 감탄사를 연발했다.

"이건 100% 정확한 건 아니야. 오래전에 읽은 거라서 조금 틀릴 수도 있어."

"와, 진짜 이건 토픽인데, 상상을 초월하는군."

말하면서 그가 큰소리로 복사물을 읽어 내려갔다.

"헨리 4세 두도뇽 프랑스 코냑이라는 술인데 한 병의 가격이 무려 20억 원을 넘는다. 술이 비싸기도 하지만 술병도 대단하다고 한다. 6,000개 이상의 다이아몬드가 박힌 술병 속에는 100년 숙성된 프랑스 코냑 원액이 1L가 담겨있다. 1770년대에 설립한 메종 두도뇽에서 단 한 병만 생산했다고 한다."

복사물을 읽는 그나 그 소리를 듣는 다른 친구들이나 탄성이 연이어 터져 나왔다. 단 한 명 나에게 망신을 주었던 그 친구는 분을 삭이지 못해 거친 숨을 몰아쉬고 있었다. 그날도 술자리는 그렇게 막을 내렸고, 다음 달 나는 그 모임에 참석하지 않았다. 우연이었을까 아니면 필연이었을까, 나에게 망신을 주었던 그 친구도 그 모임에 나오지 않았다고 했다. 나는 기분이 나빠서 일부러 참석하지 않았고, 그 친구는 자존심이 상해서 나오지 않았음이 분명했다. 그날로 그 모임은 형체도 없이 공중분해 되어버렸다.

행복해지려면

사람들은 항상 행복해지기를 추구한다. 정상적인 사람이라면 그건 당연한 일이다. 그런데 알고 보면 행복해진다는 건 아주 간단한지도 모른다. 그런데도 행복을 먼 데서 찾으려 노력하는 사람들을 자주 본다. 그렇게 노력했음에도 행복한 모습을 볼 수가 없다.

행복해지려면 남과 비교하지 않는 삶을 살면 된다.
남과 비교한다는 것 자체가 불행한 일인지도 모른다. 이유는 간단하다. 내가 남이 아닌데 남과 비교한다는 건 참으로 위험한 일이다. 누구는 밍크코트를 입었는데 나는 뭔가 하는 비교는 참으로 어리석다. 그건 그 사람이 재정적 능력이 있거나, 아니면 남으로부터 재정적 후원을 받았거나 둘 중의 하나다. 아니면 부모를 잘 만나 공짜로 얻었을 수도 있다. 바로 그거다. 그 사람의 성장 과정과 가문과 배경이 나와 완전히 다른데, 그 사람과 동일 선상에 놓고 비교한다는 것 자체가 어리석은 짓이다. 그 사람은 잘 사는데 나는 뭔가 하는 비교는 비교할수록 가

습만 쓰리다.

내가 사는 아파트에 부모와 딸이 살고 있는 가정이 있다. 가족이 세 명인데 자가용도 세 대다. 그녀의 아버지는 외제 승용차를 가지고 있고, 어머니 역시 외제 승용차를 소유하고 있다. 그리고 그녀는 국산 고급 승용차를 탄다. 그런데 그 소문을 들은 앞집의 중년 남자는 허름한 국산 승용차도 없다고 했다. 그래서 가슴 앓이를 한다는 것이다. 참으로 어리석은 비교를 하고 있는 것이다.

조건이 다르고, 물려받은 재산이 다르고, 직업이 다른데 삶의 질이 같기를 바란다는 것 자체가 어리석다. 남과 비교하지 않는 삶이란 어렵지 않다. 그 사람은 그 사람이고 나는 나다. 욕심을 조금만 내려놓고 마음을 비우면 간단하게 해결될 수 있는 문제다.

행복해지려면 남을 따라 하지 않는 게 좋다.

어떤 여배우가 옷을 입었는데 아주 멋지게 보였다. 그걸 본 같은 나이의 여자가 여배우가 입었다는 옷을 구입해서 입었다. 그런데 옷을 입고 거울 앞에선 그녀의 눈에도 여배우처럼 그렇게 멋지게 보이지 않았다. 이유는 간단하다. 우선 체형부터가 달랐다. 여배우는 키가 170센티인데 그녀는 키가 158센티였고, 여배우는 가늘었는데 그녀는 통통했다. 여배우는 몸무게가 55킬로그램이었는데 그녀는 65킬로그램이었다. 모든 게 다른 두 사람이 같은 옷을 입었다면 누가 더 멋스럽게 보일 것인가는 입기 전부터 답이 나온다. 그런데도 억지를 부린다. 여배우가 입은 옷은 누가 입어도 예쁠 것이라는 보편적 생각은 극히 위험하다.

각자의 체형에 어울리는 옷이 따로 있다. '뱁새가 황새걸음을 따라가려다 가랑이가 찢어졌다'는 속담은 눈여겨볼 만하다. 가진 것만큼 즐기면 된다. 그걸 넘어서려니까 힘이 들고 억지를 부리니까 좋지 않은 일들이 생겨난다.

행복해지려면 분수를 지키면 된다.
분수란 자기의 처지에 마땅한 한도를 말한다. 손에 가진 것은 오십만 원인데 빚을 내서 칠십만 원짜리 옷을 구입해서 입었다면 마음이 편하겠는가? 빚 때문에 더 많은 노력을 해야 하고, 빚은 다른 빚을 불러온다. 그래서 카드깡이란 말이 생겨나고, 돌려막기란 단어가 탄생하고, 급기야는 극단적 선택이라는 무서운 말이 등장하게 되었다. 신문의 사회면은 분수를 지키지 못해서 극단적 선택을 했다는 기사가 하루도 거르지 않는다.
분수에 관한 속담이 생각보다 많다. '숭어가 뛰니까 망둥이도 뛴다'라는 속담이 있는가 하면 '없는 놈이 자주 치 떡 즐겨한다'라는 속담도 있고, '장 없는 놈이 국 즐긴다'라는 속담이 있고 '남의 설움에 제 설움 덧짐한다'라는 속담이 있는가 하면 '논 팔아 굿하니 맏며느리 춤추더라'는 말도 있다. 그야말로 분수에 관한 속담이 엄청 많다. 분수와 푼수는 한 획 차이지만 결과는 엄청난 차이를 가져온다.

행복해지려면 자신의 변화에 너무 민감하지 말아야 한다.
누구든지 나이 들면 얼굴에 주름이 지고, 살이 늘어짐은 물론 검버섯도 생기고, 살결이 푸석푸석해진다. 그게 지극히 자연적인 현상이다. 그런데도 그걸 받아들이지 못하고 성형까지 감수한다. 온갖 화장품을 바르고, 심지어는 주먹만 한 화장품 하나에 수십만 원을 능가하는 것도 있다고 한다.

늙지 않으려고 물개, 뱀, 살아 있는 곰의 쓸개즙을 빼서 먹거나 더 욕심이 많은 사람은 젊은 여성의 혈액을 즉석에서 호스를 연결해서 수혈했다는 이야기가 떠돌고 있다. 그렇게 수혈했다면 최소한 백 살은 넘겨야 하는데 그보다 훨씬 젊은 나이에 세상을 떴다는 이야기를 들었다. 자연에 순응하는 것이 장수한다는 것을 모르는 것이야말로 슬픈 일이다. 적당한 운동을 하고, 과식하지 말고, 조금은 욕심을 접는 것이 변화에 민감한 것보다는 훨씬 좋다고 한다.

행복해지려면 남들과 같이 가는 것이 좋다.
'혼자 가면 빨리 가고 둘이 가면 멀리 간다'라는 말이 있다. 내가 아는 어느 가정에 6명이 살고 있었다. 부모는 기독교를 믿고, 한집에 사는 아들 부부는 천주교를 믿는가 하면 미혼인 딸 둘은 불교를 믿었다고 들었다. 무슨 연유인지는 몰라도 딸들이 젊은 나이에 자살이라는 방법으로 삶을 마감했고, 그걸 지켜본 그녀의 어머니는 화병으로 세상을 떴고, 가정은 그야말로 풍비박산이 되었다. 천수를 누려도 아까운 세상인데, 자살이라는 극단적 선택을 했다는 것은 매우 안타까운 일이다.
행복해지려면 마음을 느긋하게 가질 필요가 있다.
어떤 사람은 바닥에 티끌 하나만 떨어져도 야단법석을 떤다. 티끌을 닦

아내는 것도 모자라 전체를 쓸고 닦아내야 직성이 풀린다. 성격이 조급해진다. 자신을 스스로 볶는 것이다. 아무리 생각해도 정신 건강에 좋지 않을 듯싶다. 그런 행동이 진전하면 결벽증 증세를 보인다고 한다. 자연이란 원래 어질러지는 쪽으로 진행한다고 한다. 그걸 자연은 엔트로피(무질서도)가 증가하는 쪽으로 진행한다고 하는 말과 상통하는 것이다. 나무는 봄이 되면 잎이 나고 꽃을 피우다가 여름이면 왕성해지고 가을 되면 결실을 하고 겨울 되면 스스로 낙엽 지어, 그 낙엽이 분해되어 자신의 양분이 된다. 시멘트나 아스팔트로 포장된 도로 옆의 나무는 방어막이 된 아스팔트 때문에, 쓸어버린 낙엽으로 인하여 양분을 스스로 취할 수가 없다. 그래서 산에 있는 나무보다 윤기가 덜한 듯싶다.

행복해지려면 남의 단점보다는 장점을 보는 게 좋다.
인간은 어쩔 수 없이 남과의 교감을 통해서 성장하고 살아간다. 남과의 관계에서는 장점도 보이고 단점도 보이게 마련이다. 기왕이면 단점을 보기보다는 장점을 보는 게 정신 건강에도 좋다고 한다.

행복해지려면 금전적인 문제의 해결보다는 마음으로부터의 자유가 훨씬 더 효과적이라는 말은 괜히 나온 말이 아닌 것 같다는 생각이다. 아무리 생각해도 행복은 마음먹기에 달렸다는 말이 사실인 것 같다.

지나친 비교가 주는 슬픈 현실

사람은 항상 비교하고 선택하면서 산다. 백화점에 가서도 이것이 좋을까 저것이 좋을까를 비교하고 선택한다. 여자들은 파 한 단을 구입하는데도 들어보고 살펴보고 이 파가 좋은가 저 파가 좋은가를 비교하고 선택한다. 또는 이 아주머니가 가져온 파가 좋은가 그 옆에 있는 아주머니가 가져온 파가 좋은지를 대조하고 고른다.

드라마에 나온 이야기다. 한 여자가 옷을 파는 코너에 들러 그곳에 있는 옷을 다 입어보고는 나중에 그냥 나왔다. 그러고는 혼잣말처럼 중얼거린다. '모두, 촌스러워'. 때론 비교하고 선택하는 과정에서 마찰이 일어나기도 한다.

남자들의 로망이라는 자동차나 시계를 살 때도 이 차가 좋은가 저 차가 좋은가, 이 시계가 좋은가 저 시계가 좋은가 비교하고 그중에서 하나를 선택한다. 선택이 어려우면 다음 기회를 노리는 사람들도 있다. 어떤 것이 좋은지를 알아보기 위해서 먼저 선택한 사람들을 통해서 자문을 구하기도 하고, 실제로 경험하기도 한다. 이렇듯 매일매일의 생활을 비교하고 그중에서 하나를 선택하는 일의 연속이라 해도 과언이 아니다. 비단 비교와 선택은 살아있는 사람들만이 하는 것은 아니다. 죽은 자에게도 남겨진 사람들에 의해서 비교되고 선택된다. 시신을 매장할까 화장할까, 납골당에 모실까 석관에 모실까, 3일장을 치를까 5일장을 치를까, 49재를 지낼까 말까를 생각하고 선택한다.

적당한 비교는 사람이 살아가는 데 필수적이기도 하다. 또 그런 비교를 통해서 자신이 원하는 것을 구하기도 하고 버리기도 한다. 또한 그런 비교를 통해서 인격이 형성되고 성장하곤 한다. 그런데 문제는 지나친 비교와 그 비교 뒤에 나타나는 자신의 처지에 대한 비관이다. 다시 말해 지나친 비교는 비관을 몰고 온다는 점이 우려스럽다. 누구네는 남편이 부인 생일에 밍크코트를 선물했대, 누구는 생일선물로 수백만 원짜리 시계를 선물로 받았대, 내가 아는 누구는 지난 생일에 악어 핸드백을 선물 받았다고 하더라고. 어느 여자는 팔자 좋아 지금 있는 차도 새 것인데 다시 중대형의 고급 세단을 선물로 받았다는군. 듣는 말마다 심장을 후비고 긁는다.

남편의 재력이 든든하고 아내가 받을만한 위치에 있다면 밍크코트 한 벌이 아니라 열 벌도 선물 할 수 있고, 수백만 원짜리 시계가 아니라 천만 원이나 수억 원 하는 시계도 선물할 수 있으며, 악어 핸드백이 아니라 다이아몬드로 치장한 핸드백도 선물할 수 있다. 승용차도 마찬가지다. 다만 그 선물을 받은 사람과 준 사람은 그에 맞는 생활을 영위하는 사람들이라는 생각이다. 하루 벌어 하루 사는 사람들에겐 그런 고가의 선물보다 내 생활에 맞는 선물이 적당할 것 같다. 남들은 그런 선물도 받는데 나만 받지 못하느냐고 서러워해서 고가의 선물이 생길 것 같으면 서러워해도 좋을 만한데 재산이란 서러워한다고 생기는 건 아니다. 나만 그런 선물을 받지 못했다고 화내고 투정 부리고 부부간에 언쟁이 높아지면 가정은 비교 때문에 파탄 나기 십상이다. 그런데도 고가의 생일선물 하나 받지 못했다고 텔레비전의 드라마도 난리를 피우고, 실제로 가정이 파탄 나기도 한다는 것이다. 선물을 받았다는 그 사람은 나와는 전혀 별개의 인격체다. 그 사람이 선물을 받았건 받지 못했건 아니 고급의 선물을 받았건 싸구려 선물을 받았건 그 사람의 문제이지 그 선물 때문에 내가 가슴 아파하고 비교하면 나만 슬프다. 내 다리가 가려우면 내 다리를 긁어야지 남의 다리를 긁는다는 것은 참으로 어리석다. 엄밀히 따지면 그 사람은 그렇게 살고 나는 나대로 살면 된다. 내 인생을 남이 책임질 리도 만무하거니와 타인과는 별개의 삶이다. 그런데 곰곰이 따져보면 정말 그런 고가高價의 생일선물이 필요할까 하는 생각이다. 물건이란 어느 기회에 내게 와서 잠시 머물다가 인연이 끝나면 미련 없이 떠난다. 사람이 살다가 떠나가면 그 모든 것이 다 물거품이 된다는 점을 잊고 사는 건 아닌지 모르겠다. 그렇다고 아무렇게나 살라는 뜻은 아니다. 하루하루를 곡진曲盡하게 살아야 하고, 매일매일이 즐거운 날이기를 바라면서 실천하고 살아야 한다. 그러니까 너무 물건에 지나친 욕심을 부리거나 집착하지 말라는 말이다.

대화 도중에 항상 돈 이야기를 꺼내는 친구가 있었다. 그렇게 돈을 좋아하던 그 친구가 결국은 돈 한 푼 제대로 써보지 못하고 먼저 세상을 떠났다. 내 경험에 비추어 보면 물건에 너무 집착하는 사람들의 최후는 그렇게 평탄하지 않은 것 같다. 세계에서 가장 비싸다는 푸른색 다이아몬드에게 붙은 수식어가 바로 저주 다이아몬드라는 사실은 듣는 이를 오싹하게 한다.

이 글에는 스님이며 공민왕과 무학대사의 스승인 나옹선사의 「청산은 나를 보고」가 어울릴 것 같다.

청산은 나를 보고

청산은
나를 보고
말없이 살라하고

창공은
나를 보고
티 없이 살라 하네

욕심도 벗어놓고
성냄도 벗어놓고

물같이
바람같이
살다가 가라 하네

저녁이다. 서쪽 하늘에 노을이 지고 있다. 당신은 하루의 고된 일과를 끝내고 집으로 돌아가고 있다. 그때 비닐봉지 속에 고등어 한 손과, 샘플 화장품 몇 개가 들어있는 악어 핸드백 중 어느 것을 선택할 것인가는 순전히 당신의 몫이다.

삶과 죽음의 경계선

나이가 들어감에 따라 방 안에서 생활하는 시간이 길어졌다. 그렇다고 하루 종일 텔레비전 앞에 앉아 있는 것은 아니다. 하지만 언제나 텔레비전 시청 주도권은 아내에게 있다. 아내는 나이가 많음에도 하는 행동이 아직도 열아홉 초반에 머문 듯하다. 특히 아내는 중국 무협 드라마를 무척 좋아한다. 무협 드라마라고 해서 적을 향해 활을 쏘고 칼을 휘두르며 선혈이 낭자한 장면을 좋아하는 게 아니라 그 속에 내포되어 있는 줄거리를 즐겨본다. 아내는 천생天生 여자다. 더러 사랑하는 주인공이 망천강忘川河에 빠져 과거에 서로가 연인이었던 기억들을 모두 잊은 장면에서는 눈시울을 붉히는 애절한 모습을 보이기도 한다. 한참 드라마를 보던 아내의 눈가가 촉촉해진다.

"지금 당신 우는 거야?"

"누가 운다고 그래요?"

하면서 붉어진 눈을 애써 감추려 한다.

"내가 떠나도 저렇게 슬퍼할까?"

"그건 그때 가봐야 알지요."

여자의 여린 그 맘을 알 것 같기도 하다. 대신 나는 세계 테마기행을 즐겨 보는 편이다. 즐겨 본다고 하지만 구태여 찾아보는 정도는 아니고 그 시간대가 되면 자연히 보게 된다.

얼마 전 우연히 티베트Tibet의 장례문화葬禮文化를 보게 되었다. 티베트에서는 사람이 죽으면 죽은 자의 정수리에 구멍을 낸다. 그것을 포와의식Phowa儀式이라 한다. 영혼이 빠져서 나가는 길을 여는 것이다. 그 엄숙한 의식이 진행되는 동안 여사제의 슬픈 장송가가 울려 퍼진다. 의식이 끝나면 천장사天葬師와 승려들이 와서 사원 언덕 위로 시신을 운반한다. 가족 중에 여성이 시신을 볼 수 있는 곳은 그곳까지다. 시신이 운반되면 승려들이 향을 피우고, 흰 천에 싸인 시신의 옷을 모두 벗긴다. 머리카락과 손톱을 잘라 가족에게 전하고 난 후 천장사는 예리한 칼로 시신의 복부를 가른다.

장례를 알리는 구슬 달린 북을 좌우로 흔들면 그 소리에 하늘을 날던 독수리가 머리를 곤두세운다. 칼에 베인 시신에서 피 냄새가 진동하면 상공을 날던 독수리 떼가 바람처럼 달려온다. 때를 같이하여 천장사는 둔탁한 쇠망치로 시신의 머리와 둔부를 내리쳐 잘게 부순 다음 뒤로 물러난다. 순식간에 벌어지는 일이다. 남자 가족 모두가 그 모습을 슬픈 눈으로 지켜본다. 하지만 소리내어 울거나 몸부림을 치지는 않는다. 망자亡者를 바라보는 눈은 퀭하다. 이른바 천장天葬의 장례가 치러지는 순간이다. 그들이라고 슬픔이 없겠는가. 생전에 더러는

다툼도 있었을 것이고, 때로는 함박웃음을 지었을 때도 있었을 부모 형제가 아니었을까. 하지만 시간이 되면 떠나야 하는 자연의 철칙 앞에서 모두가 숙연해질 수밖에 없을 것이다. 단지 먹이로만 바라보는 수많은 독수리들은 사투를 벌이듯 시신을 쪼아댄다.

배고픈 독수리들이 시신의 살을 모두 먹으면 덩그러니 뼈만 남는다. 더러는 살점을 발톱에 걸고 독수리들은 하늘 높이 날아간다. 남은 뼈를 천장사가 망치로 잘게 부수면 장례는 끝이다. 부수어진 뼈들은 태양열에 녹고 비바람에 쓸리면서 서서히 자연으로 돌아간다. 그것으로 장례가 마무리된다. 한 줄기 바람이 부서진 뼛조각 사이로 분다. 키 작은 나무와 꽃들이 슬픈 듯 몸을 좌우로 흔든다. 온 곳을 모르니 간 곳을 알 리 없다. 다만 영혼은 독수리에게 인계되어 하늘 높이 날아갔다고 믿는 것이다. 소박하면서도 슬프다. 부수어진 뼈들을 바라보는 그들도 언젠가는 쇠망치에 맞아 잘게 부수어질 운명을 가진 자들이었으므로······.

그런데 그곳에서도 계급은 존재한다고 한다. 천장사는 하층민이므로 천장사가 죽으면 조장鳥葬을 하지 못하고 수장水葬을 한다는 것이다. 한편으로 생각하면 삶이 허망하게도 느껴지고, 다른 쪽으로 생각하면 온 곳으로 다시 갔다 하니 윤회의 한 장면을 보는 기분이다.

화엄경에 이르기를 나무는 꽃을 버려야 열매를 맺고 「수목등도화 사재능결과」樹木等到花 謝才能結果, 강물은 강을 버려야 바다에 이른다. 「강수유도사 강재능입해」江水流到舍 江才能入海라고 했다. 그 길이 영혼이 천상에 이르는 나침반이 되지 않았을까 아니, 독수리가 그들의 영혼을 천상으로 운반하는 길잡이가 되지 않았을까 하는 마음이다. 그런 연유인지 티베트인들은 새를 죽이지도 않고, 닭고기나 달걀도 먹지 않는다고 한다. 물론 티베트인들의 장례문화를 평가하려는 것은 아니다. 그곳은 그곳대로의 문화가 그런 쪽으로 발전한 것을 소개하는 것뿐이다.

그러던 어느 날 인도네시아 부족의 장례문화가 내 눈에 비쳤다. 인도네시아를 여행하는 작가가 보내는 사연이다. 인도네시아의 한 부족은 사람이 죽으면 며칠 후에 시신의 머리만 분리해서 그 머리를 작은 섬에 있는 바위틈에 모신다. 해풍에 바래고 바람이 씻긴 두개골이 피부가 벗겨지고 살점이 녹아내리면 덩그러니 큰 두 눈과 허연 이齒牙가 보인다. 후손들이나 족장은 때가 되면 그곳에 들러 참배하고 시신의 두개골을 어루만진다.

그곳 검은 피부의 족장은 방문객에게 두개골을 보여주면서 자신도 죽으면 그곳에 자신의 두개골이 안치될 곳이라면서 아무렇지도 않게 소개했다. 삶과 죽음이 공존하는 그들의 삶이 어쩌면 우리보다 더 안락하게 보임은 어떤 연유에서였을까. 두개골이 안치된 거무스름한 바위틈 사이에서 이름 모를 이끼가 자라고 있었다.

죽음과 삶이 공존하고, 동물의 뼈와 식물이 함께 자리를 지키는 영혼의 안식처. 망자의 두개골은 바다의 파도 소리를 자장가처럼 들으면서 영면하는 것일까. 물거품으로 부서지는 억겁의 파도는 영혼을 위로하는지 너울너울 춤을 추듯 넘실거렸다.

일본에서는 사람이 죽으면 시신을 화장해서 고무풍선에 넣고 하늘 높이 날려 보내는 방법이 있다고 한다. 높이 올라간 고무풍선이 기압 차이로 하늘에서 터지면 뼛가루가 바람에 날려 자연으로 돌아가는 장례식이라고 한다.

또한 중국 남부지방에서는 사람이 죽으면 시신이 들어 있는 관을 절벽에 수평으로 매다는 풍습이 있다는 것이다. 어쩌면 다른 동물의 습격을 방지할 수 있고 조금이라도 천국에 가까이 가려는 산자의 기원이 담긴 슬픈 모습이라고 해야 할까 보다.

아마존에서는 죽은 이를 화장해서 유골을 가루처럼 잘게 부순다고 한다. 그 유골을 스프에 섞어 마심으로서 산 자와 죽은 자가 하나가 되는 의식을 치른다는 것이다. 우리의 풍습대로 해석함은 소름 끼치는 일이지만 그곳에서는 그것이 죽은 자와 나누는 가장 아름다운 풍습이라니 전통이란 무섭다는 생각까지 든다.

가까운 대만에서 가끔 길을 가다 보면 빨간 봉투를 보게 되는데, 그걸 줍지 말라고 한다. 나도 오래전 대만 가는 여행객을 인솔하면서 화련의 길목에서 그걸 본 기억이 있다. 그 빨간 봉투 속에는 약간의 돈과 죽은 이의 머리카락이 있는데 그걸 주운 사람은 영혼결혼식을 해야 한다고 하니 조심할 일이다. 죽은 자가 달려들어 영혼결혼식을 해달라고 애걸할까마는 빨간 봉투를 주운 자는 마음이 께름칙할 것이 분명하기 때문이다.

누구든 오면 가야 한다. 푸른 잎도 시간 되면 시들고, 예쁜 꽃도 세월 가면 떨어진다. 아무리 고운 피부도 세월 앞에는 배겨낼 재간이 없다. 세상에 영원한 것이 어디 있던가. 고작 백 년을 살기에도 벅찬데 누구는 천년만년 살 것 같은 모습을 보면 측은함을 넘어서 불쌍하게 보인다. 한 번 오면 한 번은 반드시 가야 한다. 다만 살아 있을 때 가족에게 짐 되지 않고 사는 날이었으면 하는 것이 소박한 나의 바람이다.

여자가 명품 백에 집착하는 이유

세월처럼 빠른 것도 없는 듯하다. 더구나 나이가 지긋하면 세월이 더 빨리 가는 느낌이다. 아침 먹기 전, 새벽에 배달된 신문을 대충 읽어 보고, 식사 후에는 화분에 물을 주고, 마른 가지를 자르다 보면 점심때이다. 말 그대로 마음에 점을 찍듯 간단히 점심을 먹고 책을 보거나 화분을 옮기면 바로 저녁이다. 저녁 식사를 끝내고 연속극을 보면서 나쁜 역을 연기하는 배우에겐 분노하고, 선한 역을 맡은 배우에게 칭찬을 하면 어느새 잠잘 시간이다. 그런 날이 연속된다. 그러면 일주일이 쏜살처럼 지나가고, 한 달이 가고 두 달이 가고 무덥던 여름이 서늘한 가을로 바뀐다.

문득 내다본 바깥의 푸르른 나뭇잎이 나도 모르는 사이에 갈색으로 변해 낙하하고 있다. 창문을 흔들던 매미의 노랫소리도 어느새 사라지고 없다. 부는 바람마저 차갑다. 인생무상人生無常이다. 텔레비전 화면을 돌리면 숱한 광고가 나타난다. 청바지도 보이고, 화장품도 나타나고, 해외여행 홍보도 보이고 반찬도 보도에 열을 올린다. 텔레비전 화면을 바라보던 아내가 돌리던 화면을 멈춘 곳은 명품 백을 파는 광고였다. 아내가 지나가는 말로 한 마디 툭 던진다. 그 말속에는 분명 무엇인가가 있다.

"나도 명품 백하나 들 날이 오겠지요?"

사 달라는 이야기다. 나는 못 들은 체하고 보던 책을 계속 읽는다.

"남들은 무슨 팔자로 그 비싸다는 명품 백을 두 개도 아니고 세 개씩이나 가지고 있다던데."

아예 하나는 제외했다. 남들은 명품 백하나 정도는 자기 말고는 다 있다는 확신이다. 못 사줄 형편을 알면서도 아내는 내심 기대를 하는지 푸념이 길다. 나는 단순하게 생각한다. 내 아내도 남들과 같은 아주 평범한 여자구나,라는 생각을 하게 된다. 여자가 화장을 하는 이유와 명품 백을 드는 이유를 문화 심리학자들은 어떻게 생각할까 자못 궁금했다. '여자가 화장을 하는 이유는 남자에게 잘 보이기 위해서 하는 것이 아니라 예쁜 여자보다 더 예쁘게 보이기 위해서 화장을 한다. 여자가 명품 백을 드는 이유도 일종의 자기 과시인 셈이다. 나 명품 백 든 여자야, 라는 심정으로 자기를 돋보이게 하려는 일종의 심리작전'이라는 것이 공통 견해다. 다시 말해 남들과의 비교에서 지지 않기 위해서라는 것이다.

어느 날 신문을 펴 든 나는 신문의 한 곳에 눈이 멈췄다. 면세점에서 파는 명품 백을 구입하기 위해 이른 새벽부터 길게 줄을 서고, 더러는 면세점 근처에서 텐트를 치고 잠을 잤다는 내용이었다. 그것으로 끝나지 않고 신종 아르바이트까지 생겨났다고 신문은 전했다. 명품을 사기 위해 일정한 금액을 받고 대리로 줄을 서 준다는 이야기다. 자기 부모가 아프다고 밤을 새워 병원 복도에서 잠을 잤다는 보도는 왜 그리도 보기가 어려운지…. 그 기사 옆에는 하루 한 끼로 삶을 사는 독거노인들의 사진이 보였다.

텔레비전에서 더러 아마존 밀림에서 사는 원시 부족이나 아프리카나 아시아의 밀림에 반나체로 사는 부족의 생활을 보여주는 화면을 볼 수 있다. 그들 대부분의 생활은 엇비슷하다. 남자들은 외부의 적으로부터 가족을 보호하고 밀림에서 사냥을 하거나 물에서 고기를 잡는다. 대신 여자들은 육아와 음식 만들기에 시간을 투자한다. 여기서 눈여겨 볼 것은 여자들의 생활이다. 여자들은 음식을 만들려고 곡식을 준비하고 채소를 다듬고 나무에 달린 과일을 채집하고 운반한다. 그런데 더 자세히 살펴보면 그런 것들을 가져오기 위해서 넓적한 나뭇잎을 사용한다든가 아니면 통나무의 속을 파내어 그곳에 물건을 담아 오기도 하고, 더러는 가죽으로 된 자루를 이용하기도 한다.

좀 더 문명의 혜택을 받은 부족은 끈 달린 가방에 과일을 담아 오기도 한다. 다시 말해 가방이 생명을 연장시키는 도구가 된 셈이다. 그것이 발전해서 가방 속의 내용물보다 가방 자체에 관심을 부여하였다는 것을 짐작할 수 있다. 가방이 음식물을 담거나 양육을 위한 필수의 도구가 되었음을 알 수 있다. 그러던 것이 현대로 넘어오면서 가방은 단지 생존을 위한 도구를 벗어나 여성들의 필수품이 되었고, 그 속에 돈이나 화장품 또는 여성에게 필요한 필수품을 넣고 다니게 되었다.

가방 중에서도 비싼 가방을 들고 다니면 남들로부터 부러운 시선을 받게 되고 결국은 자기 과시용의 표본으로 자리를 잡게 된 것이다. 즉 가방이 자신의 지위를 드러내는 제2의 얼굴이 된다는 점이다. 단지 가방은 휴대하는 것에서 자신의 신분이나 얼굴을 알리는 수단으로서 가치를 부여받게 된 것이다. 그래서 너도나도 명품 가방에 목을 맨다는 것이다. 물건을 담는 가방에 여자의 지위나 자존심이 직결되고부터는 가방에 목을 매는 여자들이 늘어난 것은 부인할 수 없는 사실이다. 그래서 나타난 것이 짝퉁이다. 다시 말하면 진짜 명품 백을 들지 못하는 여성들을 위하여 대리만족으로서의 물품이 나타난 것이다. 진짜 명품 백과 비슷한(?) 가방 즉 모조품을 만들어 대리만족을 시키는 것이다. 그렇게라도 해야 여성의 명품 백에 대한 강한 욕구를 어느 정도는 잠재울 수 있다는 계산이다.

얼마의 금액이 있을 때 먹을 쌀을 사는 것과 그 금액으로 한 끼를 굶더라도 꽃을 사는 경우 후자를 택한다는 여자들의 심리만 보아도 짐작이 간다. 그렇다고 여자들을 깎아내리려는 건 절대 아니다. 단지 여자의 마음이 그렇다는 것이다.

여자의 마음이 그렇다는 것을 이해할 때 비로소 여자들이 명품 백에 그토록 집착하는 이유를 알 것만 같다. 그렇지만 그것을 사줄 만한 경제적 여유가 없을 때 남자들은 다시 고민하지 않을 수 없다. 이래저래 남자들은 고민이 늘어난다. 그래서 퇴근길의 술집이 문전성시門前成市를 이루는가 보다. 얼큰하지 않고는 남자답게 살아갈 용기가 없는 게 요즈음 남자들의 현실이다.

상사화와 꽃무릇

지난해 겨울은 어느 해보다도 유난히 추웠다. 앙상한 나뭇가지 사이로 쉼 없이 불어대던 칼바람이 마음마저 얼어붙게 했다. 날씨가 추우면 친한 친구의 소식도 뜸하다. 추위가 소식까지도 묶어 놓는 것 같다. 하지만 영원히 머물 것 같았던 혹독한 겨울이 지나고 봄이 왔다. 계절의 변화는 정직한 것 같아서 숨어있던 식물들이 꼼지락거리는 것 같았다. 아파트 화단에서 하나둘씩 싹을 틔우던 새싹이 이제는 꽃들이 경쟁하기 시작했다. 바야흐로 깨어나는 계절이 왔다.

자연은 언제나 우리 앞에 모습을 당당하게 보여주는 것 같았다. 자신의 낙엽을 이불 삼아 보낸 기간이 전혀 헛되지 않았음을 꽃들로 증명했다. 볼수록 자연은 신비하고 위대했다. 그런데 봄이라고 모든 꽃이 피지는 않는 것 같다. 하지만 꽃이 피든 피지 않든 봄은 봄이다. 라일락도 화단에서 은은한 향기를 내 뿜었고, 수국이 그 뒤를 이었다. 백일홍이 더위 속에서도 고개를 내밀었고, 메말랐던 대지에서 안간힘을 쓰고 기다리고 있었던가. 겨울이 추우면 여름이 덥다던 선현先賢의 말대로 여름은 모든 걸 태울 것처럼 더웠다. 딱딱한 아스팔트가 녹고 저수지 바닥이 거북이 등처럼 갈라져 헤엄치며 놀던 물고기가 자취도 없이 사라졌다.

그러던 늦여름에 엄청 많은 양의 비가 왔다. 물은 생명의 원천이지만 너무 많은 물은 사람을 지치고 힘들게 했다. 집이 무너지고, 도로가 유실되고, 산사태가 나서 통행이 제한됐다. 어느 계곡에서는 사람이 불어난 물에 실종됐다는 보도가 있었다. 물은 많은데 마실 물이 없다는 게 안타까웠다. 모든 걸 녹일 것처럼 뜨거웠던 여름의 열기와 불어난 물을 이기고, 매서웠던 겨울의 한파를 물리치고 그리고 봄이 와도 꿈적 않던 상사화相思花가 드디어 자태를 드러냈다. 하나의 구근球根에서 한 대만 올라오는 연초록의 꽃대와 그 끝에서 하늘을 향해 팔을 벌린 또 다른 일곱 개의 작은 꽃대. 그 모습에서 자연의 질서와 엄숙함을 본다. 하지만 전해지는 상사화의 전설은 슬프기만 하다.

상사화에 대한 몇 가지의 전설이 내려오는데, 그 모두가 이룰 수 없는 사랑에 초점이 맞춰져 있다. 스님과 세속의 처녀 간에 이룰 수 없는 사랑을 이야기한 전설도 있고, 스님을 사모하다가 죽은 처녀의 무덤에서 피었다는 이야기도 있다. 개인차가 있긴 하겠지만 나는 상사화보다 꽃무릇石蒜에 더 마음이 쓰인다. 색깔도 상사화보다 더 붉고 강렬하다. 상사화는 분홍색이 많은데 꽃무릇은 진하게 붉은 색이다. 상사화가 육칠월에 꽃이 피는가 하면 꽃무릇은 구시월에 핀다. 또한 둘 다 수선화과 식물이다. 물론 두 꽃 다 잎이 있을 때는 꽃이 없고, 꽃이 피면 잎은 사라진다. 가녀린 꽃대와 청초한 꽃이 방문객을 반긴다. 꽃말도 둘다 '이룰 수 없는 사랑'이다.

하지만 나에겐 꽃무릇이 더 마음에 닿는데도 이름 때문에 상사화가 또 마음을 흔들어 놓는다. 분홍색 상사화가 피면 나는 '이룰 수 없는 사랑'이란 꽃말처럼 첫사랑이 생각날지도 모른다. 이름만 들어도 좋은 그 단어가 꽃이 피기도 전에 나의 마음부터 설레게 했고, 꽃이 피었을 때도 설렜다. 누군가 그런 말을 했다. '사랑의 방정식은 하나 더하기 하나가 둘이 되는 것이 아니라 하나 더하기 하나가 새로운 하나가 되는 것'이라고. 그리고 '사랑은 이해하고 맞춰가는 것'이라고. 사실 말은 그렇게 했지만 모든 게 다른 남녀가 그렇게 된다는 것은 무척 어렵다. 상사화를 바라보는 눈빛은 사람마다 다르다.

오모리와 나비잠

길을 걷다 보면 외국어 간판이 홍수를 이룬 게 눈에 보인다. 더더구나 뜻도 모르는 외국어 간판이 많이 보인다. 어떤 간판은 관심을 불러일으키려고 그랬는지 몰라도 글씨가 틀린 것도 있다. 간판뿐만 아니라 신문에 나오는 상품의 이름도 외국어가 많다. 특히 경제 용어는 생소한 외국어가 눈을 어지럽힌다. 그뿐이 아니다. 상품을 알리는 선전용지도 마찬가지다. 외국어를 모르면 아예 선전용지나 신문 읽기를 포기해야 할지도 모른다는 생각이 들 정도다.

한글을 사용하자고 그렇게 외치지만 그날은 한글날 정도로 그치고 마는 것 같다. 비단 간판에만 있는 게 아니고 대화에서도 외국어가 많이 사용되고, 모임을 이끌어가는 사회자의 설명에도 외국어가 심심찮게 들린다. 말하는 사람은 고급의 외국어를 하는지 몰라도 듣는 사람은 답답할 뿐이다. 운동선수가 경기할 때나, 우열을 가리는 심판이 큰 소리로 외친다. 이른바 '파이팅'하는 소리다. 이때 파이팅fighting은 권투나 레슬링 같은 데서 실제로 치고받고 발로 차는 경기에서 심판이

하는 소리다. 그런데 배구나 농구를 할 때도 파이팅하고 외치는 걸 자주 본다. 물론 심판만 그러는 게 아니고 선수들도 거의가 그렇게 외친다. 그때는 파이팅이 아니라 웨이 투 고우way to go 또는 투 고우to go라고 해야 한다. 이게 맞는 영어다. 외국에서 벌어지는 경기를 볼 때 선수나 심판은 모두 그렇게 말한다.

외국어가 오랜 세월 우리 곁에서 사용된 것은 어쩔 수 없다. 예를 들면 '버스' 같은 경우는 버스가 자연스럽다. 그걸 굳이 우리말로 표현한다고 '합승 마차'라고 하면 더 어색할 수 있다. 핸드백이란 말도 오랫동안 사용해 온 외국어지만 우리가 익히 들어온 말이다. 그걸 '손가방'하면 오히려 부자연스레 들릴 수 있다. 그러나 잘 알지도 못하고 바르지 않은 외국어를 남발하는 것은 지양止揚해야 한다고 생각한다.

우리말에서 오래된 말 중에 예쁜 말들이 참으로 많다. 은하수의 제주 방언인 '미리내'같은 말은 참으로 아름답다. 우산의 옛말로 '슈룹'이라든가, 햇빛이나 별빛을 받아 반짝이는 잔물결을 말하는 '윤슬' 또한 아름답지 아니한가? '온새미로'는 자연 그대로라는 순수한 우리말이다. 즉 가르거나 쪼개지 않고 생긴 그대로를 말한다. 깨었다가 다시 든 잠을 '그루잠'이라 했다. '안다미로'는 그릇에 넘치도록 많이 라는 순수한 우리말이다. '국을 안다미로 퍼 오너라'라고 말함은 풍성한 인심을 대변해 주고 있지 않은가? 듣기도 편하고 말하기도 수월하다는 생각이다. 용龍의 순수한 우리말로 '미르'가 있고, 모르는 사이에 조금씩이라는 '시나브로'라는 옛말도 있다. 하늘을 옛말로 '아라'라 했고, 아내와 남편을 '가시버시'라 표현했으며, 사랑하는 우리 사이를 '예그리나'라고 했다. 마른 장작의 우리 옛말로 '희나리'가 있으며, 날아 오르다의 옛말이 '나르샤'이다. 축복의 옛말로 '비나리'가 있고, 고향을 '옛살비'라 했다. 애틋한 사랑을 말하는 '다솜' 또한 예쁘지 아니한가? 정직하다는 옛말이 '미쁘다'이고, 자질구레한 것을 '옴니암니'라고 했으며, 조심성 없이를 '지망지망히'라고 했다. 연하고 달콤하다의 옛말은 '달보드레하다' 이다. 신혼부부가 맞이하는 첫날 밤을 '꽃잠'이라 했는데 그 말은 설레면서도 예쁘다.

'화수분'이라는 옛말을 한문이라고 말하는 사람도 있으나 아무리 써도 줄지 않음을 뜻하는 순수한 우리말이다. 그런데도 여전히 한문이라고 말하는 사람을 여럿 보았다. 여러 사람이 모이는 일을 뜻하는 말로 '모꼬지'라는 말도 있고, 흰 털에 갈기가 검은 말을 '가리온'이라 했다. 또 친구를 '아띠'라고 했으며, 은은한 가운데 빛을 발하다를 '은가비'라고 했다. 외국어 같은 우리 옛말도 있다. 늦게 얻은 사랑스런 딸자식을 일컫는 말로 '두륏체리'라는 말이 있고, 전쟁할 때 쓰는 장비를 '커리쉬라프'라고 했으며, 치마를 입고 활을 쏘는 여인을 '어라연히프제'라고 불렀다. 숲의 요정을 '수피아'라고 했다. 불러 볼수록 감흥이 있고 예쁘다는 생각이 든다.

나는 그중에서 '오모리'와 '나비잠'이란 말을 으뜸으로 친다. 오모리를 어떤 사람은 일본어가 아니냐고 반문하는 사람도 있지만 순수한 우리 옛말이다. 물론 일본 시마네현 오다 서부 지역의 지명이 있기는 하다. 내가 말하는 오모리는 전남지역의 방언으로 3년 정도 숙성된 김치를 담는 큰 항아리 즉 독을 말한다. 다른 뜻으로는 '꽁무니'라는 뜻도 있다.

어감이나 발음이 얼마나 순수하고 부드러운가. 오모리라는 단어가 들어간 식당의 간판을 보면 가다가도 다시 한번 쳐다보곤 한다. 또한 '나비잠'이란 옛말은 갓난아이가 두 팔을 머리 위로 벌리고 자는 잠을 말하는데 그 모습은 상상만 해도 예쁘고 생각할수록 정다운 말이다.

외국어를 잘함은 외국인과 대화할 때 필요한 것이지 우리나라 사람끼리 대화하는데 굳이 외국어를 사용해야 할까 하는 생각이 든다.

코로나가 창궐하기 이 년 전 내가 같은 직업을 가진 친목계원 이십여 명을 인솔해서 프랑스 파리를 방문할 때였다. 저녁 식사를 마치고 두 분이 밤의 개선문을 보고 싶다고 해서 같이 택시를 타고 나간 적이 있었다. 나나 그분들이나 밤의 개선문을 본다는 기분에 약간은 들떠 있었다. 낮에는 구름이 짙게 깔려 있었는데 저녁이 되자 하늘까지 맑은 날이었다.

택시를 탄 후 택시 기사를 보고 영어로 개선문까지 가자고 했다. 우리를 태우고 가는 택시 기사는 구레나룻이 난 중년의 남자였다. 내가 그렇게 말했는데도 택시 기사는 알아들었는지 못 알아들었는지 반응이 없었다. 불안해진 나는 개선문 사진을 보여주면서 그곳까지 가자고 사진을 손으로 가리키며 말했고, 우리를 태운 택시는 개선문 가까이서 멈췄다. 그때 택시 기사가 유창한 영어로 우리에게 이렇게 말했다. '다음에 프랑스에 오실 때는 프랑스어를 공부하고 오십시오'라고. 그분이 프랑스어에 대한 자부심이 대단함을 피부로 느꼈다.

'구슬이 서 말이라도 꿰어야 보배다'라는 속담이 있다. 무엇이든 다듬고 쓸모 있게 만들어야 값진 보배가 된다는 뜻이다. 아무리 우리글과 우리말이라고 하지만 우리가 다듬고 보살펴야 더 아름다운 우리글과 우리말이 되지 않겠는가. 파괴 되어가는 우리글과 우리말. 하루가 다르게 나타나는 이상한 말과 글이 난무하는 세상이 되었다. 그걸 지켜보는 내 마음이 애처롭기만 하다. 우리글과 우리말을 우리가 사랑하지 않으면 누가 우리글과 우리말을 사랑하겠는가?

두 가지 전쟁

전쟁戰爭 ― '국가 또는 교전 단체 사이에 서로 무력을 써서 하는 싸움' 이라고 사전은 풀이를 하고 있다. 그러니까 총과 칼로 무장을 하여 상대를 사살하고 금품을 빼앗고 국토를 확장하는 게 아니던가! 옛날에는 여자를 차지하려고 벌인 전쟁도 있었다. 그런데 내가 발견한 건 또 하나의 전쟁이 존재한다는 사실이다. 그곳에 바로 병원 '응급실'이다. 얼마 전 종합 병원의 응급실을 이른 새벽에 간 때가 있었다. 내가 달려 갔을 때 얼굴이 창백한 나의 딸아이를 보고도 의사는 별거 아니라는 식으로 말을 하는데 약간의 짜증도 났었다.

다 큰 딸이 길거리의 과일 장수에게서 몇 개의 과일을 사서 먹은 게 문제가 생겼는지 배가 아프고 토하고 어지럽다고 하여 달려간 것이었다. 그런데 그도 그럴 것임을 잠시 후에 알았다. 물론 응급실에는 우리 가족만 있는 것은 아니었다. 우리보다 더 시간상으로 급한 환자들이 몇몇 와있었다. 다만 그들은 침대에 누워서 이미 간단한 응급 처치를 받은 사람들처럼 보였다. 어떤 사람은 팔을 높이 붙들어 맸고, 어떤 여자는 주사를 맞으면서 울고, 또 다른 사람은 부은 얼굴로 피를 닦고……. 그때 문간에서 벼락을 치는 소리가 들렸다. '이게 뭐야. 놔. 너희들 다 뭐야?' 다친 남자는 소리를 고래고래 질렀다. 사십을 넘었을 남자의 이마에서 선혈이 낭자했고, 그의 이마에 손수건을 댄 남자는 질린 얼굴로 비틀거리는 그를 부축해서 응급실 안으로 들어왔다. 소리를 지르면서 내 옆을 지나는데 술 냄새가 진하게 풍겨왔다. 간호사가 달려가 환자를 간이침대에 누이고 '왜 이랬습니까?'라고 묻자, 피투성이가 된 남자는 대뜸 욕부터 하기 시작했다. '네가 알아서 뭐 하게, 이년아' 간호사는 금세 우는 얼굴이 되었다. 의사가 달려가 다시 물었고 서둘러 지혈을 하고 응급조치를 취했다. 그를 데리고 온 남자를 향해서 '봉합수술을 해야 한다'는 말을 했고 젊은 의사가 그를 치료하기 시작했다. 그렇게 그 환자와 씨름을 하는데 약속이나 한 듯이 배를 움켜쥔 이십 대 후반의 여자가 그의 엄마로 보이는 사람과 들어와서는 울기 시작했다. 간호사가 부축하고 잠시 후에 의사가 도착했다. 간호사와 의사가 그들을 작은방으로 옮기고 문을 닫았다.

아무리 환자라지만 외부인이 보기에 난감한 사태가 있음이 분명했다. 방안에서 두런거리는 소리가 들렸다. 남편이 배를 발로 찼다는 것이었다. 의사는 현재 상태만 알면 되었다. 이유나 원인은 경찰의 몫이었다. 조금 지나니까 왼쪽 손을 수건으로 칭칭 감은 이십 대 후반의 남자가 여자의 부축을 받으면서 붉은 얼굴로 들어섰다. 그도 응급 처치를 받고 찢어진 살을 꿰매는 봉합 수술을 받았는데 잠시 후에 가관인 일이 나타났다. 환자가 누워서 전해질 수용액의 주사를 맞고 있는 사이에 애정행각이 벌어진 것이다. 침대에 누운 남자와 그를 지키던 여자가 서로의 입술을 맞댄 채 사랑을 나누는 게 아닌가! 젊은이들이 부럽기도 하고 한편으로는 예의와 교양이 없는 것 같아 씁쓸하기도 했다. 자유와 방종도 구분 못 하는 사람들이 사랑을 하면 저런 일이 벌어질 거라는 생각이 들었다. 그래서 학교 교육보다 가정교육이 더 중요하다는 말이 나오는 모양이다.

잠시 잠잠하다 싶었는데 멀쩡하게 생긴 남자가 업혀서 들어왔다. 그는 이미 늘어져 있었다. 간호사와 의사가 달려가서 진찰을 하더니 그들끼리 의학용어가 오갔고, 뒤이어 어디론가 급히 전화를 거는 모습이 보였는데 한 이십 분이 흘렀을까 평상복 차림의 남자가 달려왔다. 그 남자가 의사라는 것을 잠시 후에 알았다.

그 남자의 지시대로 업혀 온 남자는 수술실로 급히 옮겨졌다. 그 후는 어떻게 되었는지 모른다. 허리를 잡고 절룩거리며 들어와서는 병실 바닥에 누운 남자, 문간에 손이 끼어 으스러진 채 질린 얼굴로 엄마 품에 안겨 온 어린아이, 새벽에 화장실에 가다가 화장실 문에 코가 납작해진 초등학교 학생쯤의 여자아이, 하반신을 얇은 이불로 감싸안고 눈물범벅이 된 여고생. 그 이유는 알지 못했다. 아니 알고 싶지도 않았다. 순식간에 응급실은 난장판이 되었다. 시골 장날이 바로 그곳에서 열린 듯했다. 그리고도 몇몇의 각기 다른 상태의 환자들이 들이닥칠 때마다 몇몇의 간호사와 당직 의사는 뛰는 게 아니라 날아다니는 듯했다.

술 취한 사람의 고함, 신음을 내는 여자 환자, 아프다고 울부짖는 어린아이. 병원의 응급실은 그야말로 전쟁터를 방불케 했다. 간호사와 의사의 가운이 흰색에서 분홍색으로, 그것도 물방울무늬로 변해가고 있을 즈음 어둠 속에서 울부짖던 날이 뿌옇게 새고 있었다. 내가 의사가 되지 않은 게 다행이란 생각을 한 것이 그때가 처음이었다. 물론 모두가 그런 생각을 하면 곤란할 테지만……

의사와 간호사들이 나의 딸을 내버려둔 채 더 급한 환자들을 위해서 이리 뛰고 저리 뛰는 사이에 딸은 정상으로 돌아왔다. 결국 포도당 주사 한 대만 맞고 웃는 얼굴로 돌아온 것이다. 그때 나는 그곳에서 분명히 보았다. 전쟁에는 사람을 죽이는 전쟁과 사람을 살리는 두 종류의 전쟁이 있음을…. 전장戰場에서의 전쟁은 온전한 사람을 불구로 만들기가 일쑤지만 병원 응급실에서의 전쟁은 파괴된 육신을 온전하게 만든다는 사실을 나는 내 눈으로 똑똑히 보았다.

미움도 사랑의 한 조각인 것을

마리 로랑생 Marie Laurencin (프랑스를 대표하는 여성화가. 1883년 10월에 출생하여 1956년 6월에 사망. 1907년 피카소의 소개로 아폴리네르는 마리를 만났고 그 시간 이후로 그는 마리에게 빠진다.)의 「잊힌 여자」라는 시詩가 있다. 내용은 이렇다.

잊힌 여자

따분한 여자보다 불쌍한 여인은 / 슬픈 여자입니다.
슬픈 여자보다 더 불쌍한 여인은 / 불행한 여자입니다.
불행한 여자보다 더 불쌍한 여인은 / 병든 여자입니다.
병든 여자보다 더 불쌍한 여인은 / 버림받은 여자입니다.
버림받은 여자보다 더 불쌍한 여인은 / 고독한 여자입니다.
고독한 여자보다 더 불쌍한 여인은 / 쫓겨난 여자입니다.
쫓겨난 여자보다 더 불쌍한 여인은 / 죽은 여자입니다.
죽은 여자보다 더 불쌍한 여인은 / 잊힌 여자입니다.

한 사람이 다가오고 있다. 그를 본 이쪽 사람이 그와 교차하는 순간 그를 비켜 지나간다. 이는 바로 그가 온다고 하는 사실을 감지한 결과다. 그런데 그가 온다는 사실을 모르고 길을 가다가 부딪쳐서 그가 넘어졌다면 그가 온다는 것을 인지하지 못한 결과다. 즉 상대방이 온다는 것을 모르고 다가간 것의 결과일 것이다. 이 말을 바꾸어 보면 그가 온다는 것에 대한 관심의 문제이다. 프랑스를 대표하는 화가 마리 로랑생의 '잊힌 여자'라는 시의 흐름은 불쌍한 여인의 등급(?)을 매겨 놓은 것인데 가장 불쌍한 여자는 슬프거나 불행하거나 아니면 아프거나 버림받았거나 그도 아니면 고독하거나 심지어는 쫓겨나거나 죽은 여자가 아니라 잊힌 여자라는 것이다.

사람과의 관계에서 잊혔다는 것을 다른 말로 바꾸어 말하면 관심 밖의 사람이라는 뜻이다. 나에게서 관심이 없어지면 완전한 타인이 된다. 타인이 나로부터 관심 밖의 대상이 된다면 그 사람과는 아무런 관계가 없다는 뜻이다. 실로 남남이다. 사랑이란 무엇인가. 도처에 넘쳐나는 게 사랑이다. 부부간의 사랑도 있고, 부모와 자식 간의 사랑도 있으며, 자연에 대한 지극한 사랑도 존재하고, 연인 간의 사랑도 있다. 그 모든 것을 한 곳으로 집약하면 '사랑은 생각하는 마음 즉 관심'이다. 한 여자가 가장 불쌍할 때는 '잊혔을 때'라고 마리 로랑생은 절규하듯 외치고 있다. 하지만 내 생각은 조금 다르다. 잊힌 여자가 가장 불쌍한 여자라고 했지만 잊힐 대상도 못 되는 여자가 가장 불쌍한 여자라는 생각이다.

어찌 보면 상대방이 밉다는 것도 일종의 관심이다. 상대방에게 관심이 있으니까 밉다는 생각이 드는 것이다. 관심조차 없으면 밉다는 생각도 들지 않을 테니까. 바꾸어 말하면 미움도 사랑의 한 조각임이 분명하다는 사실이다. 얼마나 다행인가! 상대방으로부터 완전히 잊혔다는 것. 관심 밖의 대상이 되었다는 것은 생각만 해도 끔찍하다.

오래전에 들은 이야기다. 학교에 다니는 남자아이가 말썽을 부려 훈계도 하고 벌도 주었는데 어느 날 그 학생의 어머니가 학교로 찾아와서 '내 아들이 잘못했어도 혼내지 말아 달라'고 강하게 항의했다는 것이다. 그래서 담임이 그다음부터는 그 학생이 무슨 일을 하든 아예 관심을 끊어 버렸다고 했다. 훗날 그 학생은 더 큰 잘못으로 법의 심판을 받았다는 이야기를 들었다. 모자지간이라 할지라도 잘못을 무조건 덮어주는 것만이 사랑이 아님도 생각해 볼 일이다.

우리가 자주 사용하는 '아름답다'의 반대말을 따져볼 필요가 있다. '아름답다'의 반대말은 '아름답지 못하다' 또는 '추하다'라고 생각하기 쉽다. 하지만 '아름답다'의 반대말은 '의미가 없다'라는 것이다. 추하다란 생각이 있다는 것 자체가 바로 관심이 있다는 뜻이다.

사랑의 반대말은 무엇인가? 많은 사람이 사랑의 반대말은 미움이라고 대답하는 걸 보았다. 토론에서 결론이 난 것은 아니지만 사랑의 반대말은 미움이 아니라 무관심이란 게 일반적인 생각인 것 같다. 사랑思量이 생각하는 양이라면 무관심이란 말이 사랑의 반대말이라는 확신이 든다. 미움도 일종의 관심이니까. 관심이 없으면 미워할 이유도 없지 않은가. 그러니 미움도 사랑의 한 조각이 아니겠는가!

동파육東坡肉을 만들며

중국 당송唐宋 8대 문장가文章家로 한유韓愈, 유종원柳宗元, 구양수歐陽脩, 소순蘇洵, 소식蘇軾, 소철蘇轍, 증공曾鞏, 왕안석王安石 등 8명의 산문작가가 있다. 여기에 나오는 사람 중에 소식이란 사람이 바로 소동파蘇東坡다. 8대 문장가 중에 소순, 소식, 소철 등 한 가족 3명이 들어 있다는 것은 참으로 놀라운 일이다. 이를 후대 사람들은 3소三蘇라 했다. 소식은 1037년 1월 중국 사천성 메이산에서 소순의 아들로 태어났다. 그의 호가 동파다. 22살에 진사에 합격하고 공부를 계속하여 제과까지 합격했다. 하지만 그는 항상 모함에 시달리면서 관직 생활을 했고, 지방 관리로 생활하다가 그의 나이 66세에 세상을 등졌다.

소동파가 항주杭州에서 지방 관리로 있을 당시 폭우가 내려 그 지방 일대가 마비되었는데 소동파의 현명한 대응으로 위기를 넘겼다고 한다. 이에 소동파는 서호西胡 주변에 제방을 쌓아 수해를 예방하도록 조치하여 수해를 막았다고 한다. 이때 주민들이 소동파에게 감사의 마음으로 돼지고기를 선물하였다. 소동파는 받은 돼지고기를 네모나게 썰어 조리한 음식을 주민들에게 나누어 주는 자상함을 보였다. 그 후로 그때 만든 요리를 그의 호를 따서 동파육이라 칭하였다.

그 후로 동파육은 항주 일대의 유명한 음식으로 자리매김하게 되었고, 대표 음식으로 발전했다. 소동파가 만들어 먹었다던 동파육을 요리사들이 연구하여 찾아낸 방법은 어디서든지 볼 수 있다. 동파육이 얼마나 유명한가는 대만에 있는 국립 고궁박물원에서도 찾아볼 수 있다. 그곳에 진열된 국보급 물품에 저육석豬肉石이란 돌이 한 점 있다. 껍질에 윤기가 자르르 흐르는 게 방금 요리한 동파육이다. 소흥주 한 잔에 동파육 한 점을 먹으면 정말 맛이 있을 것 같다.

동파육을 만드는 방법에 보면 돼지고기가 들어간 것은 같으나 나머지는 조금씩 다르다. 그러니까 제시한 방법은 참조용이고 그걸 참고하여 각자의 기호에 맞게 조리하면 될 것 같다. 나는 입맛이 없거나 날씨가 쌀쌀해지면 동파육을 만든다. 내가 만든 동파육을 식구들은 무척 좋아한다. 내가 만든 동파육을 소개하면 이렇다.

* 껍질이 있는 돼지고기를 끓는 물에 박하 잎이나 월계수 잎 서너 개, 커피 가루와 함께 삶는다. 반드시 끓는 물에 넣어야 한다.
* 잘 삶은 돼지고기를 찬물로 열을 식힌 다음 적당한 두께로 썬다. 다른 레시피에는 덩어리째 삶아서 먹을 때 잘게 썬다는 식으로 나와 있다.

  중국 현지 음식점에서는 돼지고기가 덩어리로 나오는 곳이 많다.
* 기름을 두른 팬에 썬 돼지고기를 노릇하게 튀기듯 굽는다.
* 양파를 얇게 자른 후 정향을 양파에 꽂는다.

* 대파를 얇게 잘라 놓는다.
* 다음은 양념장을 만든다. 양념장 재료로는 물과 진간장, 굴 소스, 미림, 흑설탕, 물엿, 생강 편을 넣고 골고루 섞는다. 이때 너무 짜지 않게 해야 하므로 간간이 맛을 본다. 여기에 양파 자른 것과 준비한 대파와 함께 돼지고기를 넣고 졸인다. 적당히 졸여졌으면 동파육이 완성된 것이다.
* 동파육은 따뜻할 때 먹어야 제맛을 즐길 수 있다.
* 청경채는 소금이 들어간 물에 살짝 데쳐서 따로 준비한다.

여기서 주의할 점은 돼지고기는 반드시 끓는 물에 넣어야 한다는 점이다. 처음부터 찬물에 넣고 삶으면 돼지고기가 푸석해지고 맛이 없어진다. 또 동파육을 접시에 담을 때 접시가 커야 모양을 낼 수 있다. 접시의 중앙에 동파육을 놓고 동파육 주변에 청경채를 놓는다. 어떤 레시피에는 양념장을 만들 때 중국 간장인 노두유(노추)를 넣은 것도 있고, 통후추나 계피 또는 팔각 같은 향신료를 첨가하기도 한다. 그야 각자의 기호에 맞게 음식을 만드는 것이기에 그 나름대로 솜씨를 발휘하면 될 것 같다. 어떤 요리사는 동파육의 종류가 수십에서 수백 가지가 될 것 같다는 이야기를 했다. 그러니까 동파육을 개발한 요리사가 그의 기호에 맞게 재료를 추가해서 만들었다는 이야기다.

음식은 날씨와도 관계가 있다. 비 오는 날 빈대떡이 맛있듯이 동파육처럼 따뜻한 음식은 겨울철에 더 맛있게 느껴진다. 나는 눈이 내린 어제 저녁에도 식구들을 위해 동파육을 만들었다. 음식은 만들 때도 재미있지만 식구들이 맛있게 먹는 모습을 보면 더욱 행복하다. 이런 작은 일도 나에게는 크나큰 행복이다. 이를 소확행小確幸이라고 하면 될 것 같다. 동파육을 먹을 때는 술이 생각난다. 어떤 술이든 무방하지만 나는 소흥주紹興酒를 좋아한다. 16도의 차가운 소흥주를 마신 다음 먹는 따뜻한 동파육은 살아있음을 감사하게 한다.

눈이 또 내릴 것 같은 날씨다. 길이 미끄럽기 전에 돼지고기 덩어리를 구입해야겠다. 이번에는 중국 간장인 노두유도 구하고 향신료인 팔각도 사 와야겠다. 이런 생각만으로도 나는 또 즐거워진다. 나에게 이런 일마저 없다면 노인의 생활은 정말 쓸쓸할 것 같다.

치마와 바지

인류가 지구상에 나타난 이후 남녀는 옷을 입었다. 물론 처음에는 옷이라야 몸의 일부를 가리는 정도였을 것이다. 성경 창세기 3장 21절에도 나와 있지 않은가! '여호와 하나님이 인간에게 가죽옷을 지어 입혔다'는 것이다. 차츰 세월이 지남에 따라 보온과 피부 보호 및 멋을 내기 위해서 옷이 만들어졌을 것이다. 처음에는 나뭇잎이나 동물의 가죽으로 몸의 일부를 가렸을 것이나 차츰 발전을 거듭해서 지금과 같은 옷이 만들어 진 게 분명하다. 더러는 옷이 원래의 기능을 넘어 부富의 상징으로까지 발전했다. 텔레비전에 나오는 어떤 여자는 한 벌에 수백만 원 하는 외제 옷이 아니면 입지 않는다는 말까지 하는 걸 보면 옷에서도 빈부貧富의 격차는 심각한 것 같다.

옷이라고 하지만 일반적으로 남자는 바지를 입고, 여자는 치마를 입었다. 그럴만한 이유가 있었다. 남자는 먹잇감을 사냥해 오기 위해서 달려야 했고, 달리기에 편한 옷이 바지였을 것이다. 반면 여자는 과일이나 채소를 담아 오기 위해 마련된 것이 치마였을 것이다. 물론 이런 일들은 가족을 먹여 살리기에 필요한 행동이었을 것이다. 물론 치마만 입고 과일이나 채소를 그곳에 받아 온다면 모습이 볼썽사납겠지만 치마라고 달랑 치마에 그친 것은 아니다. 치마도 겉치마가 있고 속치마가 있다. 그래서 겉치마에 양식을 담아 오는 것이 가능했을 것이다. 치마는 일종이 운반 수단으로서의 보자기 역할을 한 셈이다.

그런데 언제부터인가 여자들이 치마 대신 바지를 입기 시작했다. 그것이 남자들에 대한 심각한 도전이었다. 여자가 치마 대신 바지를 입는다는 것은 남자들의 입장에서 보면 중대한 선전 포고宣戰布告인 셈이다. 곰곰이 생각해 보면 여자들이 치마 대신 바지를 입었다는 생각은 성급하다는 결론이다. 왜냐면 오래전 그러니까 고구려 시대부터 여자들은 치마 속에 바지를 입었던 것이다. 그것이 일명 '속곳'인 '고쟁이'라는 헐렁한 바지였다. 고쟁이는 고구려 벽화에도 등장한다. 그러니까 여자가 치마 대신 바지를 입은 것이 아니라 치마를 벗어버렸더니 바지가 나온 것이다. 물론 고쟁이는 지금처럼 멋스러운 바지가 아니라 밑이 터지고 헐렁한 그야말로 편함 위주의 바지였다.

아주 오래전의 복식인 고쟁이의 특징이 두 가지인데 하나는 헐렁해서 활동하기에 편했다는 것이고, 다른 하나는 밑이 터져 있어서 생활에 편리했다. 고쟁이가 밑이 터져 있다고 했으나 종이를 가르듯이 그냥 터진 것이 아니라 겹쳐서 터진 모양이다. 다시 말해서 서있으면 겹쳐지고 앉으면 벌어지는 편리한 구조였다. 이는 두 가지 측면에서 지극히 과학적이다. 하나는 바지를 내리지 않고도 배변을 할 수 있다는 점이고, 다른 하나는 대가족 사회에서 부부생활이 가능했다는 점이다.

치마와 바지

이런 고쟁이의 터진 부분을 봉합한 채로 나타난 것이 지금의 바지다. 옛날 여자들은 다소곳한 모습으로 음식을 만들고, 육아에 힘쓰고, 자식들과 남편 뒷바라지에 힘을 썼지만 지금은 달라졌다. 달라져도 아주 많이 달라졌다. 여자들도 두툼한 모자로 머리를 감싼 채 배를 타고 거센 풍랑과 싸우면서 고기를 잡고, 생선 좌판대에서 묵직한 칼로 생선의 머리를 무자비하게 내리쳐 자른다. 그렇게 하고도 눈 하나 깜박이지 않는다. 기어가는 지렁이를 보고 기겁하는 소리를 지르지만 뾰족한 침봉에 예리한 칼로 자른 장미 줄기를 아무 두려움 없이 꽂는다. 그러고도 얼굴에 잔잔한 미소를 흘린다. 남성들에게도 힘들지만 매력적인 직종에 여성들이 도전하고 있다. 소위 남자들의 전유물 같았던 직업, 이를테면 여자 특전사 대원, 여자 고공 크레인 기사, 여자 전투기 조종사. 여자 사단장, 여자 경찰서장, 초대형 트럭 여자 운전사, 여자 형사, 여자 탐정, 여자 권투선수 등등 남자들도 수행하기 어려운 곳에 여자들이 포진하고 있다.

어쩌다 생선 좌판 주위를 어슬렁거리는 인부들을 보면 어이없게도 남자들이 두툼한 치마를 입고 일하는 걸 볼 수 있다. 남자들은 생선이 가득 실린 리어카를 끈다든지, 얼음을 운반하는 일을 한다. 음식을 만드는 주방에서도 치마를 입은 남자를 쉽게 볼 수 있다. 남녀의 역할이 완전히 바뀐 것이다. 가정에서도 남녀의 변화는 여실히 감지되고 있다. 육아를 전담하는 남편이 늘고 있다고 신문이 전하고 텔레비전이 바쁘다. 심지어는 남성이 육아 휴직을 낼 정도다. 대신 여자들이 밖으로 나가 생활비를 벌어 온다는 것이다.

요즘 방영되는 텔레비전 드라마에서도 남자는 아기 씻기고, 밥 먹이고, 인형 안겨 토닥거려 재우는가 하면 아내는 멋스러운 정장에 외제 차 타고 사장들 모임에 참석해서 담소하고 술 마시는 장면이 자주 방영된다. 그것이 나쁘냐는 것은 절대 아니다. 다만 남녀의 역할이 아주 많이 바뀌었다는 말이다. 이럴 때 위축되고 기가 죽는 것은 당연히 남자들이다.

오늘도 가정에서 살림하는 남자들 ㅡ 마트에서 물건 사 오고, 아기 기저귀 갈고, 청소하고, 빨래 널고 ㅡ 이 기하급수적으로 늘어나고, 직장으로 출근하는 여자들이 많이 나타난다고 한다. 이를 방증傍證이라도 하듯 전국의 초·중·고등학교가 20,696교인데 그중에 107곳은 남자 선생님이 단 한 분도 없다고 한다.

신학기가 되면 학부모는 아이의 담임이 남자 선생님이기를 바라고 심지어는 압력까지 넣는다고 한다. 하지만 남자 선생님이 아예 없는데 어찌하란 말인가! 답답하기는 학교 당국도 마찬가지다. 유치원부터 초등학교 4학년 때까지 여자 선생님이 담임을 맡았는데 5학년이 되자 남자 선생님이 담임을 하게 되었다. 이 아이가 집에 와서 그의 엄마에게 물었다는 것이다.

"우리 담임선생님이 남자인데 남자도 선생님이 될 수 있어요?"
라고. 현장은 이토록 심각하다.

이렇듯 남녀의 역할이 바뀌는 것에 동조하듯 삶의 패턴 또한 바뀌고 있는 듯하다. 주변에서 보든가 아니면 들리는 소리마다 남자들은 죽는소리를 한다. 얼마 전 외출할 때 내 눈으로 직접 본 것이다. 아내는 양산을 쓰고 화단의 꽃을 구경하면서 행복한 모습으로 걸어가는데, 남편은 가방을 멘 채 유모차를 밀면서 부지런히 아내 뒤를 따라가는 모습을 보고 이제 남자들이 정신을 차릴 때가 되지 않았나 하는 생각이 들었다. 하기야 신문에 난 것처럼 아내에게 매 맞고 사는 남편도 있다는데 매 맞지 않고 사는 것만도 다행 중의 다행이란 생각이다. 그러니 여자들에게 바지 대신 치마를 입으라고 권유하거나 요구할 때가 되지 않았나 하는 바람을 하게 된다.

"여자들 이어―바지를 벗고 치마를 입으시오. 아니 바지 위에 치마를 입으시오."

유모차를 끌고 가는 남자들의 피맺힌 절규가 생생하게 들리는 듯하다. 하지만 그 말을 들을지는 미지수다. 듣고 안 듣고는 여자에게 달렸다. 〈엄마 없이는 못 살아도 엄마랑은 못 산다〉는 게 여자들의 공통 심리다. 이 말을 이해하면 여자들의 심리의 반은 이해가 된다고 생각하면 무난할 것 같다.

비정상적인 사회

요즘 우리 주변에 이상한 일이 벌어지고 있다. 물론 이상한 일이 한둘이 아니지만 생전 듣도 보도 못한 '초등 의대 반'이라는 단어가 등장한 것이다. 이는 입시학원에서 만들어 낸 말이다. 풀어 말하면 의과대학에 진학하려면 초등학교 때부터 입시 준비를 해야 한다는 뜻이다. 한마디로 기가 찰 일이다. 정작 직업을 선택하고 평생 살아야 할 본인의 의사意思는 무시당한 채 오직 부모의 욕심에 따라 자식의 직업을 결정한다니 무엇이 잘못돼도 한참 잘못된 것 같다. 물론 부모는 자식의 직업에 대해서 조언하고 지도할 수 있고 또 그렇게 해야 한다. 그러나 오직 자식이 평생 가져야 할 직업을 자식의 의도와는 상관없이 부모가 일방적으로 결정하고 판단한다는 것은 위험한 일이다.

어느 도시에서는 의과대학에 진학하기 위해서 선수 학습을 한다는 학원에 초등학교 4학년에서 중학교 3학년생까지를 모집하는데 경쟁률이 엄청나다고 했다. 다시 말해 의과대학에 가려면 즉 의사가 되려면 초등학교 5~6학년 때부터 입시 준비를 해야 한다는 것이다. 부모가 자식의 내면의 세계를 얼마나 알면 초등학교 학생 때부터 의과대학에 갈 준비를 시키는가? 어느 학원에서는 한술 더 떠서 유치원 학생들까지 부추긴다고 한다. 그런 일은 공교육 정상화 촉진 및 선행 교육 규제에 관한 특별법인 일명 선행학습 금지법 위반 소지가 있다고 한다. 하지만 이를 어겼을 때 처벌할 규정이 없어 큰 실효를 거두지 못하는 게 현실이다. 자식의 적성을 제대로 파악하지도 않고 수입이 많다는 이유 하나만으로 자식을 초등학교나 유치원 때부터 의과대학 입시 공부를 시킨다는 것은 곰곰이 생각해 볼 일이다.

의사란 병을 고치는 사람을 말한다. 병을 고치기에 그만큼 많은 공부를 하고 또 노력을 한다. 그리고 그에 버금가게 보수 또한 많다고 알려져 있다. 그런데 여러모로 깊이 생각해 보면 의사만큼 고된 직업도 없다는 생각이다. 병원에 오는 사람들은 육체나 정신이 아픈 사람들이다. 인체에 나타나는 질병의 종류가 3만 가지나 된다는데 그걸 진단하고 치료하는 의사들은 얼마나 많은 공부를 했을까. 그렇게 훌륭하고 고마운 일을 하는 의사를 한 칸 건너에서 바라본 풍경은 어떨까.

병원에 출근해서 흰 가운을 걸치고 퇴근할 때까지 의사는 정상적이지 않은 사람들을 만난다. 배가 아프다고 인상을 쓰면서 다가오는 환자. 다리를 다쳤다고 절룩거리면서 접근하는 환자. 머리가 아프다고 호소하는 환자. 사고로 피투성이가 되어 실려 오는 환자. 때로는 정신 이상으로 상담을 받으려고 들어오는 환자도 있고 말 못 하는 어린아이를 엄마가 안고 오는 경우도 있다. 잠을 못 잤다고 하소연하는 환자가 있는가 하면 가슴이 심하게 뛴다고 소리치는 환자도 만난다. 때로는 피부가 가렵다고 인상을 쓰는 환자도 봐야 하고, 차마 말하기 부끄러운 곳에 이상이 생겼다고 호소하는 환자도 만난다. 드물기는 하지만 아프지도 않은데 꾀병으로 오는 환자도 있다고 한다. 그것도 하루나 이틀이 아니고 의사 생활을 하는 평생 그런 환자들을 만난다. 어느 날 어떤 환자가 들어올지 모르는 일이다.

그렇게 남의 병을 고치는 의사지만 같은 자세를 오랫동안 유지해서 생기는 소위 직업병에 시달리기도 한다는 것이다. 일반적으로 내과 의사는 앉아서 진료를 하기 때문에 하체에 취약하고, 이비인후과와 치과 의사는 목 디스크에 노출되기 쉽고 손목 저림을 호소하는 경우가 흔하다고 한다. 영상의학과에서 근무하는 분들은 시력 저하와 실려 온 침대에서 촬영 기계로 옮기는 작업을 하는 일이 잦아서 어깨 관절의 통증을 호소하는 일이 잦다고 한다. 그래서인지 내가 가는 병원 내과 의사는 서서 진료를 한다. 자식의 직업으로 의사가 되기를 바라는 부모는 이런 직업병이 있다는 것을 알고는 있는지 의문이다.

어느 도시에서 부모의 욕심으로 자식의 의향과는 무관하게 자식을 치과대학에 보냈다고 했다. 자식은 자의 반 타의 반으로 치과대학을 졸업하고 치과 병원을 개설했다. 시간이 지날수록 병원 생활에 지쳐갈 무렵 자식은 치과 병원을 과감히 처분하고 변두리에 큰 갈빗집을 열었다. 그리고 그가 넓은 갈빗집 마당을 보면서 말한 내용이 인상적이다. '매일 좁은 곳만 쳐다보다가 이렇게 큰 곳을 바라보니 가슴이 뚫리는 것 같다'라고. 오죽했으면 남들이 그토록 바라고 부러워하던 의사 생활을 청산하고 갈빗집 사장이 되었을까. 그 심정을 어느 정도는 이해할 것 같다.

자식의 진로를 결정할 때는 자식의 의견을 51%, 부모의 의견을 49% 반영하라 는 말이 있다. 남들이 볼 때 아무리 좋은 직업이라도 자식의 직업을 부모가 일방적으로 결정하고 지시하는 것은 잘못된 것 같다. 왜냐면 자식의 작업은 자식이 살아가는 데 본인이 해야 하는 일이기 때문이다. 아무리 보수가 많다고 해도 정작 본인이 하기 싫으면 그건 참으로 난감한 일이다. 옛말에 '평안 감사도 제 하기 싫으면 그만'이라는 말이 있다. 억지로 시켜서 될 일이 아니다.

아기가 태어나서 돌이 되었을 때 '돌잡이'라는 의식을 치른다. 아이가 성장해서 어떤 직업을 가질 건가를 예견하는 미래 예측 놀이다. 돌잡이에 놓는 물건은 판사 봉, 청진기, 마패, 책, 명주실, 복주머니 등이다. 아이가 기어가서 어떤 물건을 잡느냐에 따라서 아이의 미래를 예측하는 놀이다.

예를 들어 명주실을 잡으면 장수하고, 청진기를 잡으면 의사가 되고, 판사 봉을 잡으면 판검사가 되고, 책을 잡으면 학자가 되고, 복주머니를 잡으면 거부가 되고 그런 식이다. 순전히 아이의 마음에 달렸다. 그런데 요즈음의 돌잡이는 가관이다. 가관이 아니라 억지다. 아이가 어떤 것을 잡느냐가 문제가 아니라 부모의 욕심대로 아이가 어떤 것을 선택하기 전에 아이의 손을 부모가 원하는 물건에 닿아 잡도록 손을 그 물건이 있는 곳에 닿게 하는 일이다. 이게 무슨 돌잡이인가. 돌잡이가 아니고 돌 강요이고 돌 억지다. 그러다가 아이가 손을 다른 곳으로 뻗으면 부모는 화를 낸다. 더구나 부모가 가져다 댄 물건을 아이가 잡다가 놓고 다른 것을 잡으면 부모는 더 큰 화를 낸다. 금세 아이는 울음을 터트리고 주위의 분위기는 순간 싸늘해진다.

자식이 잘되기를 바라는 부모의 심정을 모르는 바는 아니다. 그러나 자식이 평생 가져야 할 직업을 오직 보수가 많다는 이유 하나만으로 자식의 적성은 무시한 채 초등학교 5-6학년 학생에게 고등학교 1-2학년의 수학을 가르친다는 건 아무리 생각해도 제정신이 아닌 것 같다. 물론 어린아이라 할지라도 의사가 되려는 꿈을 가질 수는 있다. 그러나 초등학교 학생이 의사 생활에 대해서 알면 얼마나 알겠는가? 누구나 꿈은 가질 수 있지만 적어도 중학교 학생에나 물어볼 수 있고 실제로 직업을 선택하려면 고등학교 학생 때나 되어야 어렴풋이 파악할 수 있지 않겠는가? 그래서 고등학교 때 문과반 이과반이 있다. 그게 괜스레 만들어진 게 아니다. 오랜 세월 연구하고 시행착오試行錯誤를 거쳐 만들어진 제도다.

무작정 자식에게 어떤 직업을 가질 것을 강요하기보다는 적절한 검사를 받아보는 것도 도움이 될 것이다. 웩슬러 지능 검사도 있고 기질 및 성격 검사도 있으며 직업 적성 검사라든가 심리 검사 또는 진로 적성 검사, 홀랜드 검사 등등 많은 검사 방법이 있다. 찾아보면 어떤 검사는 무료로 검사를 받을 수도 있고 전문가의 조언도 들을 수 있다.

아무리 어떤 직업이 좋다 해도 직업을 가질 본인이 싫으면 어쩔 수 없는 일이다. 마치 아이의 미래를 살아 줄 것처럼 강요하는 어른들을 보면 난감하기 이를 데 없다. 또 허심탄회하게 대화를 나눌 수 있는 의사가 있으면 그 의사와의 대화를 통해서 의사 생활에 대한 의견을 들을 수도 있을 것이다. '돌다리도 두들겨 보고 건너라'는 말도 있지 않은가! 평생 가질 직업인데 욕심만으로 결정한다는 것은 위험한 일이기 때문이다. 교육 시민단체 '사교육 걱정 없는 세상'이 문제의 심각성을 깨닫고 '초등 의대 방지법' 제정을 건의했다고 한다. 선행학습이 지나쳐 유치원생이 미적분微積分을 배운다는 말에 큰 충격을 받은 모양이다. 이 문제는 학교 공교육만을 대상으로 하기 때문에 사교육은 저촉되지 않는다는 것이다. 이 틈을 이용하여 사교육이 자식 가진 부모들에게 쉽게 침투한다고 한다. 부모의 지나친 욕심이 아이들의 정서를 불안케 하고, 사교육비 부담을 가중시킨다고 했다. 지난해 우리나라 학부모가 자녀의 선행학습에 쏟아부은 금액이 무려 27조 원을 넘었다고 신문이 전했다.

오늘도 본인의 의사意思와는 무관하게 오직 부모의 욕심 때문에 학원으로 내몰리는 어린아이들의 뒷모습을 바라보는 내 마음이 추수가 끝난 가을 들판처럼 쓸쓸하기만 하다.

3

어행수탁 魚行水濁
조비모락 鳥飛毛落

폴란드 아우슈비츠 제1수용소
1940년에 유대인을 학살하기 위하여 세워진 수용소로 폴란드 학생들의 필수 여행코스이다. 폴란드 서쪽 50km 지점의 공업 도시인 오시비엥침에 있다.

발트해 연안 리투아니아 샤울레이 십자가 언덕
1918년 리투아니아의 평화와 독립을 기원하며 십자가를 세운 언덕이다.

가을, 그 앞에 서면

추적추적 내리던 가을비가 유리창에서 주르륵 미끄러져 내린다. 찌는 듯이 더웠던 여름을 밀어내고 가을이 찾아왔다. 가을이 오기 전의 여름은 참으로 더웠다. 가히 살인적인 더위가 찾아왔다고 했다. 흘린 땀을 닦기도 전에 땀이 흐르던 여름이었다.

이제는 땀 대신 바람이 살갗을 보듬고 지나간다. 하늘이 높아진다는 가을이 찾아왔다. 가을 하늘은 고개를 뒤로 젖힐 만큼 높다. 드문드문 지나가는 구름도 예뻐 보인다.

청명한 가을 앞에 서면 음식맛이 그리워진다. 추석 송편이 그렇고 살이 오른 꽃게탕이 그러하며 가을 전어는 집 나간 며느리를 불러들인다. 가을은 추억을 잉태한 그리움의 계절이다. 그 계절 앞에 서면 모두가 시인이 된다. 겹겹이 쌓인 그리움의 흔적들이 책갈피 속에서 미소 짓는다. 겨울을 예고하는 가을바람은 깨끗하고 산뜻하다. 가을엔 텅 빈 벌판에 쓸쓸하게 서있는 허수아비마저 예쁘게 보인다. 이토록 명징한 날 가을을 맞으러 숲속의 호숫가로 나가고 싶다.

그런데 어이하나, 이 아름다운 계절에 인재를 기르는 선생님들이 자꾸만 세상을 등진다는 안타까운 소식이다. 얼마나 견디기 힘들었으면 세상을 등질까 하는 생각이 든다. 한 걸음만 물러서면 상대를 보듬고 서로가 서로를 이해할 텐데 하는 진한 아쉬움이 남는다. 이 가을이 가기 전에 상대방을 존중하고 손을 내밀어 화해의 몸짓으로 청명한 가을을 맞이하자.

기대해 볼 만한 일

새로운 정부가 탄생하거나 개각이 필요하면 대통령은 장관이나 기관장 후보자를 지명하고 국회의원은 그들에게 '인사청문회'라는 걸 한다. 신고한 내용 중에서 어느 장관 후보자는 얼마만큼의 금액이 누락됐다, 상가 건물이 빠졌다, 거액의 수입이 누락됐다, 학력이 의심된다, 아들의 경력에 문제가 있다고 했다.

논문 표절, 부동산 투기, 농지법 위반, 음주 운전, 주가 조작, 재산 신고 누락, 병역 문제, 자녀 편입학 부정 의혹, 자기 표절, 자녀 위장 전입, 심지어 대학교수인 어느 장관 후보자는 대학원생에게 커피 심부름은 물론 교수실 청소까지 시켰다는 의혹을 제기했고, 다른 후보자는 아예 서류도 제출하지 않았다고도 했다. 물론 의혹이며 사실인지는 확인하고 따져봐야 하겠지만 그래도 그런 질문이 나온다는 것은 씁쓸한 일이다. 그런데 후보자들의 대답은 천편일률千篇一律적이라고 한다. '착오였다, 실수였다, 누락됐다, 그런 것이 있는 줄은 몰랐다.' 등등의 사과만 한다고 질타하면서 어느 국회의원은 마치 청문회장이 '사과가 열리는 과수원 같다'고 꼬집기도 했다.

'말씀을 듣고 보니 제가 장관직을 수행하기에 많이 부족한 것 같습니다. 그러기에 장관 후보자의 자리를 내려놓겠습니다. 일깨워 주셔서 고맙습니다. 감사합니다.' 이렇게 말하고 장관이나 기관장 후보에서 스스로 물러나는 인물을 기대한다면 지나친 욕심일까? 아니 시대가 변하고 많은 것이 노출된 작금에 한 번 기대해 볼 만한 일이 아니겠는가? 나는 그런 멋진 후보자(?)가 나올 것을 기대하면서 다음 청문회를 기다려 본다.

시청자 눈에 청문회장은 항상 싸움만 하는 것처럼 보인다.

담금주 마실 생각에

술은 에탄올이 함유된 음료로 중독성이 있으며 마시면 취한다. 가끔 친구를 만나면 술을 조금 마시는데 여러 가지 술 중에서 나는 담금주를 선호한다. 담금주는 부패 방지를 위해서 독한 소주나 진 아니면 보드카에 한약재를 넣어 침출浸出하기 때문에 탄산수나 얼음, 레몬이나 과일 조각 또는 애플민트 같은 향신료를 섞어 칵테일을 만들면 마시기가 수월하다. 담금주에 생 깻잎과 체리, 설탕 그리고 얼음 몇 개를 넣어 만든 모히토나 자몽 주스를 넣고 컵의 가장자리에 소금을 발라 마시는 술은 내가 즐기는 칵테일이다.

담금주의 재료가 1,000여 종이나 된다고 한다. 재료의 모양이나 술 색깔이 달라 술병을 진열해 놓으면 그도 멋져 보인다. 담금주는 약 성분이 있어서 질병의 치료 보조제로도 쓰이고, 적당히 마시면 건강에도 좋다고 한다. 건강주로 하수오주, 골담초주, 마가목주, 오갈피주, 조릿대주, 백봉령주, 해동피주, 산초주, 용담주, 천문동주, 오자주, 겨우살이주, 정력제로 알려진 쇄양주, 야관문주, 측천무후주, 합개주, 해마주, 독계산주, 산삼주, 동충하초주, 노봉방주, 천문동주, 음양곽주 등등 셀 수 없이 많다. 이들 술은 한 가지로 담기도 하고, 여러 가지 약재를 혼합해 담기도 한다.

다음에 친구를 만나면 쇄양주鎖陽酒를 한 병 가져가서 마셔야겠다. 술이 오르면 권주가勸酒歌 한 소절쯤은 나오지 않겠는가? ─ 금잔 은잔 다 그만두고 앵무배에 술을 부어 첫 잔 부니 불로주요 두 잔 부니 장생주라, 석 잔을 다시 부어 만수무강을 비옵니다. ─ 답답한 세상이라지만 어찌 흥이 나지 않겠는가! 생각만 해도 즐겁다.

왜들 이러는가?

내가 세계 여러 나라 중에서 깨끗한 나라로 핀란드와 노르웨이를 답사했지만 깨끗하면서도 법이 엄격한 나라를 생각하면 싱가포르가 으뜸일 것 같다. 싱가포르는 50세 이하의 심장병이 없는 성범죄를 저지른 범법자에게 회초리로 때리는 태형笞刑이 지금까지 존재하는 나라다. 그토록 법질서가 엄격한 나라에서 코인 세탁기에 더러워진 유모차를 넣는 일이 있었다고 하는데, 회전 중에 세탁기의 유리문이 깨져서 빨랫감이 밖으로 튕겨 나왔다고 한다. 얼마나 무거운 형벌을 받으려고 그런 일을 저질렀는지는 모르지만, 제정신이 아닌 것 같다는 생각이 든다.

주위에서 들리는 이야기를 살펴보자. 청소년들이 금은방을 털고, 교복을 입은 채 흡연하는 학생을 훈계한 아저씨가 뭇매를 맞고, 술에 취한 운전기사가 고속도로를 역주행하고, 인터넷 쇼핑몰에서 거액 결제를 취소하자 나이 어린 아들이 엄마를 몽둥이로 구타하고, 부부가 된 지 3개월 됐는데 아내가 수시로 남편을 폭행하고, 술 마신 여자가 편의점 계산대 앞에서 선 채로 소변을 보고, 남학생이 여선생님의 치마 속을 스마트폰으로 촬영하고, 오른쪽 무릎이 아픈데 왼쪽 무릎을 수술한 의사가 경찰에 입건되고, 기르던 강아지의 몸에 심은 칩을 제거하고 길에 버렸다고 아우성이고, 남녀 중학교 학생끼리 사귀다가 임신을 해서 출산을 하고, 유치원 담임선생님의 가슴이 너무 커서 조카의 정서에 안 좋으니 붕대로 싸매라 했는데 무시당했다고 교사를 아동학대로 신고까지 했다는 것이다.

어쩌다 세상이 이 지경이 됐는가? 가정교육이 사라진 결과일까? 한숨부터 나온다.

'됐다'를 이해하는 시간

텔레비전에 외국인 며느리를 맞이해서 알뜰하게 가정 살림을 하고, 자식을 낳아 행복한 가정을 꾸린 모습이 자주 등장한다. 그런데 그들이 이야기하는 것 중의 하나가 한국어가 의외로 어렵다고들 한다. 우리는 우리글을 읽고 말하니까 쉬운데 외국인들에게는 한국어를 제대로 말하기가 어렵다고 하는 소리를 수시로 듣는다.

우리말은 다른 나라 언어보다 부사나 형용사가 많이 발달했다. 그래서 처음 한글을 대하는 외국인들이 부사나 형용사에 애를 먹고 있다고 한다. 또한 높임말과 낮춤말이 있는데 이를 가리는데도 고생한다는 것이다. 또 어떤 단어는 단어 자체가 가지고 있는 의미보다, 그 속에 함축된 내용이 따로 포함되어 있어서 표현에 가슴을 졸인다고 한다.

외출했다가 12시 30분쯤 귀가한 시아버지와 외국인 며느리 간의 대화다.

"아버님, 식사하셔야지요?"

"됐다."

이 말을 들은 외국인 며느리는 점심을 드려야 할지 말아야 할지 고민한다고 한다. 이때 "됐다"라는 말은 '주면 먹고 안 줘도 그렇게 배가 고프진 않다'라는 의미가 함축되어 있음을 알기에는 적어도 몇 년 정도의 시간이 필요하다고 한다. 이럴 때는 외국인 며느리에게 '됐다'라고 말하기보다는 '점심 먹었다.' 아니면 '아직 먹지 않았다'라고 확실하게 말하면 외국인 며느리가 한국어를 이해하는데 큰 도움이 될 것 같다는 생각이 든다. '며느리 사랑은 시아버지'라는 말도 있지 않은가!

'~합니다'와 '~하겠습니다'

전문 아나운서도 '~합니다'와 '~하겠습니다'를 혼동해서 사용하는 것을 가끔 본다. 가수가 연주회를 할 때나 노래를 부르는 공연장에서 사회를 보는 사회자도 그런 말을 더러 한다. '~합니다'는 지금 당장 일어나는 일에 해당하는 단어이고, '~하겠습니다'는 시간차를 두고 일어나는 일에 대한 설명이다. 예를 들면 졸업식이 있을 때 지금 당장 졸업식을 거행하면 '졸업식을 거행합니다'라고 말하고, 십 분 뒤에 졸업식을 거행할 경우는 '십 분 뒤에 졸업식을 거행하겠습니다'라고 말해야 한다. 국기에 대한 경례가 있을 때 지금 국기에 대한 경례가 있으면 '국기에 대해 경례를 합니다'라고 말해야 하고, 십 분 뒤에 국기에 대한 경례가 있으면 '십 분 뒤에 국기에 대한 경례가 있겠습니다'라고 말해야 한다. 그러니까 ~합니다는 현재형이고 ~하겠습니다는 미래 완료형이다.

예를 더 들어보면 이렇다. 상대를 향하여 다가갈 때 지금 당장 가면 '지금 갑니다'라고 말하고 한 시간 후에 가면 '한 시간 후에 가겠습니다'라고 말하면 된다. 또 하나 소개하면 말하기나 글쓰기에 혼동하는 것 중의 하나가 '든'과 '던'이 있다. '든'은 비교할 때 사용하고, '던'은 과거의 일을 말할 때 쓰는 단어다. 예를 들면 '던'은 '내가 그곳에 갔(던) 때가 엊그제 같은데'라고 말하고 '든'은 '이거(든) 저거(든) 하나만 가져라' 할 때 사용하면 된다. 다른 예로 '그 선생님은 얼마나 재미있게 말씀하시(던)지'라고 말해야 하고, '오(든)지 말(든)지 네 맘대로 해라'라고 말하면 된다. 간단하면서도 헷갈리는 단어가 '던'과 '든'이다.

'보시면 됩니다'에 의한 충격

글이나 말에서 같은 단어를 무한정 반복하면 짜증이 나기 십상이다. 글에서 같은 단어가 반복되면 책을 덮으면 되지만, 설명이나 대화에서 같은 단어가 반복되면 참으로 난감하다. 그래서 대화의 중요성이 요구된다.

내가 삼십여 명과 함께 캐나다를 여행했을 때 일이다. 벤쿠버 공항에서 나이아가라 폭포까지 가는 길에 세 명의 가이드가 구간별로 탑승해서 일행을 안내했다. 두 번째 가이드가 탑승하고 십여 분 뒤에 곰이 그려진 커다란 간판이 보이자 '이곳은 곰이 자주 나타나는 지역이라고 보시면 됩니다'라고 말했다. 처음에는 그러려니 했는데 모든 설명 뒤에는 '보시면 됩니다'란 문장이 하나 같이 붙었다. 그냥 간단히 '이곳은 곰이 자주 나타나는 지역입니다'라고 말하면 될 것을 구태여 '보시면 됩니다'를 왜 붙이는지 이해할 수가 없었다.

'저것은 단풍나무라고 보시면 됩니다.', '이곳 사람들은 대체로 순박하다고 보시면 됩니다.', '저 트럭은 눈을 치우는 차라고 보시면 됩니다.',

'나이아가라 폭포는 미국 쪽보다 캐나다 쪽에서 보시는 것이 더 아름답다고 보시면 됩니다.', '이 지역은 고도가 높다고 보시면 됩니다.', '캐나다는 메이플 시럽이 유명하다고 보시면 됩니다.', '캐나다에서는 프랑스어와 영어를 사용한다고 보시면 됩니다.' 우리 일행이 그 구간을 여행하는 동안 '보시면 됩니다'에 짜증이 났는데, 현지 가이드는 '보시면 됩니다'를 한없이 반복했다. 무엇이든지 처음 배울 때 제대로 배워야 함을 그곳에서도 발견했다. 그래서 시작이 중요하다란 말이 호소력을 갖는다.

꽃의 본질

시詩나 노래에서 '꽃'처럼 많이 등장하는 단어도 없을 것 같다. 물론 사랑, 만남, 이별 등도 무수히 등장하지만 꽃도 이에 버금가게 많이 나타난다. 그런데 정작 꽃이 뭐냐고 물으면 대답이 궁색해진다. 기껏해야 '꽃이 꽃이지 뭐야, 별걸 질문이라고 하네'하는 정도로 치부할 수도 있다.

어떤 글에서 읽었는데. 삼 일을 굶은 여자에게 음식과 꽃을 놓고 하나만 선택하라고 했더니, 꽃을 선택했다고 한 것을 보면 여자들의 꽃에 대한 애착은 열광적이라 할 수 있다. 연인이었던 한 남자가 여자에게 꽃을 건네며 '20송이야'라고 말했다. 꽃을 세어 보던 여자가 '19송인데.' 그때 남자가 여자를 가리키며 '여기 꽃 한 송이 있네'라고 말하자 입맞춤 세례를 받았고 한다. 우리 주변에서도 꽃 사랑은 유별나다. 청혼할 때, 결혼식, 졸업식, 합격, 생일, 환갑, 개업식, 당선, 스승의 날, 장례식장, 때로는 꽃박람회가 열리기도 한다. 하지만 꽃의 본질을 아는 이는 드문 것 같다.

꽃은 '속씨식물의 생식 기관' 즉 식물의 성기性器다. 성기는 감추고 싶고, 노출을 꺼리고, 보호하고 싶은 것으로 인식되어 왔다. 그런 성기를 꺾고, 포장하고, 바치고, 가슴에 달고, 화병에 꽂아 놓고, 화난다고 내던지고, 꽃 한 송이 주지 않았다고 화를 내고, 음식 대신 꽃을 선택했다고 한 것을 보면 마음이 안쓰러워진다. 동물에게서 성기를 절단한다는 것은 전부를 베는 일이다. 식물이라고 다르겠는가? 이제 꽃 한 송이 꺾을 때 기쁜 마음보다는 죄송한 마음을 갖는다면 꽃에 대한 최소한의 예의는 지키는 것이 아닐까! 초야草野에 묻혀 사는 촌로村老의 수수한 생각이다.

여자의 지혜

유대인의 책 「탈무드」에 나오는 이야기로 한 마을을 점령한 적군의 장수가 '남자들은 노예로 삼을 것이고, 여자들은 보물 한 가지씩만 가지고 즉시 이 마을을 떠나라'고 하자 여인들은 보물이라고 생각한 물건들을 한 가지씩 가지고 마을을 떠났다. 그런데 한 여인이 무척이나 큰 짐을 끙끙대며 메고 가는 것이 보였다. 적군이 그 여인의 짐을 조사해 보니 짐 속에는 남자가 있었다.
"보물을 하나씩만 가져가라했지, 사람을 가져가란 말은 하지 않았는데."
"이 남자가 제겐 보물입니다."
여자의 지혜로 그녀는 남편을 살렸다는 이야기가 전해진다. 한 가정을 잘 이끌려면 밖에서 일하는 남편보다 안에서 살림과 육아에 힘쓰는 아내의 지혜가 더 필요한 때가 아닌가 한다. 명절 때 선물로 과일이 많이 들어온다. 아낀다고 두었다가 상해서 버리는 일이 많다는 것이다. 과일의 특성을 살펴 보관 방법을 숙지하면 상해서 버리는 일은 줄어들

것이다. 자고로 남편보다 지혜 있는 아내가 있는 가정에서 인재가 났고 훌륭한 인물이 배출됐다. 한석봉의 어머니가 그랬고 신사임당이 그랬다. 온달을 장군으로 만든 평강공주가 그랬으며 효부상을 받은 이춘매 씨와 서미자 씨가 그랬다.

지금 우리에겐 여자인 어머니나 아내, 며느리의 지혜가 필요한 때다. 그것도 그냥 필요한 것이 아니라 아주 많이 필요한 때다.

듀센미소와 판암미소

일반적으로 기쁜 일이 있을 때 빙긋이 웃는 웃음을 미소微笑라 한다. 이런 미소의 종류가 십여 가지가 넘는데 이를 크게 구분하면 듀센미소와 판암미소로 나눌 수 있다. 듀센미소는 입꼬리가 올라가고 눈이 작아지는 참으로의 미소라 하면, 단순히 입꼬리만 올라가는 거짓 미소를 판암미소라 한다. 듀센미소는 생리학 전문가인 신경학자 듀센에서 따왔고, 판암미소는 미국 항공기의 여자 승무원이 승객을 상대할 때 짓는 상업적인 미소에서 유래했다고 한다. 미소에 소리를 첨가하면 웃음이 된다.
반가운 사람을 만났을 때, 기쁜 일이 있을 때, 멋진 장면을 목격했을 때, 즐거운 일을 상상했을 때 자기도 모르게 짓는 진짜 미소가 듀센미소고, 손님을 맞이할 때, 물건을 팔 때 짓는 미소가 판암미소다. 그러니까 듀센미소는 원초적이며 진심으로서의 미소고, 판암미소는 인위적이고 상업적인 가식의 미소다. 그런데도 물건을 팔면서 손님에게 짓는 미소는 단순히 상업적인 미소인데도 구매자는 더러 착각한다는 것이다. 지금 주인이 짓는 미소가 판암미소가 아니라 듀센미소라고 자기 최면을 건다는 사실이다. 그래서 어떤 상점의 아가씨가 구매자에게 미소 지은 것을 듀센미소로 착각하고 구애를 했다는 이야기가 종종 나오고 있다.

오늘날을 '미소의 천국 시대'라고들 한다. 여러 미소 중에서 당신이 받은 듀센미소는 과연 몇 번이나 되는가? 상대방이 지은 미소를 한 번쯤은 생각해 볼 일이다.

실천하는 여장부의 힘

필리핀 여자를 며느리로 맞이한 시어머니가 있었다. 결혼한 지 이 년 만에 손자가 태어났고, 다시 이 년 후에 며느리의 친정을 시어머니와 함께 방문했다. 공항에서도 몇 시간을 달려 도착한 며느리가 살던 동네. 그곳에서도 한참을 걸어 당도한 곳은 빈민촌인 허름한 가옥이었다. 이건 차라리 집이라기보다는 움막이었다. 낡고 해진 벽이며 부엌과 방이 탁 트인 그 좁은 방 한 칸에 여섯 명이 살고 있었다. 가난이 줄레줄레 따라다녔다. 그 모습을 본 시어머니는 울음을 터트렸다.

그곳에 머물기로 약속한 일주일이 다가오기 하루 전에 시어머니가 며느리 가족을 데리고 어딘가를 가고 있었다. 그들이 도착한 곳은 길가에 있는 번듯한 집 한 채. 큰 방과 작은 방이 한 개 그리고 상점을 차릴 수 있는 작은 공간과 마당이 있는 아담한 집이었다. 필리핀 며느리 집에 도착하던 첫날 시어머니가 궁핍하게 사는 며느리 가족을 위해 여러 곳에 수소문해서 구입한 집을 사돈에게 선물한 것이다. 아무리 부자라고 하지만, 또 아무리 집값이 저렴하다고 하지만 집 한 채를 선뜻 구입해서 며느리 가족에게 선물할 수 있겠는가. 그런 일은 돈이 많다고 해서 실행할 수 있다고 생각하지 않는다. 실천하는 여장부의 힘은 실로 위대했다.

집문서를 받아 든 사돈 가족 모두가 감격의 눈물을 흘리는 모습은 진정으로 예뻐 보였다. 천성이 착하지 않고는 해낼 수 있는 일이 아니라는 생각이 든다.

과욕이 부르는 결과

한 달에 백 개의 물건을 생산해서 파는 회사가 있었다. 물건이 잘 팔리자, 사장은 빚을 내서 한 달에 천 개를 생산해 냈다. 그런데 예전에 팔리던 백 개는 잘 팔렸는데 나머지 구백 개는 팔리지 않았다. 구백 개를 생산해 낸 돈은 남으로부터 빌린 것이었다. 그런데 그 구백 개가 팔리지 않자 빚을 갚을 길이 없었다. 결국 그 회사는 부도를 내고 파산했다. 이유는 욕심 때문이었다.

잘 나가던 작은 상점의 주인이 옆집의 매출을 보고 그 영업을 시작해서 망했다는 보도가 있었고, 잘 다니던 회사를 그만두고 다른 일을 하다가 망해서 가족이 야반도주하는 일이 생기고, 잘 다니던 공무원의 길을 하루아침에 버리고 회사를 설립해서 일확천금을 꿈꾸었는데 부도가 나서 망하고, 잘 짓던 농사를 그만두고 버섯 농장을 한다고 건물을 세우고 버섯을 길렀다가 쫄딱 망해서 알거지가 되고, 이 모든 것들이 욕심이라는 망령에서 시작된 것이다.

가진 것만큼 만족하며 살면 그게 부자가 아니겠는가. 사실 마음 먹기에 달렸다고는 하지만 그렇게 하기에는 버거운 점도 있기는 하다. 그러나 살다 보니까 그렇게 생각하는 게 가장 편한 것임도 알게 된다. '산다는 것은 마음먹기에 달렸다'는 것을 알기에는 그렇게 많은 시간이 필요치 않다는 것을 안다는 것은 어찌 보면 의외로 쉬운 일인 것 같다. 지족자부知足者富－분수를 지켜 만족할 줄 아는 사람은 부자라는 이 글은 노자老子 33장에 나온다. 한 번 새겨 봄 직한 말이다.

여자도 여자를 모른다

이외수 작가가 쓴 「여자도 여자를 모른다」라는 책이 있다. 그만큼 여자의 마음은 은하계를 통틀어 가장 신비롭고 난해하다는 뜻 일게다. 작가는 여자의 마음을 알기보다는 포기하는 게 빠르다고 외친다. 코로나로 묶여있던 마음이 동했는지 아내와 함께 일본 오키나와로 여행을 떠났다. 여행이라기보다 2박 3일간의 바람 쐬기 시간이었다. 가고 오는 날 빼면 단 하루다. 일본인들의 생활상을 보고 그동안 묶였던 발걸음을 떠 본다는 심정으로 비행기로 두 시간 정도면 닿는 거리다. 오는 날 면세점에 들렀다.
한 장소에서 관광을 끝내고 다른 장소로 이동할 때는 약속이나 한 듯 버스에서 졸았는데 면세점에 들어서는 순간 여자 여행객들의 눈이 보름달처럼 커졌다. 옆에서 보니까 무려 백만 원이 훨씬 넘는 금액을 선뜻 결제하고 있었다. 어린애 주먹만 한 화장품 예닐곱 개 골랐는데 그리 큰 금액을 결제하는 걸 보고 나는 속으로 많이 놀랐다. 콩나물 오백 원어치 구입할 때 실랑이를 벌인다는 여자들이, 백만 원이 훨씬 넘는 화장품을 선뜻 구매하는 그 담대함은 어디에서 온 것일까. '여자도 여자를 모른다'라는 그 말이 진리 같아 보인 건 그때였다.

아내가 담낭 제거 수술을 받은 후 소화가 잘 안돼서 내가 소화제 한 병과 작은 화장품과 과자를 한 봉지 결제했다. 남들처럼 큰 선물을 하지 못한 미안함에 아내에게 죄스러운 마음이 들었고, 그 순간 내 자신이 참으로 서글프고 초라했다.

녹색 거품 폭탄

전쟁에는 반드시 무기가 필요하다. 적군이 미사일을 만들면 아군은 그 미사일을 격추하는 미사일을 만든다. 적군이 더 위력이 큰 미사일을 만들면 아군은 그 위력에 대응하는 미사일을 또 만든다. 역설적으로 말하면 전쟁은 과학의 발전을 돕는다.
지금 이스라엘군이 팔레스타인 무장 단체인 하마스와 가자Gaza 지구에서 한판 전쟁을 벌이고 있다. 그런데 하마스는 총 500km에 달하는 지하에 땅굴을 파놓고 그 안에서 버티며 전쟁을 치르고 있다. 이에 이스라엘군은 지하 땅굴을 무력화할 폭탄을 개발했다. 그게 일명 스펀지 폭탄이라고 하는 녹색 거품 폭탄인데 원리는 간단하다. 성질이 다른 두 액체를 하나의 용기에 담고 중간에 칸막이를 설치한다. 중간의 칸막이를 제거하면 두 물질이 섞이고 거품을 내면서 무진장 부풀어 오른 후에 급속하게 굳어 버린다는 것이다. 이 녹색 거품 폭탄을 지하 땅굴 입구에 던져서 폭발시키면 입구가 완전히 봉쇄된다는 것이다. 어쩌면 하마스는 그 소식을 접하는 순간 굳은 녹색 거품을 순식간에 녹이는 폭탄을 제조하지 않을까 하는 생각이다.

그런데 전쟁이란 말처럼 간단하지 않다. 하마스가 이스라엘 국민을 인질로 잡아 지하 땅굴 속에 가두었다는 보도가 있다. 그렇다면 인질을 구출한 후에야 스펀지 폭탄을 사용할 수가 있을 것이다. 가장 좋은 방법은 애초부터 전쟁이 일어나지 않았어야 했다. 검으로 흥한 자 검으로 망한다. －마태복음 26장 52절에 있는 말이다.

어행수탁魚行水濁 조비모락鳥飛毛落

어행수탁魚行水濁 조비모락鳥飛毛落은 불교 경전의 진수眞髓라는 벽암록碧巖錄 29칙에 나오는 말인데 '물고기가 헤엄치면 물이 흐려지고, 새가 날면 깃털이 빠진다'는 뜻이다. 모든 물체는 움직이면 흔적을 남긴다. 벌레가 기어가도 흔적이 남고, 고양이가 뛰어가도 발자국이 찍힌다. 하물며 사람은 어떤가. 아무리 흔적을 지워도 살다 보면 자취를 남긴다. 그 흔적들이 쌓여서 세월이 되고, 개인의 역사가 된다. 그것이 지극한 자연의 이치다. 무인도에 갈 때 꼭 책 한 권만 가져가라면 단연코 벽암록을 가져가겠다고 한 말이 이해가 간다.
그런데 우리의 인심은 조금 다른 듯하다. 열 가지를 잘하다가도 한 가지를 잘못하면 앞의 열 가지가 모두 무효가 된다는 사실이다. 이제 마음을 활짝 열고 남의 조그만 허물은 덮어주고 보듬어 주자. 그게 아름답게 사는 길이 아닌가.
구부러진 나무는 구부러진 대로 쓸모가 있고, 찌그러진 그릇은 찌그러진 대로 사용이 가능하다. 세상에 쓸모없는 것은 하나도 없다. 오래전 중국에서 대약진 운동의 하나로 농업 생산량을 끌어올리기 위해 참새를 박멸하는 운동을 벌였다. 그 결과 메뚜기가 창궐해서 벼를 몽땅 갉아 먹어 엄청 많은 사람이 굶어 죽었다고 한다. 모든 생명체는 생태계의 연결 고리로서 의미가 있음이 마음에 닿는다. 이제 남의 작은 허물을 덮어주고 보듬으며 동행할 때가 온 것 같은데 그때가 바로 지금이다.

4

살다 보니

러시아 이르쿠츠크 바이칼 호수
이르쿠츠크에서 65km 떨어진 곳에 있는 세계 최대 호수 중의 하나. 336개의 하천에서 흘러들어 호수를 이루고 안가라 강으로 흘러 나간다. 오물OMUL이라는 물고기가 산다.

아프리카 잠비아 짐바브웨 빅토리아 폭포
100여 m에서 낙하하는 물보라로 항상 쌍무지개가 뜬다. 1855년 영국의 탐험가 데이비드 리빙스턴이 발견했고 영국 여왕 이름을 따서 빅토리아 폭포라 명명했다.

살다 보니 1

 젊었을 때 여자는 얼굴만 보았다. 얼굴이 예쁜 데다 몸매도 예쁘면 최고인 줄 알았다. 나처럼 평범한 사람은 거의 그런 생각을 했을 것이다. 간혹 일찍이 깨우쳤거나 아니면 도통한 사람은 그런 생각에서 탈피할 수도 있었을 것이다.

 그런데 어이하랴, 나이가 들고 머리칼이 희어지니까 사람을 보는 눈이 달라진 것이다. 얼굴이 예쁜 것 보다 마음이 예쁜 것이 더 아름답다는 생각이 들었다. 각종 매스컴에 나타나는 무시무시한 일을 저지른 사람들 대다수가 얼굴은 예쁜데 마음이 예쁘지 않은 사람들 같아 답답하기가 말할 수 없다. 우리나라는 물론 외국에까지 이름을 날린 최고의 여배우가 한말이다 '인위적으로 만들어 낸 아름다움은 눈길을 사로잡을 수 있지만 마음을 움직일 수 는 없다.' 이 말이 바로 그 말이다. 전처의 어린 자식을 굶겨 죽인 여자, 내연의 남자에게 남편을 살해해 달라고 청부한 여자, 시아버지가 믿고 맡긴 돈으로 딴 남자와 놀아난 며느리……. 세상에는 실로 많은 일들이 하루가 멀다 하고 벌어진다.

결론은 이렇다. 마음이 예쁜 여자가 얼굴 예쁜 여자보다 훨씬 낫다는 생각이다. 살다 보니 스스로 터득하는 식견이 생긴 것 같다. 그런데 어이하랴 깨달았을 때는 늦어도 한참이나 늦었다는 것을…….

아파트란 공동주택의 뜻이 있다고 한다. 공동주택이란 더불어 산다는 의미도 있다고 했다. 그런데 공동주택에 살면서 공동으로서의 책무를 저버리고 산다고 매일처럼 아우성이다. 층간 소음으로 고성이 일어나는가 하면 심지어는 살인까지 일어나는 살벌한 세상이다. 아래층에서 피우는 담배 연기가 위층으로 올라가 임산부가 항의했더니 '내 집에서 내가 담배도 못 피우느냐'고 큰소리를 쳤다고 한다.

백번 맞는 말이다. 내 집인데 내 집에서 무슨 짓을 못 하겠는가. 내 집에서 거꾸로 서서 다니든, 옷을 다 벗고 지내든, 소리를 지르든 내 맘대로다. 누가 뭐라 하는가. 그런데 내 집에서 내가 어떤 일을 해도 되는데 그 일이 타인에게 피해는 주지 말아야 한다. 영국에서는 아파트에 살면서 옆집에 피해를 주면 강제 철거를 시키는 법안이 있다 하고 실제로 강제 철거당한 사람도 있다고 했다. 우리나라도 그런 법을 도입한다면 글쎄 야박하다고 할까 잘했다고 할까.

살다 보니 모두 나의 일인데 남 일처럼 한 쪽 귀로 듣고 한 쪽 귀로 흘러 보낸다. 이 시각에도 층간 소음으로, 층간 흡연 문제로 칼을 휘두르고, 층간 문제로 원수가 되고, 한 사람은 흉기에 무참히 쓰러지고, 다른 한 사람은 철창 속에서 오랜 세월을 지내야 하는 비극이 일어나지 않는다고 누가 장담하겠는가.

텔레비전을 시청할 때도 예절이 있어야 한다. 연속극의 단골 시청자는 남자보다 여자가 훨씬 많다고 한다. 여자가 쥔 리모컨 때문에 옆에 앉은 남자는 억지로 본다는 경우도 허다하다고 한다. 어느 가정에서 리모컨 때문에 살벌한 싸움이 일어났다고 한다. 남편은 이걸 보자 했고, 아내는 다른 걸 보자고 했다. 결국 부부간에 리모컨 쟁탈전이 벌어졌고 급기야는 큰 싸움으로까지 번졌다고 한다. 살다 보니 그럴 때는 아내에게 리모컨을 넘겨주고 남편은 책을 읽든지 잠을 자는 게 훨씬 낫다는 것을 깨달았다. 가정의 평화를 위하거나 자신의 안위를 위한다면 그게 더욱 훌륭한 처신이다.

모처럼 부부간에 쇼핑을 하러 나갔다. 백화점에 들러 옷을 고르는 아내를 따라다니다가 지쳐서 남편은 밖의 의자에서 한없이 기다리기 일쑤다. 아내는 구매하지도 않을 옷이지만 기어이 있는 옷을 모두 걸쳐봐야 직성이 풀린다. 그리고 한마디 한다. '이건 내 스타일이 아냐.' 가격이 비싸다는 말은 죽어도 안 한다. 알량한 자존심 때문이다.
장시간을 헤맨 끝에 나타난 아내는 또 한마디 한다. '여기 옷은 하나같이 구닥다리 같아.' 그럴 때 남편은 '내 눈에도 그렇게 보여.' 라고 맞장구를 쳐줘야 저녁이라도 얻어먹을 수 있다. 살다 보니 자연히 그런 생각이 든다.

냉장고는 음식물이 상하지 않게 하는 기구라고 믿는 여자들이 너무나 많다는 것이다. 엄밀히 말하면 냉장고는 음식물이 상하지 않게 하는 기구가 아니라, 상하는 속도를 늦추는 기구라고 해야 옳다. 어느 학자의 말을 빌리자면 '냉장고 속의 20%는 상해서 버려진다'는 말을 했다. 그러니까 냉장고 속에서도 음식물이 상한다는 것이다. 냉동실에서 얼린 고기는 상하지 않는다고 항변하면 뭐라고 대답할 것인가? 얼린 고기도 일정 기간이 지나면 맛이 형편없이 떨어진다고 한다.

그런데 냉장고 속에서 상해서 버린 음식물에 대한 대답은 하나같이 같거나 비슷하다는 것이다. '이건 덤으로 준 건데 상했네.' 만약 남편이 '덤으로 준 것이 상한다면 처음부터 받아 오지 말라'고 한다면 다음부터 밥은 제대로 얻어먹을 수 없음을 명심해야 한다. 유통 기간이 지나서 버리는 음식물의 숫자를 줄이려면 폭이 좁은 냉장고를 선택하는 것이 현명하다. 폭이 넓은 냉장고를 정리하다 보면 깊은 곳에서 2년 전 식품도 나온다. 이건 냉장고가 아니라 유물 보관 창고 같은 기구다. 가슴이 미어지기 일보 직전이라도 모른척하거나 외면해야 한다. 살면서 터득한 실전의 지혜다.

오래전에 친구를 만날 일이 있어 시내를 나갔다. 친구와 이야기를 나누는 도중에 다른 사람이 들어 왔는데 그 사람이 친구의 친구였다. 친구의 소개로 나는 그 사람과 인사를 하고 명함을 교환했다. 그것이 전부였다. 그 후로 만난 일도 없었다. 그렇게 서너 달이 지났는데 그 사람으로부터 청첩장이 왔다. 더구나 결혼식이 있는 3일 전에는 꼭 오라는 전화까지 받았다. '시간 있으면 오셔서 점심이라도 드세요'가 아니라 '꼭 오세요'였다. 불쾌했지만 참석해서 축의금을 내고 점심을 먹었지만 기분은 맑지를 못했다. 그런 일이 있은 다음부터 결혼식장에 갈 때마다 그 사람 생각이 자주 난다. 그 사람 딸이 이혼당하지 않고 잘 사는지 궁금할 때가 가끔 있다.

내가 시내를 나갈 때 나는 BMW를 자주 이용한다. 외제 차가 아니라 버스(B)나 지하철(M) 아니면 걸어서(W) 다니기를 좋아한다. 어느 때 지하철을 타면 내가 앉은 자리 옆에 더러 승객이 내리고 타는 것을 볼 수 있다. 언젠가 여자분이었는데 어디선가 향수 냄새가 났다. 냄새가 은은한 게 참 좋았다. 어느 날인가는 여자 승객이 내 곁에 앉았는데 이건 향수를 뿌린 게 아니라 향수 통에 옷을 넣었다가 꺼냈는지 아니면 향수가 좋아서 두어 컵 마시고 왔는지 냄새가 역겨울 정도였다. 그날 나는 내려야 할 역에서 3번째 전 역에서 내렸다. 그날 이후 내 폐가 약간 약해진 것 같은 기분이 들었다.

살다 보니 2

5살짜리 손자를 유치원에 보냈다고 했다. 며칠 지나지 않아 얼굴에 붉은 자국이 났다고 했다. 아이의 엄마가 '어떻게 된 거냐?'고 항의했더니 '같은 반 여자아이가 꼬집었다'는 것이다. '잘못했다'라는 말을 들으러 간 남자아이의 엄마에게 여자아이의 엄마가 한 말이 '아이들은 그렇게 크는 것'이라며 대수롭지 않게 말했다는 것이다.

얼마 지나지 않아서 이번에는 남자아이가 그 여자아이를 꼬집어서 얼굴에 멍이 들었다는 것이다. 이를 본 여자아이의 엄마가 유치원을 발칵 뒤집었다고 했다. '어떻게 지도를 했기에 내 아이를 이 지경으로 만들었느냐'고 얼굴을 꼬집은 남자아이의 엄마에게 심한 욕설과 항의를 한 것은 물론 유치원 선생님도 많은 질책을 당했다는 것이다.

그렇다. 내가 하면 로맨스고, 남이 하면 불륜이다. 남의 자식 얼굴에 상처 냈을 때는 아이들은 그렇게 크는 거고, 내 자식 얼굴에 상처 냈을 때는 용서가 안 된다. 모든 게 자기중심적이다. 자기 자식만 중요하고 남의 자식은 전혀 신경 쓰지 않는다. 극도로 철저한 이기주의다. 자기 편할

대로 세상을 재단하고 평가한다. 세상 참 흉흉하고 험하다.

내가 사는 아파트에 유난히 차를 아끼는 사람이 살고 있다. 하루는 지하 주차장에 차를 주차하러 내려갔더니 글쎄 그 사람 차가 보이지 않는가. 다가가서 차를 주차하려 했는데 아뿔싸 그 사람이 두 대를 주차시킬 수 있는 공간에 차를 비스듬하게 주차시켜 놓았다. 자기 차는 중요하고 남의 차는 안중에 없다는 심보 같았다.

그런 사람은 차에 먼지가 묻을까 봐 커버를 씌우고 도로를 달리지 않을까 걱정까지 했다. 차 한 대를 두 대가 주차할 수 있는 공간에 비스듬하게 차를 주차시킨 그 사람은 요금을 내는 주차장에 가서도 그렇게 차를 댈까. 세상 참 편하게 산다. 내 차가 중요하면 남의 차도 중요한 걸 모르는 철면피 같은 사람과 한 아파트에 산다는 게 그날처럼 슬픈 날이 예전에는 없었다.

나는 2년에 한 번씩 자동차의 엔진오일을 교체한다. 지난해 늦가을 대형 마트에 들렀다가 마침 엔진오일을 교체할 시기가 돼서 정비소에 들렀다. 엔진오일을 교체하고 있는데 다른 직원이 와서 바퀴를 돌리면서 점검을 했다. 나는 속으로 참 친절한 직원이 있는 곳이구나 생각했다. 이리저리 바퀴를 돌리던 직원이 나를 부르더니 바퀴를 손으로 가리켰다.

"여기 펑크가 났네요."

그가 가리킨 손끝에 작은 비눗방울 몇 개가 붙어 있었다. 때마침 바로 옆에 타이어를 교환하는 상점이 붙어 있었지만, 타이어의 가격이 만만찮았다. 당장은 교체하지 않아도 될 것 같아서 그냥 집으로 돌아왔다. 그 후로 잊고 다녔는데 몇 달이 지나도 펑크가 났다던 바퀴는 멀쩡히 굴러갔다.

가만히 생각해 보니까 나이 든 사람에게 써먹는 교묘한 사기극 같다는 생각이 들었다. 나이 든 사람이 살기에는 참 불편한 세상이다. 그 이후로 나는 멀어도 절친한 사람이 운영하는 정비소에 간다. 아니나 다를까.

"펑크가 났으면 비눗방울이 붙어 있는 게 아니라 뽀글뽀글하면서 방울이 계속 솟아야 해요. 사기예요."

나를 속인 그 청년이 다른 나이 든 운전자에게도 사기를 칠 것 같아 소름이 돋았다.

결혼은 단지 남녀 두 사람이 연을 맺는 것이 아니다. 수많은 연속극이나 현실이 여실히 그걸 증명한다. 젊었을 당시는 눈에 콩깍지가 씌어 이것저것 가리지 않고 덥석 결혼을 한다. 살다 보면 결혼은 그렇게 하는 게 아니라는 걸 알게 된다.

남자 쪽과 여자 쪽의 가족도 철저하고 세밀하게 살펴봐야 한다. 사돈끼리 보증 잘못 서서 망한 집이 한둘인가, 사돈간에 살인도 저지르고 불륜도 일어난다. 매형과 처남 간에 송사도 벌어지고 싸움도 나타난다. 건듯하면 처남이 매형에게 달려와 돈 달라고 협박까지 한다. 어찌 보면 독신으로 사는 사람은 깬 사람인지도 모른다. 그런 골치 아픈 일은 없을 테니까.

'전투하러 갈 때는 한 번 기도하고, 항해하러 갈 때는 두 번 기도하고, 결혼을 결심할 때는 세 번 기도하라'는 말이 진리임을 결혼 후에 깨달은 사람은 늦어도 한참 늦은 사람이다. 왜냐면 기차는 이미 떠났으니까.

내가 시골에서 성장한 탓인지 얼마 전까지 5일장을 좋아했다. 그래서 도시 가까운 곳에서 열리는 5일장에 자주 달려갔다. 싱싱한 푸성귀며 금방 수확한 호박이며 누런 흙이 붙어 있는 고구마와 감자, 팔팔 뛰는 활어가 마음을 쏙 빼놓기도 했다.

그날도 그랬다. 입구부터 물건을 선전하는 상인들 목소리가 여기저기서 들렸다. 멀찌감치 보니까 노파가 강에서 주워 온 다슬기를 손님에게 파는 게 아닌가. 다가가서 '다슬기 한 바가지가 얼마입니까?'라고 물었다. 그랬더니 나이 든 여자가 얼마라고 대답을 했다. 분명 방금 전에는 훨씬 싼 금액에 팔았는데 나에게 바가지를 씌웠다. 그래서 따지듯 물었다. '방금 전에는 얼마에 파는 걸 보았는데 왜 그렇게 비싸요?' 그랬더니 대답을 하지 않고 멀뚱히 쳐다보는 게 아닌가.

나는 그 이후로 5일장에 발길을 끊은 대신 가격이 붙어 있는 시장엘 간다. 흥정이고 뭐고 할 것 없이 마음에 들면 구매하고 그렇지 않으면 돌아선다. 속아서 구매하는 것보다 백배는 낫다. 얼마나 속 편한 일인가. 내가 속지 않고 정당한 가격을 주고 물건을 구매하는 건 크나큰 행복이다.

내가 사는 아파트는 월요일 오후부터 화요일 오전까지 분리수거가 이루어진다. 엄밀히 말하면 분리수거가 아니고 분류 배출이다. 하여튼 그렇게 해서 1주일간 모인 각종 물건들―종이, 깡통, 비닐, 플라스틱, 유리 제품, 철로 된 물건들―등이 한곳에 모인다. 경비원 한 사람으로서는 주민들이 들고 나오는 그 많은 물건을 일일이 확인하거나 감독하기엔 버겁다.

어쩌다 경비원이 자리를 뜨면 반드시 사달이 난다. 분리수거에 해당하지 않는 물건들―천으로 된 여행용 가방, 나무로 된 대형 액자, 낡은 신발―등이 분리수거에 휩쓸려 나온다. 엄밀히 따지면 그건 분리수거에 해당하는 품목이 아니다. 쓰레기봉투를 구입해서 버려야 하는 품목들이다.

분리수거 차가 도착해서 분리된 품목들을 싣고 떠나면 그것들이 덩그러니 남는다. 그러면 경비원은 분리수거에 해당하지 않는 물건들을 경비실 옆에 세워두고 〈스티커를 구입해서 붙여주세요〉라는 글씨를 붙여 놓는다.

그걸 보는 내 마음이 편치 못하다. '아니 CCTV를 설치하면 간단한 것을 그렇게 애를 먹어요?'라고 물으면 '주민들 돈으로 그 비싼 감시 카메라를 구입하느냐'고 핀잔을 줄 게 분명하다고 했다. 혹시 그런 말을 하는 사람은 버리지 말아야 할 물건을 몰래 버린 사람들이 아닐까. 양심을 몰래 버린 사람들과 같은 아파트에 산다는 게 조금은 아니 많이 눈물겹다.

살다 보니 3

백목련이 꽃망울을 터트리는 지난봄에 70대 노부부가 병문안을 갔다. 길을 나서자, 봄바람이 불어왔다. 같은 아파트에 사는 동갑내기 남자 친구가 면역력이 저하되어 병원에 입원을 했고, 그를 위로하기 위해 부부가 병문안을 간 것이다.

병원은 언제 가도 환자들로 만원이었다. 입원한 친구는 생각했던 것보다는 양호한 편이어서 활동도 자유롭고 식사도 잘 한다고 했다. 그의 말처럼 신수身手가 훤했다. 이런저런 이야기를 하던 중에 그 환자 친구가 그런 말을 했다.

환자 - 병원이야 아픈 사람이 오는 곳이긴 하지만 아, 글쎄 엊그제는 투석실透析室 앞을 지나는데, 20대 여자가 투석실로 들어가는 거야.

남편 - 그래서?

환자 - 그래서가 아니라 생각해 봐.

남편 - 뭐를?

환자 - 젊은 나이인데 투석을 한다니 참 안 됐더라고.

남편 - 그렇군, 참 안타깝네.

그들의 대화를 듣던 아내가 끼어들었다.

아내 - 뭐가 안타까워요?

남편 - 젊은 나이에 투석을 한다니 안타깝지.

아내 - 남의 여자가 투석을 하든 말든 당신이 무슨 상관이에요?

남편 - 아이고, 너무 야박하네.

아내 - 야박해요? 하여간 남자들이란 그저.

남편 - …….

이런저런 이야기를 하던 중에 병실로 다른 환자가 들어왔다. 20대 중반의 남자 환자와 그의 친구들이었다. 그런데 그들이 나누는 대화가 심상치 않았다.

친구 - 그래서 어째?

환자 - 할 수 없지.

친구 - 언제 알았어?

환자 - 어제 알았어, CT 찍어서 확인했어.

친구 - 정확히 뭐래?

환자 - 말기 암이래. 그것도 전신으로 퍼졌대.

그들의 대화를 듣던 아내가 나섰다.

아내 - 안타깝네요.

남편 - 뭐가 안타까워?

아내 - 생각해 봐요, 20대 청년이 앞날이 창창한데 안타깝지요. 키도 크고 멋지게 생겼는데. 참 무정한 양반이네!

그렇다. 남편이 젊은 여자를 보고 안타까운 건 용납이 안 되고, 아내가 젊은 남자를 보고 말한 안타까움은 용서가 되는 불편한 진실. 어째서 이런 일이 가능한 것일까. 좁고 멀리 본다는 남자의 시력과, 넓고 가까운 곳을 잘 본다는 여자의 시선에 문제가 있는 것일까? 아니면 남녀의 생각은 영원히 좁혀지지 않는 평행선일까!

다 같은 안타까움에 남녀의 차이가 남은 무슨 이유일까. 더구나 여자가 말한 안타까움은 당당하고, 남자가 말한 안타까움엔 주눅이 드는 건 왜일까! 봄은 '고양이로다'라고 설파한 시인이 이런 경우 '봄은 잔인했노라'라고 노래할 것만 같았다.

수필집을 낸 친구가 있었다. 출판기념회가 있다고 그 친구에게서 연락이 왔다. 시간이 있으면 와서 식사라도 하라는 전화였다. 반갑기도 하고, 모처럼 그런 자리에 가면 문인들을 만날 수 있어서 기분이 들떴다. 오랜만에 정장을 하고 출판기념회에 참석을 했다. 한참 식이 진행되는데 다음 순서가 다가왔다. 단정하게 옷을 입은 중년의 남자가 연단에 올랐다.

"조금 있으면 식사 시간이라 짧게 몇 말씀 드리겠습니다."

라는 말로 이야기를 시작했다. 그렇게 이야기를 시작하고 10분이 흘렀다. 그리고도 그의 이야기는 계속됐다. 또 10분이 흘러 20분이 지났다. 그런데 그의 이야기는 좀처럼 그칠 기미가 보이지 않았다. 또 10분이 흘러 30분이 지났는데도 그의 이야기는 장황하게 진행됐다. 몇몇은 투덜거리며 옆방에 차려진 뷔페식당으로 자리를 옮기기도 했다. 40분이 지나고 7분이 더 지나고서야 그의 지루한 이야기가 끝이 났다. 중간에서 불평하는 소리가 났지만 그는 자가당착自家撞着에 빠져 혼자 신명이 난 걸 보고 나는 한숨이 나왔다.

"도대체 저분의 짧게란 몇 분을 가리키는 것일까?"

자기도취에 빠지면 시간이란 개념이 사라지는 것일까? 저 사람은 몇 차원에 사는 사람일까? 혹시 외계에서 온 사람은 아닐까? 그날 이후로 출판기념회에 가는 것을 조금은 꺼려진 나를 발견할 수 있었다.

여행사에 근무하다 보면 다양한 사람들을 만난다. 말이 여행이지 실제로는 여행旅行보다는 관광觀光을 가는 분들이 대부분이다. 학생들 수학여행이나 사진 동호회에서 나가는 출사出寫, 또는 지형 답사나 산악 트레킹 같은 여행이 없는 것은 아니나 매우 드물다.

그런데 관광을 갈 때 여행사에 지불하는 금액보다 현지에서 내야 하는 선택 관광 경비 때문에 관광객과 현지 가이드 사이에 마찰이 생기기도 한다. 심한 경우 여행경비보다 선택 관광 경비가 많은 일도 일어난다. 여행 일정표에 선택 관광에 참여하지 않아도 불이익이 없다고 명시되어 있지만 현장에서의 사정은 다르다. 어떤 가이드는 선택 관광에 참여하지 않으면 짜증을 내거나 불평을 하기도 하고 심한 경우 협박 비슷한 말을 해서 관광객의 기분을 상하게 하는 경우도 발생한다.

차제此際에 위약금에 대해서 알아보자. 여행객이 부득이한 일로 여행을 취소할 때 일정 기간이 지나면 위약금違約金이라는 걸 물게 된다. 그때 고객은 물질적, 심적 부담을 안게 된다. 고객이 여행을 신청하면 여행사에서는 항공권을 예매하고 현지 호텔을 예약한다. 여행이 취소될 때 발생하는 위약금은 계약된 항공사 환불 비용과 현지 호텔 예약 취소 비용이다. 여행사에서도 여행도 가지 못하면서 위약금까지 물을 때 고객에게 미안한 마음이 든다. 여행이나 관광을 희망하는 고객은 계약 전에 여행 약관을 꼼꼼하게 읽어 보고 미리 대처하는 것이 무엇보다 중요하다.

패키지 상품으로 여행이나 관광할 때는 2인 1실을 기준으로 한다. 만약 혼자 방을 사용하면 싱글 차지single charge라 하여 독방 사용료를 내야 하는 경우가 생긴다. 두 명이 여행을 가겠다고 계약을 했다. 그런데 사정이 생겨 한 명이 여행을 포기하고, 나머지 한 명이 여행을 간다면 싱글 차지는 누가 내야 하는가 하는 문제가 발생한다.

여행을 가지 않는 사람이 원인을 제공했으므로 그 사람이 싱글 차지를 내야 한다는 의견이 있는가 하면, 여행을 가는 사람이 내야 한다는 의견도 있다. 또는 절충해서 두 사람이 반반씩 내야 한다는 견해도 있다. 이런 경우를 생각해서 사전에 알아보고 대비하는 것도 필요하다.

또 싱글 차지를 내고 여행을 갔는데, 계단 아래에 1인실의 작은 방을 배정받는 수가 있다. 이처럼 2인실이 아니라 1인실을 배정받았다면 속으로 불평만 하지 말고 그 상황을 현지 가이드와 상의를 해야 한다.

며칠 전에는 내가 아는 분이 건강이 좋지 않다는 소리를 듣고 우족牛足을 한 개 선물하기로 했다. 지하철을 타고 시내로 나가서 우족을 파는 상점에 들렀다. 이런저런 물건을 구경하는 중에 헐렁한 바지를 입은 중년의 여자가 내게 다가와서 물었다.

"우족을 찾으시네요?"

"네."

눈치 빠른 상인은 내 마음을 꿰뚫고 있었다.

"환자분에게 선물하시는 거지요?"

"네."

"최상품은 안에 있어요."

그녀가 가리킨 곳에 여러 개의 우족이 겹겹이 쌓여 있었다.

"저건 얼마요?"

"5만 원입니다."

"생각보다 비싸네요?"

"최상품이라 그래요."

나는 얼핏 우족 한 개에 2만 원 정도라고 알고 있었는데 꽤 비싸다는 생각이 들었다.

"아무리 좋은 상품이라도 비싸네요."

"상품 중의 상품이라 그래요. 선물을 하시려면 저 정도는 해야지요."

나는 그녀가 가리킨 우족을 홀린 듯 구입했다. 며칠 후에 다시 그곳을 지나게 되었다. 그때도 그녀가 나타나서 나에게 우족을 권고했다. 나는 그 사람을 알아봤지만, 그녀는 나를 모르는 것 같았다.

"저건 얼마요?"

"상품을 찾으시네요. 저건 3만 원입니다."

며칠 전에 내가 샀던 그 장소에 진열된 똑같은 우족이었다. 내 마음이 심히 불편했다. 나는 우족을 꺼내 그녀의 면상을 후려치는 상상을 했다. 우족에 맞은 그녀가 비명을 지르면서 쓰러지는 모습이 눈앞에서 허상으로 보였다.

우족에 맞아 피를 흘리고 있는 그녀에게 돌을 던지는 수많은 행인이 보였다. 사기꾼을 죽이라는 시민들의 함성이 잉걸불이 되어 활활 타는 모습이 실루엣으로 그려졌다. 우족에 맞아 죽어가는 그녀의 모습이 통쾌하게 보였다.

남이 사용하던 숟가락과 젓가락은 절대 사용할 수 없다면서 본인이 사용할 숟가락과 젓가락을 가방에 넣고 다닌 중년의 여자가 있었다. 식당에서도 그분은 가지고 온 숟가락과 젓가락으로 식사를 했다. 심지어는 친정에 갈 때도 그것들을 지참했다고 한다. 타인이 그분 집을 방문하여 멋진 자개농을 만지면 바로 만진 곳을 닦았다고 했다.

결벽증도 심한 결벽증에 걸린 게 분명했다. 결벽증은 공포증의 하나로서 불결한 것을 극히 두려워하는, 깨끗한 것에 집착하는 질병이라고 한다. 심해지면 대인관계에 심각한 문제를 일으키기도 한다는 것이다. 그렇게 청결과 위생에 신경 쓰던 그분이 장수할 거라는 예상을 깨고 일찍이 저 세상으로 갔다.

그때 그분이 들어간 관속에 숟가락과 젓가락을 넣어 주었는지 의문이다. 저승에 가서도 식사를 하려면 그것들이 필요할 거다. 만약 그것들을 넣지 않았다면 맨손으로 식사해야 할 텐데 하는 생각이 들었다.

살다 보니 4

나이가 들어선 지 지난겨울에 내가 면역력 저하가 와서 대형 병원에 입원을 했다. 요즈음 대형 병원에는 환자의 급식을 모아두는 배선실 kitchen에 텔레비전을 설치하고 보호자가 식사를 할 수 있도록 배려한 곳이 많다. 내가 식사를 마치고 심심하던 차에 배선실로 텔레비전을 보려고 갔다. 몇몇이 텔레비전을 시청하고 있었다. 하지만 내가 기대했던 프로그램이 아니어서 텔레비전 시청을 그만두고 나오려 할 때였다.

식탁에서 젊은 여자 환자와 그녀의 어머니로 보이는 보호자가 같이 식사를 하고 있었다. 그들이 앉은 창틀 옆에 화장실에서 쓰고 남은 두루마리 작은 휴지가 놓여 있었다. 내가 콧물이 줄줄 흘러 그 두루마리 휴지를 들고 나오는데 환자인 여자가 소리를 쳤다.

"그 휴지 공용입니다. 두고 가세요."

나는 죄인인 양 돌아서서 두루마리 휴지를 제 자리에 놓고 나왔다. 한 십 분이 흘렀을까 다시 배선실로 텔레비전을 보려고 갔다. 그때 식사를 마친 그 모녀가 배선실에서 나오는 게 보였다. 그런데 놓고 가라던 그 휴지가 얼굴이 밀랍처럼 창백한 환자의 손에 들려 있는 게 아닌가? 내가 그녀를 보고 조용히 말했다.

"휴지가 공용이라고 했는데 놓고 가셔야지요?"

"……."

그녀는 들은 척도 아니하고 그냥 내 옆을 지나쳐 갔다. 그 모습이 마치 개선장군 같았다. 아, 본인이 하면 선善이고 남이 하면 악惡이란 말이 어쩌면 그리도 딱 맞는 말인지 묻고 싶었다. 독특하게 묶은 머리 모양이 그 젊은 환자의 특색이었다. 그렇게 3일이 흘렀다. 그런데 그 환자가 보이지 않았다. 내가 간호사실로 가서 그 환자의 근황을 물었다.

"양쪽으로 머리를 묶은 환자 어디로 갔어요?"

"왜 그러세요?"

"전해드릴 게 있어서요."

"아, 네 다른 병원으로 옮겼어요."

"다른 병원이라니요?"

"요양병원으로 갔어요."

요양병원이 어떤 곳인지를 나는 알고 있었다. 젊은 나이에 요양병원으로 가다니 안쓰러운 생각이 들었다. 하지만 더 궁금한 건 그때 '공용이니 놓고 가라던 그 휴지'는 잘 챙겨 갔는지 강한 의문이 들었다.

병원에 입원을 하면 보통은 보호자가 같이 온다. 그런데 요즘은 특별한 경우가 아니고서는 보호자가 따라오지 않는다. 이유는 병원이 그만큼

시스템이 잘 갖추어져 있기 때문이다. 내가 입원해 있던 병실은 5인실이었는데, 입원한 남자 환자와 그의 아내로 보이는 보호자 사이에 말다툼을 하는 게 보였다.

"왜 배식하는 아줌마가 식사를 당신 식탁까지 가져와요?"

"요즘 다 그래?"

"그럼, 보호자인 나는 뭐예요?"

"뭐라니?"

"보호자인 나는 뭐 하는 거예요?"

"별걸 다 트집을 잡네."

"왜 아내가 할 일을 아줌마가 하는 거예요?"

"그렇게 교육을 받았겠지. 환자의 식탁까지 배달하는 게 당연한 거 아닌가?"

"입원한 지 며칠 됐다고, 당신 혹시 배식하는 아줌마하고 번호 튼 거 아니에요?"

"……"

의문은 또 다른 의문을 낳고 그건 또 다른 불행한 문제를 만든다. 마치 바이러스가 증식하는 것처럼 새로운 의문을 끝없이 만들어 내고, 만들어진 의문은 확대 재생산되어 자신과 상대방을 옥죈다. 스스로 파멸의 길을 가는 것이다. 한 번 만들어진 의문은 좀처럼 사라지지 않는다. 해괴망측한 상상을 하면서 남편을 무차별적으로 공격한다. 의부증疑夫症－일명 오셀로 증후군이라는 무서운 질병이다.

아는 사람은 다 아는 이야기다. 옛날엔 새우젓 장사가 새우젓 독을 지게에 지고 동네로 들어와서 '새우젓이 왔습니다'라고 큰 소리로 외친다. 그러면 동네 아낙들이 새우젓 장사에게로 모인다.

"이거, 몇 년 된 거예요?"

"네, 3년 묵은 겁니다."

"이름이 뭐예요?"

"추젓青蝦입니다."

"어디서 잡은 거예요?"

"서해에서 잡은 겁니다."

모여든 아낙들은 맛을 보고, 아낙들끼리 수다도 떨고, 새우젓 장사와 대화도 나눈다. 창 너머로 그걸 지켜보던 남편이 새우젓을 사 들고 오는 아내에게 묻는다.

"당신, 새우젓 장사하고 언제부터 그렇게 친했어?"

"친하다니요?"

"아까 보니까 보통 사이가 아니던데?"

"당신 무슨 상상을 하시는 거예요?"

"상상이라니, 봤어."

"뭐를 봐요?"

"당신, 새우젓 장사하고 노닥거리며 좋아하는 거."

"……."

의학이 고도로 발달한 지금도 의처증疑妻症은 정신과 질병 중에서도 치료하기 어려운 질병의 하나라고 한다. 새 옷만 입어도 누구를 만나기 위해서 옷을 입느냐는 식이다. 모든 게 부정적不貞的으로 보이고 부정不淨한 생각이 든다. 참으로 매몰찬 정신질환이라는 것이다. 그런데도 의처증이나 의부증 환자가 폭발적으로 증가한다고 한다. 위험한 시대에 살고 있음이 폐부에 닿는다.

나이가 들어선 지 지하철을 무료로 이용할 수가 있다. 한번은 지하철을 타고 귀가할 때였다. 3명이 앉을 수 있는 경로석에 앉았다. 안쪽으로 어떤 남자 승객이 앉고, 가운데 풍채가 좋은 남자가 앉고, 끝에 내가 앉았다. 그런데 가운데 앉은 사람이 다리를 쩍 벌리고 앉는 게 아닌가. 다리에 밀려 매우 불편했다.
"아저씨, 다리 좀."
"다리가 어째서요?"
"다리 좀 조금 오므려 주세요."
"왜요. 내 다리 내 마음대로 못 해요?"
"그게 아니라 좀 불편해서요."
"불편하면 다른 자리로 가세요."
그렇다. 내 다리니까 내 마음대로 할 수 있다. 그러나 그건 어디까지나 정해진 규율 안에선 내 마음대로다. 혼자 집에 있을 때 더우면 옷을 다 벗고 있을 수도 있고, 추우면 이불을 뒤집어쓸 수도 있다. 그러나 아무리 더워도 길에서 옷을 훌훌 벗고 다닐 수는 없고, 춥다고 이불을 쓰고 지하철을 탈 수야 없지 않은가. 그런데도 극도의 자기중심적 사고를 하는 분이 많은 것 같다. 철저한 이분법적 계산. 돈을 많이 벌어 그분에게 개인 지하철을 하나 놔 드리고 싶은 마음이 굴뚝같았다.

자주는 아니라도 중국 음식점에 가끔 간다. 혼자 갈 때는 매우 드물고 몇몇이 중국 음식점에 갈 때가 있다. 그런데 유독 어느 한 사람과는 같이 가고 싶지 않을 때가 있다. 이유는 그 사람과 같이 가면 음식을 먹는 태도가 돌변하기 때문이다.

중국 음식은 유리로 된 대형 원탁 위에 차려지는 것이 대부분이다. 일단 음식이 차려지면 원판을 천천히 돌리면서 음식이 담긴 그릇을 본인 앞으로 오게 한다. 다음에는 큰 수저로 음식을 작은 접시에 덜어서 먹으면 된다. 쉬워도 아주 쉽다. 누가 음식을 뺏어 가지도 않는다. 그런데도 음식이 담긴 그릇이 본인 앞으로 오기도 전에 일어서서 급하게 음식을 덜어가는 사람이 있다. 적당히 양을 조절하지도 않는다. 아직 먹지 못한 옆 사람이 있어도 전혀 신경 쓰지 않는다. 그것도 본인이 먹던 젓가락으로 음식을 마구 퍼 담는 모습을 보면 정말이지 음식 맛이 떨어진다. 마치 걸신乞神 들린 악귀를 보는 느낌이다.

얼마 전에도 그런 일이 일어나 나는 슬그머니 집으로 온 때가 있다. 그런데도 그 사람은 눈치를 채지 못하고 다음에도 그런 일을 반복했다. 그래서 그 사람과는 중국 음식점에 같이 가지 않는다. 초근목피草根木皮하던 시절이 몸에 배서 그런가, 아니면 빨리빨리 근성에 절어서일까, 그도 아니면 맛있는 음식이 나오면 옆 사람이 보이지 않아서일까? 맛난 음식만 보면 정신이 이상해지는 것일까? 정신의학에서는 지나친 식탐도 일종의 정신병이라고 한다. 여유를 가지고 음식을 음미하면서 먹는다는 것은 아름다움 중의 아름다움이라면 지나친 표현일까!

음식을 먹는데도 순서와 예절이 필요함을 절실히 느낀다. 그런데도 그 간단한 순서나 예절 하나 지키지 못한다면 과연 같이 음식을 먹을 권리나 있긴 한 건지 진지하게 묻고 싶다.

조금 오래전 이야기다. 고등학생이 길에서 지갑을 주워서 파출소에 신고를 했다. 지갑 속에는 많은 금액이 들어 있었다고 한다. 그 일로 그 학생은 경찰서장으로부터 선행 표창장을 받았다고 했다. 그런데 그걸 분실한 분이 다름 아닌 친 할머니라고 했다. 얼마든지 그럴 수 있다. 아버지가 잃어버린 지갑을 아들이 주울 수도 있고, 남편이 잃어버린 지갑을 아내가 주울 수도 있다.

그런데 지갑을 찾아 주었다는 말은 지갑 속에 주민등록증이나 사진 같은 단서가 들어 있었다는 이야기다. 그러면 직접 할머니를 주면 된다. 아내가 남편의 지갑을 주워서 파출소에 신고했다는 말을 들어본 기억이 없고, 동생이 형의 지갑을 주워서 경찰서에 신고했다는 이야기도 들어본 일이 없다. 그 기사를 읽은 내 마음이 무언지 모르게 께름칙했다. 정말로 할머니가 지갑을 잃어버리고 그걸 손자가 주웠을까, 정말로 그랬을까……. 무엇인가 잘못된 것 같은 이미지를 지울 수 없었던 이유가 뭘까 하는 의구심이 오랫동안 나를 괴롭혔다.

살다 보니 5

얼마 전부터 트로트trot－4분의 4박자를 기본으로 하는 대중가요－가 한창이다. 많은 노래 중에서도 옛 노래를 들으면 감춰졌던 감흥이 되살아나기도 한다. 사실 옛 노래는 노래라기보다는 한 편의 시詩 같아서 마음이 뭉클해지기도 한다. 그런데 같은 노래라도 부르는 가수마다 가사가 다르다는 데서 궁금증이 발동했다.

〈신라의 달밤〉이란 노래를 듣는데 어떤 가수는 …달빛 어린 금오산 기슭에서…라고 노래하고, 다른 가수는 …달빛 어린 금옥산 기슭에서… 라고 노래했다. 그뿐만이 아니라 네이버에 수록된 가사도 각기 다르다.

금오산金鰲山은 산세가 자라 모양을 닮았다고 해서 자라 오鰲자를 쓰는 산으로 경상북도 경주시 월성동 경계에 있는 산이다. 경남 하동군 금남면 덕천리에도 금오산이 있으며, 전남 여수시 돌산읍 금성리에도 금오산이 있다. 또 경남 밀양시 삼랑진읍 행곡리에도 같은 이름의 금오산이 있고, 경북 구미시 남통동에도 금오산이 있는데 여기는 까마귀 오烏자를 쓰고 있다.

금옥산金玉山은 베트남과 중국 태항산에서 멀리 떨어진 곳에 있는 산이다. 그러니까 신라의 달밤이란 노래에서는 금옥산이 아니라 금오산이라고 해야 맞다. 신라의 달밤에 나오는 금오산은 경북 경주시 월성동에 있는 산이다.

또 하나 지금까지도 의견이 분분한 가사의 한 단어가 있다. 고복수 씨가 부른 〈짝사랑〉이라는 노래가 바로 그것이다. 노래 가사 중에 '으악새'라는 단어가 나온다. 이것의 정체가 무엇이냐는 의견이 분분하다. 어떤 이는 으악새는 억새풀이 바람에 부대끼며 내는 소리라고 말하는 이가 있는가 하면, 다른 이는 왜가리의 일종인 새라고 말하기도 한다. 그것이 새라는 다른 이유로는 그 노래의 2절에 '아~ 뜸북새 슬피 우니 가을인가요'에 새의 이름이 나오는 것을 보면 분명 1절에 나오는 으악새는 억새풀이 내는 소리가 아니고 으악으악 하고 우는 새鳥라고 주장한다.

살다 보면 자유와 방종을 혼동하는 사람을 더러 만난다. 자유란 얽매이거나 구속받거나 하지 않고 자기 마음대로 행동하는 일이다. 그러나 자유라는 말 속에는 적어도 제삼자에게 피해를 주지 않는 한도 내에서의 행동을 말한다는 것은 삼척동자도 다 안다.

아무리 자유라지만 작년 초여름 코로나19가 창궐하던 시기에 대도시에서 마스크를 쓰지 않은 남성이 버스에 승차하자 기사가 내리라고 요구했고, 이에 격분한 50대 남성이 버스 기사의 목을 물어뜯은 사건이 발생했다. 세상에, 사람이 사람의 목을 물어 살점이 뜯겨 나갔다니 호르몬 분비의 이상이나 뇌 영역 기능 이상이 원인이라는 분노조절장애憤怒調節障碍도 이쯤 되면 가히 살인적이다. 이에 누리꾼들의 댓글이 봇물을 이뤘다. －좀비, 드라큘라, 개 주인은 목줄을 채워라, 즉각 사형, 짐승이네, 이빨 펜치로 다 뽑자, 왜 사냐 니네 그냥 죽지, 세상이 미쳐 가는 구나!－기온이 높아지니까 별별 희한한 일들이 다 나타난다.

나체裸體로 길거리를 질주한 한 남성을 잡았더니 그게 뭐가 잘못된 거냐고 물었다는 데는 아연실색啞然失色하지 않을 수 없다. 그것뿐이 아니다. 얼마 전에는 지하철 안에서 소변을 본 젊은 여자가 있었다는 소식을 접했을 때 세상에 이런 일이 일어나다니 하는 생각이 들었다. 그에 질세라 며칠 전에는 성인 남자가 지하철 의자에 소변을 봤다는 기사가 떴다. 요즘에는 지하철에서 젊은이들이 애정행각을 벌이는 모습을 볼 수 있다. 그런데 그런 일이 일회성으로 그치지 아니하고 자주 일어난다는 데 문제가 있다. 교육 수준은 점점 높아 가는데도 자제自制와 종탈縱脫 하나 구분 못 하는 사람들이 늘어나는 것 같아 심기가 불편하다.

내가 발간한 책을 지인이나 친구에게 증정할 때가 있다. 그분들이 나의 책을 받으면 보통은 '고맙다'라고 하든가, '언제 이런 책을 쓰느냐'는 등 가벼운 칭찬을 하는데 아주 드물게는 예상외의 질문을 하는 사람을 만나기도 한다.

지난번에도 시골에 사는 사람이 이곳에 온다하여 책을 몇 권 들고 나가서 참석한 분들에게 한 권씩 드렸다. 모두가 고맙다고 하고 언제 책을 쓰느냐고 부러운 인사를 건넸다. 그런데 유독 한 사람은 책을 받자마자 하는 말이 '돈 많이 벌었겠네요?'라고 말했다. 나는 그냥 웃었는데 그 다음 해에 그 사람을 다시 만나서 새로 나온 책을 건넸을 때도 똑같은 말을 되풀이 했다.

책을 받을 때 마다 돈 이야기를 하는 사람을 보고 나는 정이 뚝 떨어졌다. 그 다음부터는 그 사람에게는 책을 증정하지 않았다. 모든 것을 금전과 연결 짓는 사람은 숨 쉴 때마다 밖으로 나가는 공기가 아까워 어떻게 숨을 쉬는지 모르겠다는 생각이 들었다. 말이라고 다 같은 말이 아니란 생각이 든다. 정제된 말을 사용해야 된다는 것이 나의 생각이다.

살다보면 몸이 아파서 병원에 가는 수가 있다. 나이가 들면 병원에 가는 횟수가 늘어난다. 병원에 가면 의사가 진찰을 하고, 처방전을 주면 그걸 들고 약국으로 가서 처방된 약을 받는다. 그런 일이 반복된다. 그런데 안약이나 귀에 넣는 약이 문제라고 한다.

약사의 말을 빌리자면 안약이나 이耳약은 반드시 약이 들어있는 종이 상자 속에 보관해야 된다고 한다. 약이 햇빛에 노출되면 약의 성분이 쉽게 변할 수 있다고 한다. 그런데 보통은 약을 받으면 겉 상자를 버리고 플라스틱 병만 간직한다고 한다. 그게 잘 못된 거라고 약사가 알려준다. 간단한 것 같은데 잘 지켜지지 않는 게 현실이라고 했다.

글을 쓰다 보면 '에와 예의 구분'이 모호해질 때가 있다. 문장에서 '받침이 있으면----이에요'고 '받침이 없으면----예요'라고 쓰면 된다. 예를 들면, 받침이 있을 때는 '뜻이에요. 말이에요. 일이에요. 방법이에요' 등으로 쓰면 되고, 받침이 없으면 '있을 거예요. 한 거예요. 갈 거예요. 애기예요'로 쓰면 된다.

단 예외가 있는데 '아니'와 '장소' 뒤에는 '에요'를 쓴다. '아니에요. 아녜요'와 '버스에요. 지하철에요. 기차에요. 비행기에요'와 같이 쓰면 된다. 우리말이지만 어느 때는 참 어렵다는 생각이 들기도 한다.

행동심리학을 연구하는 외국의 어느 한 학자가 남녀 각각 20명씩 총 40명을 버스에 태우고 관광길에 올랐다. 물론 40명의 남녀들에게는 그들이 실험의 대상이 된다는 사실을 알려주지 않았다. 출발 전에 관광객들에게 물을 한 병씩 나눠 주고 '날이 더우니 물을 자주 마시라'고 했다. 버스가 5시간을 달려 어느 휴게소에 닿았다. 안내원이 승객들에게 알렸다.

"다음 휴게소까지는 또 5시간이 걸리니 모두 화장실을 다녀오세요. 시간이 급하니 화장실을 다녀오신 후 바로 승차해 주시기를 바랍니다."
그 말을 들은 남녀 40명의 관광객들은 우르르 화장실로 달려갔다. 화장실로 달려간 후 남자 여행객들은 10분 만에 화장실에서 나왔는데, 여자 여행객들 20명은 30분 만에 화장실에서 나왔다. 또 5시간을 달려 목적지에 도착해서 화장실에 갔을 때도 거의 같은 시간대를 보였다. 다시 말하면 같은 조건에서 화장실을 사용하는 시간이 남자에 비해서 여자가 3배 더 걸린다는 이야기다. 결론은 휴게소나 관광지에서 남자 화장실이 10칸이면 여자 화장실은 30칸이 필요하다는 이야기다. 고속도로 휴게소나 관광지에서 여자 화장실 앞에 길게 줄을 선 모습을 자주 보게 된다.

정치하는 분들이나 그쪽 일을 관장하는 분들이 고속도로 휴게소에 있는 화장실이나 관광지에서 화장실을 지을 때 남자 화장실이 10칸이면 여자 화장실은 30칸을 짓도록 하는 법을 만들면 얼마나 편리하고 좋을까. 작은 것 같지만 이런 배려가 삶을 더 윤택하게 하고 아름답게 하는 게 아닐지 하는 생각이다.

작년 감이 빨갛게 익어가는 초가을에 '벨기에는 공주公主도 특혜 없다…이것이 공정이다'라는 기사가 신문에 났었다. 유럽의 북서부에 있는 입헌군주제를 시행하고 있는 작은 나라 벨기에 — 그곳의 왕위 서열 1위인 19세의 엘리자베스 공주가 왕립육군 군사학교에 자진 입교해서 화제가 되고 있다는 내용이었다.

그녀는 누구의 지시나 추천에 의한 입교가 아니라 스스로 입교해서 엄격한 교육을 1년간 받는 걸로 알려져서 화제가 되고 있다고 전했다. 다른 입교생과같이 엄격한 규율 속에 훈련하고, 심지어는 얼굴에 위장을 하는 검댕을 칠하고 구보를 하는가 하면 진흙탕 속에서 포복하는 훈련도 열심히 하는 것은 물론 사격, 행군도 다른 입교생들과 똑같이 한다고 했다. 특히 어떤 혜택도 주어지지 않으며 교관이나 같은 입교생들도 그녀를 특별히 대우해 주지 않고 식사는 물론 모든 일정을 일반 입교생과 똑같이 한다고 했다.

그녀가 왕위에 오르면 그녀는 벨기에 최초의 여왕이자 육군 총사령관이 된다는 것이다. 같은 시기에 우리나라에서는 카투사로 복무하던 사병의 휴가 문제로 나라가 벌집을 건드린 것처럼 시끄러웠다. 두 기사를 읽은 그 당시 독자들의 마음이 어땠을까 지금도 궁금하다. 아니 궁금 정도가 아니라 정말로 궁금하다.

집에서 기르던 어미 개가 여러 마리의 새끼를 낳았다. 가정 형편도 그렇고 농사일에 시간도 모자란 주인이, 강아지가 눈을 뜨고 며칠이 지난날 어미 개와 새끼들을 철창에 넣어서 장에 갔다. 새끼를 한 마리 두 마리씩 팔기 시작했다. 그걸 지켜본 철창 속의 어미 개가 눈물을 흘리고 눈이 충혈됐다. 아무 일도 할 수 없었던 어미 개는 그저 눈물만 흘렸다고 뉴스가 전했다. 같은 날 낙태약을 먹고 강제 출산한 20대 엄마가 노래방에 가서 9시간이나 수다를 떨다가 돌아와 보니 아기가 숨졌다고 진술해 6년의 실형 선고를 받았다는 뉴스가 떴다.
인간과 동물의 차이를 어디에서 찾아야 할지 고민이 깊어만 간다.

살다 보니 6

우리 몸의 각 기관을 한자로 표시할 때 공통된 특징이 하나 있다. 몸을 지탱하려면 뼈가 필요하고 뼈에 붙어 있는 것이 살이다. 인체의 각 기관이 살肉로 되어있음을 나타낸 것이 실로 경이롭다. 여기서 표현한 월月은 사실은 달월이 아니라 육달월月이라 하여 고기 육肉의 변형된 글자다.

예를 들면 간肝, 폐肺, 견(어깨뼈)肩, 위胃, 뇌腦, 췌(췌장)膵, 요(허리)腰, 두(배)肚, 지(사지)肢, 갑(어깨)胛, 장(창자)腸, 항(항문)肛, 협(옆구리)脇, 담(쓸개)膽, 광(방광)胱, 동(창자)胴, 해(엄지발가락)胲, 황(명치끝)肓, 부(오장육부)腑, 신(콩팥)腎, 포(여드름)胞, 흉(가슴)胸, 발(배꼽)脖, 슬(무릎)膝, 억(가슴)臆 등등 이외에도 많은 인체 기관이 육달월月과 결합해서 사용되고 있다. 엄밀히 따지면 달월과 육달월은 모양이 다르다. 달월月은 멀 경冂 안에 두이二가 왼쪽만 붙고, 육달월月은 멀 경冂안에 두이二가 양쪽 다 붙는다. 우리 한글도 멋있고 과학적이지만 한자도 오묘한 내용이 들어 있는 듯한 느낌을 받는다.

남부의 한 중소도시의 작은 식당에서 벌어진 일이다. 점심시간에 남자 손님이 들어와서 식사를 했다. 식사를 마친 손님이 식탁 위의 그릇들을 정리하고 빈 그릇을 쌓아 놓는 게 보였다. 사장은 바쁜데 너무도 감사하고 고마워서 속으로 칭찬을 했다. 손님이 음식값을 지불하고 밖으로 나가자 사장이 다가가서 식탁 위의 빈 그릇을 개수대로 옮기고 식탁을 닦다가 산초가 들어 있는 반찬통을 열고는 기겁을 했다. 산초 가루가 들어 있는 도자기통에 쓰고 버린 휴지가 가득 들어 있었다. cctv를 돌려 봤더니 살금살금 눈치를 보면서 쓰고 버린 휴지를 산초통에 넣는 모습이 보였다. 이에 누리꾼들의 반응이 이랬다. 선천적으로 나쁜 사람이 아니라 정신적인 질병을 앓는 사람일 거라고. 그런 사람은 정신 병원으로 보내야 한다고. 다른 누리꾼은 작도斫刀가 답이라고 했다. 작은 식당 하나 운영하는데도 신경 쓸 일이 한두 가지가 아니라고 입을 모았다.

엄나무 순이 한창 돋아나올 때 대도시에서 일어난 일이다. 술에 취한 대학생이 길에 세워둔 고급 외제 차를 발로 차서 문을 찌그러트리는 일이 벌어졌다. 심지어는 차 문을 열려고까지 했다는 것이다. 물론 그 대학생은 승용차 주인과 아무런 관계도 없는 사이였다고 했다.
경찰에 연행된 그 대학생이 술에서 깨어 한다는 말이 '전혀 기억에 없다'고 했다는 것이다. 실제로 술에 너무 취해서 기억에 없는 것인지, 아니면 술 취해서 벌인 일이라면 조금은 처벌이 가벼워질 거라서 그렇게 말했는지는 모른다. 그러나 발로 찬 자동차의 문을 수리하는 데만

수천만 원이 든다 하니 술값치고는 비싼 술을 마신 셈이다. 어른들 말씀에 '술은 마시지 않는 것보다 적당히 마시는 것이 더 어렵다.' 또 '술은 어른 밑에서 배워야 한다'라는 말이 있다. 그게 괜히 나온 말이 아님이 다시금 떠오른다.

지방의 중소도시에서 일어난 일이다. 빨간색 승용차만 보면 손잡이에 지폐를 꽂아두는 일이 벌어졌다. 그것도 천 원이나 오천 원짜리가 아닌 만 원이나 오만 원짜리 지폐였다고 한다. 때로는 족발이 들어있는 비닐봉지도 걸려 있었다고 했다. 그런 일이 몇 번 일어나자, 승용차 주인이 수거한 돈을 들고 경찰서를 찾아와서 자초지종自初至終을 이야기했다.

급기야 경찰이 설치된 CCTV 확인 작업에 들어갔다. 확인한 결과 혼자 사는 할머니가 그런 일을 했다는 단서를 포착했다. 내용을 알아보니까 아들이 타고 오는 승용차 색깔이 빨간색이란 걸 기억한 할머니는 자식 사랑에 그런 일을 했다고 한다. 또한 할머니는 치매癡呆라는 병을 앓고 있는 환자였다고 한다. 그걸 지켜본 승용차 주인은 물론 확인한 경찰까지 모정에 눈시울을 적셨다는 후문이다. 엄마의 바다같이 넓은 사랑을 자식들은 알고나 있는지 하는 생각이 들었다.

살다 보면 더러는 짜증이 나는 일을 당할 때가 있다. 지난번에는 금전을 찾아야 할 일이 생겨 은행에 갔다. 은행에 들러서 번호표를 뽑고 기다리는데 방문객이 몇 명이 되지 않아 쉽게 일이 해결될 것 같은 예감이 들었다. 그런데 내 앞번호에 있는 방문객은 30분이 지났는데도 요지부동搖之不動이다.

몇 분을 더 기다린 후에 그 방문객이 자리에서 일어섰다. 다음에는 내 차례였다. 내가 준비를 하고 있는데 은행원은 「점심 식사 중」이라는 팻말을 세워놓고 밖으로 나가는 게 아닌가! 무려 한 시간을 기다린 내 마음은 부아가 지글지글 끓어올랐다. 참말로 짜증 나는 순간이었다. 더러는 급한 일로 택시를 타는 수가 있다. 부지런히 나가서 택시를 잡을라치면 택시마다 건너편에서 나의 방향과 반대로 가는 게 다반사다. 기다리다 못해 길을 건너가면 그 많던 택시가 내가 기다렸던 반대편 쪽으로 약속이나 한 듯 몰리는 게 아닌가. 택시를 바라보는 내 마음에 또 짜증이 나기 시작한다.

코로나19가 창궐하던 때에 확진 판정을 받아 전담병원에 입원한 환자를 간호했던 간호사의 이야기가 몇 차례 방송된 때가 있었는데 생각할수록 그게 마음을 아리게 했다. 음압병동에서 방호복을 입고 땀에 젖으면서 사투를 벌이는 간호사들의 고충은 인내의 한계를 넘었다고 한다. 그렇게 힘든 일을 하는 간호사에게 입원한 환자가 영양제를 요구하는가 하면 배달된 삼계탕의 뼈를 발라달라고까지 했다는 것이다. 금연 구역인 화장실에서 몰래 담배를 피우거나 심지어는 입었던 내복을 빨아 달라고까지 했다니 상상을 초월한다.

어떤 환자는 우리가 죄인도 아닌데 왜 가두어 두느냐고 항의는 물론 112에 신고를 했다고도 했다. 환자가 요구하는 것을 들어주지 못하면 환자는 병실의 문을 발로 차든가 소리를 지르기도 하고 사용한 수건을 바닥에 던지기도 했다는 것이다.

전화로 환자분의 상태를 물어보고 필요한 게 뭐가 있느냐고 물었더니 거침없이 '여자'라고 답을 했다니 이건 기절초풍할 일이 아니었겠는가. 많은 환자가 간호사들을 가족처럼 생각하고 협조적이었는데 가끔 진상 환자들이 나타나 열심히 일하는 간호사들을 무척이나 힘들게 했다는 후문이다. 생각할수록 칙칙한 기분이 든다.

오래될수록 좋은 게 세 가지가 있다고 한다. 그게 바로 〈술과 목관 악기와 친구〉라고 한다. 맞는 말 같긴 한데 뭔가 한 가지가 빠진 것 같다. 그 세 가지는 그냥 세 가지가 아니라 〈관리〉를 철저히 해야 한다는 점이 중요하다. 관리는 바로 관심과 일맥상통하는 단어다. 무조건 오래된 것이라고 좋은 것은 아닌 것 같다.

술을 관리하지 않고 오래 두면 색이 변하거나 맛이 변한다. 좋은 쪽으로 변하면 식초가 되지만, 나쁜 쪽으로 변하면 썩는다. 오래된 술의 관리는 첫째가 온도의 변화를 가능하면 적게 해야 한다. 그래서 고급술일수록 지하나 동굴 속에 보관한다.

악기도 마찬가지다. 너무 건조하거나 습기가 많은 날에는 음색이 다르다. 그래서 목관 악기도 온도에 변화를 되도록 줄여야 한다. 다시 말해 관리를 철저히 하지 않으면 제대로 된 음이 나오지 않는다.

사람도 그렇다. 안부도 자주 묻고, 식사도 같이하고, 더러는 차나 술도 같이 마셔야 좋은 관계를 유지할 수 있다. 관리하지 않고 내버려두면 친한 사람에게 사기당하고 심지어는 죽임까지 당한 일들이 한두 건이든가! 관리-그거 별거 아닌 것 같지만 관리하지 않고 그냥 두면 오래된 술은 썩기 쉽고, 오래된 목관 악기는 갈라질 수도 있으며, 오래된 친구에게 무슨 일을 당할지 아무도 모른다.

심심하던 차에 텔레비전을 시청할 기회가 있었다. 부부 여러 팀이 나와서 공론을 벌리는 장면이었는데 제목이 '부부간의 대화'였다. 아내되는 분들의 하나같은 하소연은 '남편이 집에 와서 거의 말을 하지 않는다'는 것이다. 밖에서는 말을 많이 하는 남편이 집에만 오면 입을 닫고 있다는 불만이었다. 그러면서 남편이 아내의 말에 제발 맞장구라도 쳐주었으면 좋겠다는 것이 주된 요구 사항이었다.

맞장구를 쳐주었으면 좋겠다는 단어로 3가지가 꼽혔는데 그게 '헐, 대박, 진짜로'였다. 헐이란 원래 어이없다는 뜻인데 그게 변형되어 많이 쓰이는 것 같다. 놀람의 표현으로도 헐이라는 말이 쓰이는 것 같다. 대박이란 크게 이득이 될 때 나타내는 감탄사다. 진짜로는 거짓이 아닌 참된 것이라는 말이나 여기서 말하는 것은 맞장구로서 추임새 비슷한 말이다.

그런데 가만히 생각해 보면 남편을 즉 남자를 잘 몰라서 하는 말 같다. 원래는 구조적으로 여자가 남자에 비해서 3배의 언어를 구사한다고 한다. 선천적인 뇌의 구조가 그런 걸 어이하겠는가. 여자들은 핸드폰으로 3시간 통화를 하고 나서도 진짜 이야기는 만나서 하자고 한다는 말이 있는데 그게 정설인 것 같다.

여자를 비방하려고 하는 말이 절대 아니다. 뇌의 구조가 그렇다는 저명한 의사들의 이야기다. 의사들의, 더구나 저명한 의사들의 말이라니 믿어야 하지 않겠는가. 그러니 여자들이여, 남편의 뇌의 구조를 전폭적으로 뜯어고치지 않는 한 남편이 집에 와서 말을 많이 하지 않는다고 너무 구박하지 않았으면 한다. 선천적으로 그렇게 생긴 것을 가지고 제발 너무 학대하지 말았으면 한다.

조용한 시골에서 어미 소가 한 달 간격으로 두 마리의 송아지를 낳았다고 화제가 됐던 일이 있었다. 두 마리의 송아지는 교대로 어미젖을 빨았다. 두 마리의 송아지를 낳는 일도 극히 드문 일이지만, 더구나 그 간격이 한 달이라니 더욱 놀랄 수밖에 없었다. 동네 어르신들께서는 두 마리의 송아지에 대한 의구심도 있었지만 한 달이라는 시간차에 더 큰 의아심을 가지고 있었다. 결국 읍내에 있는 큰 가축병원에 의뢰하여 그 의문을 풀어보려 했다. 수의사가 달려와 소와 송아지의 혈액과 털을 채취하여 돌아갔다. 일주일 후 동네 어르신들이 모인 자리에 수의사가 다시 나타났다. "어미 소와 송아지는 유전자가 일치하지 않습니다. 이 송아지는 저쪽에 있는 소가 낳은 송아지입니다." 귀퉁이에서 젖이 불은 다른 어미 소가 송아지를 기다리고 있었다. 소의 주인은 허탈하면서도 개운했다는 후문이다.

살다 보니 7

오래전에 살던 아파트에서 겪었던 일이다. 옆집에서 며칠에 한 번씩 부부간에 싸움이 일어났다. 여자의 앙칼진 목소리가 얇은 아파트 벽을 통해서 들리기 시작하면 물건 부서지는 소리가 들리고, 연이어 흐느끼는 소리가 들린다. 그렇게 하기를 무려 한 시간 이상 계속되다가 잠잠해진다.

이유는 모른다. 다만 부부 싸움이 일어났다는 사실만 알 뿐이다. 순전히 내 생각이다. 한 가정에 남자가 잘 못 들어오면 가정에 문제가 생기지만, 여자가 잘 못 들어오면 가정은 물론 일가친척까지 문제가 생긴다는 것이다. 그런 일이 있은 며칠 후에 풍문風聞으로 들었다. 무슨 이유인지는 모르지만 그 집 여자는 화가 나면 술을 마신 후에 남편을 밀치며 욕을 하고, 물건 부수기가 일상이라는 이야기가 들렸다. 그런 이야기를 들어서인지 그 여자를 길에서 만나면 소름이 돋았다. 작은 눈에 악다문 입이 그걸 증명하듯 했다. 더구나 쑥대머리와 철 지난 옷이 혐오감까지 들게 했다.

그래서 결혼은 불쑥하는 게 아니다. 심사숙고하고 또 심사숙고해야 한다. 결혼을 인륜지대사라 하지 않았던가? 백번 맞는 말이다.

음주 운전은 본인의 생명뿐만이 아니라 타인의 생명까지도 위협하는 나쁜 행위다. 그런데도 음주 운전이 끊이지 않는다는 것은 지극히 유감스러운 일이다. 더더구나 음주 운전 단속을 며칠에 펼친다는 예고를 했는데도 음주 운전자가 대거 적발됨은 안타까운 일이다.
음주 운전은 선진국이나 후진국 모두 골치 아픈 일이다. 그래서 미국이나 러시아 같은 나라에서는 음주 운전을 차단하는 방법을 고안해 내고 있다는 소식이다. 음주 운전을 차단하는 방법으로는 피부 접촉과 호흡을 통하여 차단할 수 있다고 한다.
피부 접촉으로 자동차의 시동이 걸리지 않게 하는 방법으로는 운전자의 손에서 분비되는 소량의 알코올 성분을 감지한 센서가 시동이 걸리지 않게 하는 방법을 말한다. 그런데 만약 운전자가 장갑을 끼면 그런 장치는 무용지물이 된다.
그래서 피부 접촉 대신 호흡을 이용한 시동장치의 차단을 개발하고 있다는 것이다. 운전자가 얼마 이상의 알코올을 섭취하면 그 운전자의 호흡을 통하여 배출된 알코올의 양을 센서가 감지해서 자동차의 시동 여부를 판단하는 것이다.
이렇게 과학을 이용한 음주 운전을 미연에 방지한다는 것도 의미 있으나, 운전자 자신이 술을 마신 후에는 절대로 운전대를 잡지 않는다는 마음가짐은 물론 실천이 우선시되어야 할 것 같다는 생각이다.

몇 년 전으로 기억된다. 남미 남동부에 있는 우루과이 대통령 호세 무히카가 정계를 은퇴했다는 기사가 났었다. 그야 누구든지 때가 되면 자리를 떠나야 한다. 그런데도 그의 은퇴가 나의 뇌리에 오랫동안 각인된 이유는 그가 아주 소탈한(?) 인간이었다는데 있다.

싸구려 운동화 한 켤레, 바람에 날리는 머릿결, 아주 구식인 자동차 한 대, 낡은 바지가 그의 패션이란 점이다. 퇴직할 당시 그의 전 재산은 200만 원도 되지 않은 금액을 보유하고 있었다고 했다. 그는 대통령 재식 시 월급의 90%를 기부했고, 관저는 노숙자에게 내주었다고 했다. 물도 손수 길어다 쓰고, 빨래도 직접 했다고 했다.

그가 남긴 유명한 말 ─ 나는 가난한 것이 아니라 절제하는 것뿐이다 ─ 라고 했다는 것이다. 가족은 단 세 명. 그의 아내와 한쪽 다리를 잃은 개 한 마리. 남의 나라 대통령이지만 왠지 부럽다는 생각이 들었다.

내가 사는 아파트엔 유실수有實樹가 많다. 늦가을이면 잘 익은 감이 주렁주렁 매달린 모습은 한 폭의 그림 같다. 그런데 어느 동 앞에 있는 감나무는 늦가을이 되도록 감이 주렁주렁 매달려서 보는 이의 마음을 흐뭇하게 하는데, 어느 동의 감나무는 감이 크자마자 몽땅 따 버리는 것을 목격한다.

금전으로 치면 그게 얼마나 하겠는가. 마음의 조급함인가 아니면 아직도 본인이 사는 아파트 앞에 있는 것은 본인 것이라는 소유욕이 발동해서일까. 아니면 못 살았던 때의 관념이 몸에 배서일까! 감나무에 달린 감이 가격으로 치면 얼마나 한다고 그걸 크자마자 따 버리는 사람의 마음은 어떤 구조일까?

엄밀히 따지면 아파트에 있는 유실수는 아파트 주민의 공동 소유다. 다만 1층에 사는 주민이 편의상 텃밭을 가꾸고 과일을 따 먹어도 좋다는 무언의 배려를 한 것뿐이다. 그런 배려를 무시하고 마치 자기가 땅의 주인인 것 같은 행동을 하는 사람을 보면 기가 찬다. 그런데 그런 사람들이 생각보다 많다고 한다. 아파트에 입주하기 전에 공동생활의 규칙 같은 것을 교육한 후에 입주를 허가해 주었으면 어떨까 한다.

사찰에서 도를 닦는 스님의 손바닥에 있는 쌀을 참새가 날아와서 먹는 모습은 신기하기도 하고 경이롭기도 하다. 참새가 사람 손에 날아와서 모이를 먹는다는 것은 사람의 마음을 알고 있는 증거라 한다. 만약 사람이 동물을 헤칠 것 같은 기운을 느끼면 아무리 배가 고파도 손바닥의 먹이를 먹지 않는다고 한다. 사람의 손바닥에 있는 모이를 날아와서 먹는다는 것은 그만큼 그 사람을 믿는다는 증거라 했다. 얼마나 마음이 너그럽고 안온하면 산새가 날아와서 먹이를 먹을까 생각할수록 신비하다. 같은 먹이를 등산객이 들고 있으니까 한 마리의 새도 날아오지 않았다. 정말로 산새는 사람의 마음을 알고 있는 것일까.

자연은 불가사의不可思議 한 것이 너무나도 많다.

살다 보니 8

나는 텔레비전으로 뉴스를 자주 본다. 그러던 어느 날 텔레비전을 보려고 스위치를 눌렀는데 유명 탤런트들이 나와서 고민을 들어주는 모습을 방영했다. 호기심도 생기고 무료하기도 하던 터라 계속 텔레비전 화면을 바라보았다. 그날 내가 본 고민은 이랬다. 나온 주인공은 어려 보이는 얼굴이지만, 이목이 수려한 여자였다. 그 여자가 본인의 고민을 이야기했다.

"저는 세 아이를 둔 엄마입니다. 결혼해서 오늘날까지 남편의 사랑을 받았는데, 받아도 너무 많이 받았습니다. 제가 명절 때 친정이나 시댁에 가서 설거지를 하려고 하면, 친정은 그렇다 하더라도 시댁에서 설거지를 하는데 남편이 따라와서 설거지를 한다고 거들어 줍니다. 혹자는 호강에 지쳐서 하는 소리를 한다고 하는 분들이 있겠지요, 그게 호강인가요? 시댁 식구들의 시선을 의식하지 않는다는 것인가요?
내가 친구를 만난다고 집을 나가면 십 분이 멀다 하고 전화가 오고, 결국은 내가 친구를 만나는 장소까지 와서 나를 보호한다는 명목하에 내

근처에 앉아 있습니다. 심지어는 내가 커피숍에서 여자 친구를 만나면 내가 앉은 자리에서 몇 칸 건너까지 와서 나를 지켜봅니다.

그뿐이 아닙니다. 내가 시장을 보려고 나가면 나를 따라와서 물건을 사는데도 참견을 하고, 주인과 흥정을 하는데도 끼어듭니다. 남편은 운동을 매우 좋아합니다. 그것으로 끝났으면 좋겠다는 생각을 많이 합니다.

남편이 운동을 좋아하는 것까지는 이해가 되는데 구태여 남편이 입은 운동복까지 같이 맞추어서 입으라고 강요를 합니다. 제가 극구 싫어해도 결국 같은 색깔의 운동복을 입고야 맙니다.

하나에서 열까지가 남편 위주로 생각하고, 저는 남편에게 끌려가고 있다는 생각이 듭니다. 더 솔직하게 말하면 남편에 의해서 사육당하는 기분이 듭니다. 저는 결혼해서 오늘날까지 화초처럼 살아왔다고 생각합니다.

물은 주는 대로 받아야 하고, 가지를 자르면 자른 대로, 가지를 비틀면 비틀리는 분재처럼 산다는 느낌으로 살아왔습니다. 나는 남편이라는 남자에게 소유 당한 마네킹 같다는 생각을 합니다. 이게 호강입니까? 이게 사랑입니까? 나는 이건 아니라고 생각합니다."

말하고 있는 주인공의 눈에 눈물이 글썽이는 모습이 보였다. 그렇다. 사랑과 집착은 전혀 다른 차원이다. 한 남자가 한 여자를, 여자가 싫어하는데도 죽도록 따라다니는 것은 사랑이 아니라 집착이다. 집착은 심각한 병적 현상이다.

집착을 하는 사람은 모르나 집착에 시달리는 사람에게는 깊고 큰 상처를 남긴다. 집착은 극도의 이기적인 마음에서 싹트는 외골수 감정이다. 사랑이 이타행이라면 집착은 자기중심적 사고에서 싹튼다.

그 흔해빠진 사랑이라는 단어 하나 제대로 해석하지 못하고, 집착을 사랑이라고 오해한다면 그건 참으로 슬픈 결혼생활이라는 생각이 들었다. 어쩌다 그 지경까지 됐을까 생각하니 안타깝다는 생각이 자꾸 나의 뇌리를 스쳐 지나갔다. '원하지 않는 친절은 극도의 부담감을 준다'는 이 말은 무엇을 의미하는가? 받을 사람은 생각을 하지 않는데 자꾸만 주려는 것도 역시 병적인 현상이다. 받으려고 하는 사람이 원하고 또 받을 준비가 되어있을 때 비로소 주는 것이 의미가 있다는 것은 어린아이도 안다. 집착을 사랑이라고 착각하고 사는 사람은 행복할지 몰라도, 받는 사람은 숨통이 조여온다는 것을 명심해야 한다.

사랑과 집착에 대한 〈거미와 이슬〉의 우화가 있다. 숲속에 한 마리의 거미가 살고 있었다. 아침에 일어나 보니 거미줄에 이슬이 한 개 보였다. 둘은 친구가 되기로 했지만 조건이 있었다.

어떤 경우에도 거미가 이슬을 만지면 안 된다는 것이었다. 어느 날 호기심이 발동한 거미가 자제하지 못하고 이슬을 만지는 순간 이슬은 사라졌다. '사랑은 소유하는 것이 아니라 지켜준다는 의미를 지닌 우화'다. 사랑과 집착을 구별하지 못하는 결혼생활이란 한 마디로 비극이다. 그런데도 싫다는 것을 억지로 주려 하고, 때로는 그렇게 받은 것이 올가미가 되어 사람을 옥죄기도 한다. 성장 과정이 다르고, 생활환경이 다르고, 신체적 구조가 다른 남녀가 한집에서 산다는 것 자체가 비극의 씨앗인지도 모른다. 그래서 결혼이라는 것은 심각하게 생각하고,

고민하고, 결정해야 하는 일생일대의 중요한 과제다.

'꽃을 좋아하는 사람은 꽃을 꺾지만, 꽃을 사랑하는 사람은 물을 준다'라고 했던가. 부부가 서로에게 여유와 쉴 수 있는 시간을 준다는 것은 사랑의 표현이지 무관심이 아니라는 점을 인식했으면 한다.

아내가 친구를 만나는 카페까지 매번 따라와서 아내를 바라보는 남편이 있다면 그가 갈 곳은 정신질환精神疾患을 치료하는 병원이 아닐까 하는 느낌이 든다.

사랑과 집착을 구분할 줄 모르는 배우자와 같이 산다면 그건 분명 문제가 있는 결혼생활이다. 세상을 산다는 게 만만찮다. 아니 세상을 잘 살아간다는 게 말처럼 수월치 않다.

미세먼지가 극성을 부리던 어느 날 우연히 텔레비전을 보다가 36년 전에 독일로 불법 반출된 조선시대의 문인석文人石 한 쌍이 우리나라에 돌아온다는 소식을 들었다. 그런데 그걸 우리나라 사람이 우리나라로 돌려 달라는 소송을 걸거나 항의를 한 것이 아니고, 독일에서 자진 반환한다는 내용을 듣고 적지 아니 놀랐다.

조선 중기에 제작된 것으로 추정되는 문인석은 크기로 봐서 어린아이 키 정도였다. 머리에는 복건을 쓰고, 손에는 왕의 지시 사항이 적힌 두루마리를 양손으로 다소곳이 들고 있는 석상. 독일의 함브르크 박물관장이 소장 중인 문인석을 함브르크 주정부와 독일 연방정부 승인을 거쳐 아무 조건 없이 우리나라로 반환한다면서 행사를 벌였다고 했다. 반환한다는 문인석은 1983년 그러니까 지금으로부터 36년 전에 독일인 사업가가 서울의 종로구 인사동에 있는 골동품 가게에서 구입해서 독일로 운반한 것을 1987년 독일 박물관 측에서 구입했다고 했다. 그런데 그 문인석을 조사해 봤더니 한국에서 독일로 옮길 때 이사용 컨테이너에 숨겨서 불법적으로 가져갔다고 했다.

독일 로뎀바움 박물관장 바바라 플랑켄슈타이너는 '불법적으로 가져간 어떤 것이라도 본국으로 반환하는 것이 의무'라고 말했다는 것이다. 우리나라 아나운서는 '현재 해외에 보관 중인 우리나라 문화재는 17만 3천여 점'이라고 말했다. '물론 유네스코 불법 문화재 양도 불가 규정이 있긴 합니다. 하지만 그 규정을 충실히 따르는 정말 보기 드문 일이라고 하겠습니다'라고 말을 맺었다.

언뜻 보면 돌덩이에 불관한 작은 석조물 2점. 하지만 그걸 불법으로 들여왔다고 아무 조건 없이 만든 나라로 돌려보낸다는 것은 우리에게 시사하는 바가 크다. 선진국을 따지는 조건은 여러 가지가 있다. 정치적으로 성숙한 선진국이 있는가 하면 경제적인 선진국도 있고, 사회적으로 성숙된 선진국도 있다. 이번 독일의 문화재 문제는 문화적인 선진국이라고 말해도 될 것 같다.

우리나라로 돌아오면 문인석은 국립민속박물관에서 일반인에게 공개될 예정이라고 알렸다. 일반인에게 공개되는 그날 국립민속박물관으로 달려가 36년 만에 돌아오는 조상의 숨결을 느껴보고 싶다. 아울러 독일인의 아름다운 행동에 진정으로 감사하는 마음을 보내고 싶다.

살다 보니 9

아프리카에는 '아프리카 자카나'라는 괴물(?) 새가 산다고 한다. 굵은 두 개의 다리에 작게는 작은 2개의 다리가, 많게는 6개의 작은 다리를 달고 있다는 것이다. 상상만 해도 징그러운 모습이다. '자카나'라는 새는 일처다부제로 암컷이 알을 낳으면 수컷이 부화는 물론 양육까지 모두를 책임진다는 것이다. 수컷이 새끼를 돌보는 순간부터 암컷은 다른 수컷을 찾아서 미련 없이 떠난다고 한다.

이때 새끼들이 위험에 노출되면 수컷은 새끼들을 날개 속에 품고 급히 위험지역을 벗어난다고 한다. 그때 날개 밖으로 삐져나온 여러 개의 다리가 보여 일명 괴물 새로 오해를 받는다는 것이다. 알고 보면 부성애父性愛가 엄청 강한 새이며 또한 슬픈 새다. 자식의 안전을 위해서 괴물 새라는 누명까지 쓰면서 힘겹게 사는 모습이 어쩌면 오늘날 늘어진 어깨를 하고 귀가하는 아빠를 연상케 한다.

오늘날 남자로 산다는 것, 아빠로 산다는 것 ― 아프리카 자카나와 조금도 다르지 않다. 생각할수록 힘든 삶을 사는 것 같아 떫은 마음이다.

남부의 한 도시에서 일어난 일이다. 여자고등학교 화장실에 몰래 카메라가 설치됐다는 보도가 있었다. 근방의 CCTV를 확인하고, 직원들의 상태를 면밀히 조사한 끝에 몰래 카메라를 설치한 범인을 잡았다고 했다. 처음에는 범인으로 지목된 교사가 범행을 극구 부인하다가 CCTV화면을 보여주자, 범행을 시인했다고 한다. 몰래카메라를 설치한 교사는 결혼한 40대 남자로 자녀까지 두고 있다고 했다. 무엇이 그 남자 교사의 마음을 흔들었을까, 단순한 호기심일까 아니면 정신적 질환이 있었던 것일까?

여자의 신체 일부를 즐겨 보는 것에 집착하는 것을 관음증觀淫症이라고 한다. 누구든지 호기심은 있다. 그러나 그 호기심이 지나치면 그것이 문제다. 더구나 학생을 가르치는 교사가 그런 것을 설치했다면 이건 중대한 범죄다. 교사는 전문적인 지식이 있어야만 함은 두말할 나위도 없다. 그러나 그에 버금가게 훌륭한 인성도 갖추어야 하지 않을까? 그런데도 그런 일이 너무 자주 일어나는 데 대한 특단의 조치가 이루어져야 하지 않을까 하는 생각이다.

한 학생이 역사 수업 시간에 '안중근 의사는 어떤 과목을 진료하느냐?'고 하는 질문을 했다고 하는 기사가 났었다. 실제인지 만든 말인지는 몰라도 이게 사실이라면 심각한 문제다. 그뿐이 아니다. '사흘을 쉰다'는 말에 왜 3일을 쉬는데 4일을 쉰다고 하느냐는 말에는 말문이 막힌다. 도대체 어디부터가 잘못된 것인지 종잡을 수가 없다. 기왕 나온 김에 국가보훈처가 내린 의사와 열사와 지사에 대해서 알아보자.

의사義士는 무력으로서 항거하여 의롭게 죽은 사람을 말함으로써 안중근 의사, 이봉창 의사, 윤봉길 의사, 강우규 의사, 김상옥 의사, 남자현 의사 등이 있고, 열사烈士는 맨몸으로 저항하여 지조를 나타낸 사람으로 유관순 열사, 이준 열사, 민영환 열사, 이한열 열사, 박종철 열사 등이 있으며, 지사志士는 나라와 민족을 위하여 몸 바쳐 일하려는 뜻을 가진 사람으로 신채호 지사, 박은식 지사, 김구 지사 등이 있다. 우리가 우리의 역사를 바로 안다고 하는 것은 지극히 자랑스러운 일이다. '역사를 잊은 민족에게는 미래가 없다'는 이 말은 참으로 귀중하다는 생각이다.

하기야 '흉년이 들어 피죽도 못 먹었다'라는 말을 동물의 피로 끓인 '선짓국도 못 먹었다'와 같다고 하는 젊은이가 대다수라니 어처구니가 없다. 여기서 피란 볏과에 속하는 일년생 초본식물을 말한다. '천둥벌거숭이'의 원뜻이 '천둥 칠 때 벌거벗고 뛰어다니는 미친 사람'이라고 답했다는 어느 고등학생의 답안지를 읽고 기절하는 줄 알았다. 천둥벌거숭이의 원래 뜻은 '여름날 하늘을 나는 빨간 고추잠자리'를 아는 사람은 생각보다 적은 것 같다. 지금은 '앞뒤 가리지 않고 마구 나서는 사람'을 일컫는 말로 많이 쓰이고 있다.

요즘은 어느 가정이나 화분 몇 개씩은 있다. 그중에서 선인장도 한몫을 한다. 하나의 이름에 2,500여 종의 선인장이 있다는 게 신기할 따름이다. 지구상에 하나의 이름에 그토록 많은 종류가 있는 식물은 선인장 이외는 없는 것 같다.

선인장은 원래가 사막지대 같은 열악한 환경에서 잘 자라게 발달된 식물이다. 보통은 선인장 하면 가시가 있는 걸로 생각하기 쉬우나, 선인장에도 가시가 없는 것도 많이 있다. 또 가시가 있어도 솜털처럼 부드러운 선인장도 있다. 선인장은 관상용으로만 키운 게 아니라 말라리아 치료제 같은 약재로도 사용되었다고 한다.

물론 사람이 지은 것이긴 하지만 선인장 이름에는 화려한 것들이 많다. 백조, 예수옥, 자천지, 왕관용, 목단옥, 금강화, 월궁전, 난봉옥, 금섬, 오차각, 암석사자, 잔설, 보검, 은세계, 백자금호, 앵란옥, 환락, 장군, 양귀비, 신천지 심지어는 대통령이란 이름의 선인장도 있다. 달걀을 반쯤 베어놓은 것 같은 제옥이란 특이하게 생긴 선인장도 있으며, 푸른 귤처럼 생긴 오베사라는 선인장도 있다. 그런데 생명력이 질긴 선인장도 관리를 잘 못하면 죽기 십상이다. 가장 범하기 쉬운 오류로는 물주기가 대표적이다.

일반적으로 선인장은 한 달에 한두 번 정도 물주기를 하고 장마철에는 더 긴 기간 물을 주지 않아야 한다. 물을 줄 때는 줄기에는 절대 물을 주지 말고 오직 뿌리에만 물을 주어야 한다. 막대 모양의 선인장을 잘라서 심을 때는 자른 선인장을 일주일 정도 말렸다가 심는 것만 보아도 물 관리가 정말 중요함을 느낀다. 선인장의 실패는 뿌리 썩음 병이라는 사실만 보아도 물주기가 얼마나 조심스러운지는 짐작이 간다. 쉽게 말하면 선인장은 게으르게 키우는 것이 더 좋다는 것이다.

선천적으로 부지런한 우리나라 사람들에게는 어찌 보면 궁합이 잘 맞지 않은 식물이기도 하다. 한 박자 느리게 가는 심정으로 선인장을 돌본다면 실패할 확률이 줄어든다. 내가 이십여 년 넘게 키우는 선인장인 난봉옥이 금년에도 노란색의 화려한 꽃을 연이어 피우고 있다. 푸른 귤처럼 생긴 오베사는 작은 꽃대를 예닐곱 개나 피워 올렸다. 그 작은 몸통 속 어디에 그런 꽃대가 숨어있는 줄 상상이나 했는가! 모든 게 신기하고 놀랍다. 모두 게으르게 키운 덕분인 것 같다. 나는 그곳에서도 작지만 잔잔한 기쁨을 느끼며 산다.

사람마다 취미가 다르고 생각하는 관점이 다르다. 내게 소나무로 된 두꺼운 바둑판이 하나 있다. 그것도 내가 바둑을 좋아한다니까 문학을 하는 분이 선물로 준 것이다. 하지만 나는 평소에 은행나무 바둑판을 하나 가지고 싶었다. 그것도 금전을 지불하고 사는 것보다도 내가 직접 만들어보고 싶어서 은사님으로부터 은행나무 두 토막을 구해왔다. 삼 년을 건조시킨 은행나무 두 토막을 차에 싣고 제작소로 달려갔더니 어이해 크기가 모자라도 한참 모자랐다. 두 개를 붙인다는 것도 그렇고 해서 가져간 은행나무 두 토막과 나의 산문집을 주인에게 주었다. 그걸 받은 사장이 아카시나무로 힘들게 깎은 직사각형의 나무 과일 바구니를 선물로 주는 게 아닌가. 내가 보기에도 그건 단순한 나무 과일 바구니가 아니라 가장자리가 꽃잎 모양으로 예술작품 같아 보였다. 엄밀히 말하면 예술작품이었다.

그걸 받아 온 날 집에서는 환호성이 터졌다. 여기저기 문의도 해보고 알아본 결과 아기용 오일을 바르면 나무에 윤기가 돌고 오래 보관할 수 있다고 해서 그걸 구입하여 정성스레 발랐다. 노력한 것만큼 나무

바구니는 윤기를 냈다. 장인匠人의 손에서 피어난 예술작품은 보는 것만으로도 행복을 느낀다. 마트에 갈 때면 과일을 구입하여 나무 과일 바구니에 담아 놓고 보면 틀림없는 세잔의 정물화다. 요즘은 그걸 보는 재미가 어지간하다. 그곳에서도 행복이 있음을 발견한다.

간혹 시내를 나갈 때면 지하철을 이용한다. 편리하고 시간도 잘 지키니까 그렇게 좋을 수가 없다. 어느 날인가 지하철을 타고 시내를 나갔다가 귀가하는 때였다. 내 옆에 중학생으로 보이는 남자 두 명이 대화를 나누고 있었는데 그들의 대화가 들렸다.
"우리 할아버지는 잔소리가 너무 많아."
"우리는 어머니가 잔소리가 심해."
"그래?"
"만나기만 하면 잔소리야."
"정말 잔소리에 미치겠어."
그들의 대화에서 느낀 건 어른들의 지도가 모두 잔소리로 들린다는 식이다. 물론 사춘기적 반항도 어느 정도 들어 있을지는 모르지만, 또 간혹 잔소리도 있긴 하겠지만 어른들의 말이 모두 잔소리로 들린다면 그건 생각해 볼 문제다.
어른들의 말 속에는 일을 해결하는 지혜와 축적된 지식이 내포되어 있다는 사실을 간과해서는 안 될 일이다. 물론 어른들의 말이 모두 다 지도의 성격을 갖는 것은 아닐 수도 있다. 그러나 분명한 것은 젊은이들보다 많은 경험과 일을 해결하는 능력을 갖추고 있음은 자명하다. 영국 속담에 '노인 한 분이 사라지는 것은 시골의 작은 도서관 하나가 없어지는 것과 같다'라고 한 말이 괜히 나온 것이 아님이 새삼 가슴에 닿는다. 지하철에서 들은 두 남학생의 대화를 듣고 난 후부터 나도 손자에게 가능하면 잔소리를 하지 않으려고 부단히 노력하고 있다. 아니 어느 날은 하루 종일 말을 하지 않고 지낼 때도 있다. 어른들의 말이 모두 잔소리로 들린다는데 구태여 좋은 말을 하고도 잔소리로 들린다면 말을 하지 않음만 못하리라는 생각 때문이다.

사람은 누구나 편리함을 추구한다. 그 대표적인 것이 앉아서 물건을 받는 경우다. 특히 음식 배달이 성업인 이유가 바로 편리함 때문인 것으로 조사됐다. 우리나라 서부의 한 도시에서 부녀父女가 음식을 주문했다. 주문받은 음식점에서 급하게 음식을 만들어 오토바이로 배달을 하고, 현관의 벨을 누른 후에 음식 사진까지 찍었다. 그런데 배달한 지 십 분이 지났을까 '왜 음식이 안 오느냐'고 전화가 왔다고 했다. 이상하게 생각한 배달원이 달려가서 확인해 보니까 부녀가 배달한 음식을 먹고 있었다고 했다.
이런 것은 사기 및 경범죄 처벌법에 해당한다는 말이 무성했다. 무엇을 먹었는지는 모르나 비싼 음식을 먹었음이 분명하다.

살다 보니 10

영어에 polyamory라는 단어가 있다. '폴리아모리'라는 생소한 단어의 뜻은 '두 사람 이상을 동시에 사랑한다는 다자간 사랑'을 두고 한 말이라고 한다. 그런데 이런 일이 실제로 존재한다고 해서 세인들의 이목을 집중케 한 일이 일어났다.

몇 해 전에 중부의 한 도시에서 사랑하는 두 남자와 한 여자가 한집에서 산다고 하는 말이 현실에서 등장했다고 한다. 사랑은 누구나 할 수 있고 누구든지 사랑을 하면서 행복을 추구할 수 있다. 사랑 그 자체가 죄는 아니다. 아니 사랑 없는 생활은 무미건조하고 삭막할 수도 있다.

그러나 우리나라 같은 동방예의지국에서는 시기상조가 아닐까하는 생각이다. 여기가 히말라야산맥 부근에 있는 라다크도 아니고, 국가가 법으로 일처다부제를 허용한 나라도 아니다. 『오래된 미래』라는 책에서 라다크의 생활상이 소개되었는데 그곳에 일처다부제—妻多夫制가 현존한다고 한다. 한 여자가 여러 남자를 남편으로 두고 있지만 그들이 동시에 한 집에 머무는 것은 아니라고 한다. 한 남자가 소 떼를

몰다가 집에 들어오면 집에 있던 남자가 소 떼를 인수하여 길을 나선다는 것이다. 그러니까 남편이 여럿이라 할지라도 한 집에 여러 명이 동시에 거주하지 않는다는 것이다. 다시 말해 최소한의 질서는 지킨다고 한다. 티베트 자치구 남동부에 살고 있는 먼빠족이나 중국 서장에 거주하는 로빠족, 인도의 토다족에도 일처다부제가 있지만 남편들은 모두 각자의 방이나 집에서 산다는 것이다.

대한민국에서 사랑하는 두 남자와 한 여자가 동시에 한 집에 거주한다. 그럼 잠은 어떻게 자는가 하는 생각이 들자 민망한 생각이 들었다. 비록 나만 그런 생각이 들었을까, 내 생각이 잘못된 것일까, 정말로 내가 잘 못 생각하고 있는 것일까……. 어찌했던 세상이 빠른 속도로 변모하고 있음이 피부에 닿았다.

친구와 저녁을 먹기 위해 식당에 들렀다. 우리가 자리를 잡고 앉았는데 나의 좌석에서 두 칸 건너쯤에 젊은 남녀가 식사를 하고 있었다. 그런데 그 여자가 입은 옷이 참으로 화사하고 멋져서 눈이 부실 지경이었다. 가만히 생각해 보니까 얼마 전에 우리나라의 유명 탤런트가 그 옷을 입고 나와서 극찬을 받았다는 그 옷이었다. 그 탤런트는 키가 일 미터 칠십을 넘었으며 긴 머리에 시원한 이마를 하고 있었다. 더구나 체형이 약간 마른듯해서 더 멋있어 보였다. 그런데 식당에서 본 여자는 키가 일 미터 오십을 조금 넘긴 키에 약간 비대해 보였다.

내가 보기에 그 여자는 몸에 옷을 걸친 것이 아니라, 몸을 옷에 억지로 구겨 넣은 듯한 모습이었다. 터질 듯한 허리선과 당겨 올라간 상의 뒷

부분에 나타난 반달 모양의 맨살이 보는 사람을 안타깝게 만들었다. 옷이란 그 사람의 체형에 어울려야 멋이 있다. 남이 입은 옷이 멋있다고 본인의 체형을 무시하고 무조건 따라 입는다는 것은 자신을 망각한 슬픈 일인 것 같다.

우리가 살기 위해서는 여러 가지 조건이 필요하지만, 그 중에서도 물이 없으면 당장 생명을 위협받는다. 내가 다니는 병원의 원장님은 하루에 2L 이상의 물을 마시라고 권고를 한다. 비뇨기과 의사 선생님은 모든 사람이 다 같이 2L의 물을 마시는 건 아니라고도 했다. 신장腎臟이 약하거나 아픈 환자는 과도한 물을 마시는 것은 신장에 무리를 주니 주의하라고도 했다.

그런데 물이란 단순히 물이 아님을 안다면 물도 아무렇게나 마시지는 않을 것 같다. 동의보감에 나온 물의 종류로는 한천수, 옥정수, 납설수, 정화수, 추로수, 벽해수, 역류수, 증기수, 국화수, 매우수, 지장수, 생숙탕 등등 33가지의 물이 존재한다. 그중에서 우리의 이목을 끄는 것이 바로 생숙탕生熟湯이란 물이다.

생숙탕은 만성 소화불량, 신경성 위염, 변비, 설사, 과민성 대장 증상 개선에 효과가 있는 것으로 알려져 있다. 또한 생숙탕은 기상하자마자 마시면 더 효과가 있다고 한다. 생숙탕이란 뜨거운 물과 차가운 물을 반반씩 섞은 물을 말한다. 그런데 여기에 과학의 비밀이 숨겨져 있다. 예를 들면 이렇다. 1+2=3이다. 또한 2+1=3이다. 이는 수학이다. 다른 것을 생각해 보자. 뜨거운 물 1L에 차가운 물 1L를 부으면 미지근한 물

2L가 된다. 이번에는 순서를 바꾸어 차가운 물 1L에 뜨거운 물 1L를 부으면 미지근한 물 2L가 된다. 과연 이 말이 맞는 말인가 생각해 볼 필요가 있다.

뜨거운 물에 차가운 물을 부으면 미지근한 물이 되지만 차가운 물에 뜨거운 물을 부으면 잘 섞이지 않고 도로 차가운 물과 뜨거운 물로 분리된다는 사실을 알아야 한다. 이것이 과학이다. 이치는 간단하다. 뜨거운 것은 위로 뜨려 하고, 차가운 것은 아래로 가라앉으려 한다.

이는 비단 액체에서만 있는 현상이 아니라 기체에서도 같은 현상이 일어난다. 무더운 여름철에 에어컨을 작동시킬 때 에어컨의 날개를 아래로 하면 아래는 시원하나 위는 덥게 느껴진다. 더구나 직접 차가운 바람을 쏘이면 여름 감기에 걸릴 확률도 높아진다. 반면 에어컨의 날개를 천장 쪽으로 하면 차가운 바람이 위로 가고 그 공기는 무거워서 공간 전체를 시원하게 만든다. 전체를 식혀야 하니까 시간이 좀 더 걸리는 단점은 있다. 매일 아침 기상하자마자 뜨거운 물에 같은 양의 차가운 물을 부은 생숙탕을 한 컵씩 마신다면 건강 증진에 좋은 효험을 볼 수 있다 하니 한번 실천해 봄 직하다.

대도시의 한 고등학교에 근무하는 40대 여교사가 그 학교에 재학 중인 남학생과 사랑에 빠졌다고 한다. 심지어는 여선생과 고등학생 간에 여러 번의 성적인 접촉까지 있었다고 신문이 전했다. 그런데 이 남학생이 여교사를 폭행하는 일이 잦아지자 여교사가 이를 경찰에 신고했고, 결국은 두 사람의 관계가 만천하에 드러났다. 또한 여교사는 아동

청소년 성 보호법에 관한 법률 위반으로 조사를 받았다고 한다.
누가 먼저 호기심을 가졌는지는 모르나 그건 대단히 위험한 일임에는 틀림이 없다. 간혹 남교사가 여학생과 부적절한 관계를 맺었다는 보도는 있었다. 하지만 여교사가 남학생과 부적절한 관계를 맺었다는 보도는 지극히 이례적인 일이라서 누리꾼들의 댓글이 홍수를 이뤘다.
－사랑에는 국경이 없다더니만, 여자를 다루는 법을 잘 가르쳐준 참 선생이네, 마흔 살도 넘은 인간이 어디서 귀한 남의 자식 인생을 끝내려고, 막장이네 그나마 그 여교사가 미혼이라면 모를까 아님, 가정 파탄 날 일이네, 결국 부적절한 관계가 데이트 폭력으로 막장극이 종료되는군－.
계속해서 누리꾼들의 댓글이 홍수를 이루고 있다.

2020년 초에 중증의 호흡기 질환을 유발하는 코로나바이러스 때문에 전 인류가 마스크를 써야 했다. 한때는 마스크가 모자라서, 아니면 충분한데도 매점매석해서 그걸 구하려고 전쟁 아닌 전쟁을 치르기도 했다. 바이러스의 전파를 막는 마스크에 사용되는 부직포의 재질은 생수 뚜껑과 같은 플라스틱이라고 한다. 그 당시 우리나라 사람들이 사용하고 버린 마스크는 한 달에 6천만 장이고, 전 세계적으로는 한 달에 1,290억 장을 사용한 후 버려졌다고 했다.
그런데 쓰고 버리는 마스크의 뒤처리 때문에 때아닌 걱정을 하게 됐다고 한다. 플라스틱이 분해되어 결국은 그걸 물고기가 먹고, 끝에 가서는 인간이 섭취해야 하는 비극이 기다린다는 것이다. 신문에 난 걸 보니까 당장 문제가 생기기도 했다는 것이다. 마스크를 착용하려면 마스크 줄을 귀에 걸어야 한다. 이때 버려진 마스크 줄에 비둘기의 다리가 엉켜 날지 못하고 죽어가고 있다고 동물 보호단체에서 들고 일어선 것이다. 본인이 사용한 마스크는 본인이 가져다가 쓰레기통에 넣어서 버리면 간단하다. 그 간단한 것을 길가에 버리는 마음은 어떤 양심을 가졌을까? 혹시 몰래 버린 마스크는 마스크를 버린 것이 아니라 양심을 몰래 버린 것은 아니었을까.

이런 것 하나에도 결자해지結者解之의 정신이 필요함을 느낀다. 남이 쓰던 마스크를 치우라는 이야기가 아니다. 본인이 사용한 마스크는 본인이 치우라는 이야기다. 얼마나 간단한가. 본인이 사용한 마스크 한 장 제대로 치우지 못한다면 정말 그 사람은 마스크를 쓸 자격이나 있는지 묻고 싶다. 나는 그 기사를 읽은 후로는 마스크를 버릴 때 꼭 귀걸이 끈을 가위로 잘라서 쓰레기통에 버린다.

결혼 40여 년 동안 가정 폭력에 시달리다 이혼한 부부가 있었다. 이혼 후에도 전남편이 폭력을 행사했다고 한다. 이에 60대 아내가 70대 남편에게 수면제를 먹인 후 남자의 중요 부위를 잘랐다고 한다. 법원에서는 여자에게 징역 3년을 선고했다고 한다. 아무리 전 남편이 미워도 그렇지 남자의 최후 자존심이라는 그곳을 절단했다니, 남자는 평생 소변도 앉아서 봐야 한다고 한다.

"그래서 뭐랬어?"

"여자의 한은 오뉴월에도 서리를 내리게 한다고."

"있을 때 잘하지 그랬어."
"그 여자 얼마나 힘들었으면 그랬을까?"
누리꾼들이 한마디씩 했다.

요즘 교권이 무너진다는 소리가 자주 들린다. 최근 학생이 선생님을 폭행하는 건수가 늘어난다고 하소연이다. 교사에 대한 폭언은 다반사茶飯事고 심지어는 학생이 교사를 폭행하는 일까지 일어나고 있다는 이야기다. 한마디로 말세다.
교사가 학생을 조금이라도 건드리거나 꾸짖으면 학부모가 학교에 들이닥쳐 난리를 피운다는 것이다. 스승도 때리는데 늙고 병든 부모를 때리지 말라는 법이 없기 때문에 앞날이 더 걱정이다. 미성년자가 밖에서 나쁜 짓을 하면 부모가 대신 책임을 져야 한다는 말이 나오고 있다. 특히 학생들이 기간제 교사를 폭행하는 일이 잦다는 것이다.
길에서 담배를 피우는 중학생을 나무란 중년의 남성이 학생들로부터 뭇매를 맞기도 하고, 중부지방 어느 고등학교에서는 남학생 5명이 교사를 에워싸고 빗자루로 선생님의 머리를 치고 욕설을 하는 사건이 벌어졌다. 또 어떤 중학교에서는 잘못을 저지른 학생에게 반성문을 쓰라 했는데 반성문을 제대로 쓰지 않았다고 교사가 반성문을 찢어버리자, 학생이 마음에 상처를 입었다고 학부모가 교사를 고소해서 경찰의 조사를 받았다는 슬픈 이야기도 전해진다. '교권이 무너지면 나라가 위태롭다.' 이 말을 그냥 흘려보내기엔 너무나 감정이 상한다.

살다 보니 11

해외여행! 소리만 들어도 가슴이 설렌다.

그런데 짐을 싸면서부터 걱정이 생긴다. 우선 가져가고 싶은 물건을 모두 챙긴다. 그런 다음 가져갈 물건을 방에서 거실까지 한 줄로 늘어놓고 그중에서 꼭 가져가지 않아도 될 물건을 들어내면 가져갈 물건이 반으로 줄어든다. 내가 즐겨 하는 방법이다. 일정표 하단에 보면 헤어드라이어와 칫솔과 치약이 비치되어 있다는데 굳이 그걸 가져갈 필요는 없다. 숙소를 옮겼는데 치약이 없다면 한 번쯤은 소금으로 닦아도 된다. 소금은 호텔 주방에서 무료로 얻을 수 있고, 식사할 때 레스토랑에서도 가져올 수 있다. 또 헌 양말은 지참하여 한 번 신고 버리는 방법도 있고, 그날 신은 양말은 세척하여 갓등에 걸어두면 다음 날 아침에 신을 수 있다. '짐이 가벼워야 여행이 즐겁다'는 말은 언제 들어도 맞는 말이다.

여행에서 경비만큼 중요한 것도 없다. 해외여행을 갈 경우 단체 여행이라면 단체의 규약에 따를 수밖에 없지만 부부 여행이나 두세 명 아니면 단독 여행이라면 여행경로를 다시 생각해 볼 필요가 있다. 이처럼 일반 여행이라면 직접 가는 항로를 이용하는 것보다는 경유 공항을 이용하면 경비가 저렴함은 물론 중간 기착지에서 면세점을 이용할 수도 있고, 라운지에서 무료 식사나 무료 음료수뿐만 아니라 무료 샤워도 할 수 있다. 경유지에 따라서는 무료 시티 투어나 무료 호텔 바우처를 제공하는 경우도 있다. 예를 들면 인도를 여행하는 경우 비행기는 싱가포르 공항에서 서너 시간을 머문다. 그때 비행기는 기내 청소를 하고 주유를 한다. 그 사이 손님들은 공항에서 제공하는 버스를 타고 싱가포르 근교에 있는 〈부키트 티마하〉산을 오른다. 버스에서 산에 있는 야생 원숭이와 거북도 볼 수 있는데 이때 안내원이 설명을 하고 간단한 음료수도 제공한다.

외국에 나가서 물건을 구매할 때는 신용카드를 많이 사용하는데 신용카드 뒷면에는 반드시 서명을 해야 한다. 서명이 되지 않은 신용카드는 사용이 제한되거나 거부당할 수도 있다. 만일 서명이 되지 않는 카드를 분실할 경우 습득자가 서명을 해서 사용할 수도 있다. 외국에 나가려면 환전을 해야 한다. 그런데 공항에서 환전은 시중에서 하는 환전보다 수수료가 비싸다. 공항에서 환전할 때 ATM기계를 이용하면 더욱 저렴한 비용으로 환전을 할 수 있다. 우리나라 공항에도 ATM으로 환전할 수 있는 설비가 갖추어져 있다. 시간이 충분하다면 거래하는 은행의 앱을 설치해서 인터넷으로 환전 신청을 하고 은행에 가서 돈을 찾으면 환전 수수료를 많이 아낄 수 있다. 미화, 엔화, 유로화, 위안화 등은 환전 수수료를 90%까지 아낄 수 있고, 그 외의 나라 환전 수수료는 40%까지 우대를 받을 수 있다.

외국 여행을 할 때 귀중품을 가져가는 경우 반드시 손가방에 넣어 기내로 반입해야 한다. 부치는 짐 속에 넣으면 가방이 파손되어서 분실하는 경우가 더러 있다. 제일 좋은 방법은 귀중품은 집에 놓고 가는 것이다. 여행하러 가는 것이지 다이아몬드 반지를 자랑하러 가는 건 아니지 않는가! 더 안타까운 건 귀중품을 가지고 가서 분실하는 경우다. 유럽을 여행할 때는 가방을 절대로 등에 메지 말아야 한다. 유럽의 명소에는 아름다운 것만큼 많은 소매치기가 득실댄다. 등에 메는 백백 back bag은 내 물건을 소매치기에게 그냥 주는 행위라는 점을 명심해야 한다. 가방은 가슴에 십자로 메되 가방을 도로 반대편 쪽으로 메야 한다. 오토바이 날치기는 도로를 달리면서 어깨에 멘 가방을 날치기하는 수법을 많이 쓴다.

외국을 여행할 때는 가는 나라의 특별 사항을 숙지하고 가는 게 중요하다. 이슬람국가를 여행할 때는 술의 반입 여부를 잘 지켜야 한다. 호주에 갈 때는 입국 시 소시지나 햄, 오징어 등의 물품은 반입이 금지되어 있는데 목축업의 나라이기 때문에 더욱 엄격하다. 이를 어기면 압수는 물론이지만 심하면 입국을 거부당하거나 법적인 조치도 감수해야 하는 경우도 발생한다. 우리나라는 출입국 심사를 법무부에서 하지만 호주는 농림식품부에서 한다. 아프리카 세네갈을 여행할 때는 입국장에서 뇌물을 요구할 때가 있다. 이때는 뇌물을 주기 전에 영수증을 줄 수 있느냐고 하면 뇌물을 내지 않고 통과할 수 있다. 대만에서는 육가공 식품의 반입을 철저히 단속하고 있다. 컵라면, 전자 담배 역시 반입 금지다. 미국에 입국할 때는 기내에서 제공된 음식은 모두 먹든가 아니면 기내에 놓고 내려야 한다. 만일 기내 음식을 가지고 내리다 적발되면 엄청난 벌금을 물 수 있다. 또한 육류나 생채소, 생과일도 반입 금지 품목이다. 씨앗이 있는 말린 것도 금지된다. 단 통조림은 반입이 가능하다. 미국이나 캐나다에서 나올 때는 부치는 가방을 잠그지 말아야 한다. 만일 가방을 잠그면 가방 속에 이상한 물건이 있다는 의심을 받고 자물쇠를 파괴하고 열어 본다.

일본으로 여행을 갈 때 가능하면 금제품은 집에 놓고 가는 게 좋다. 일본 세관에서는 금제품에 유독 감시가 철저하다. 일본에서는 실내 옷으로 사용되는 유카타를 입고 거리를 다닐 수도 있다. 또 일본 식당에서는 숟가락이 없다. 그들은 국이 들어있는 그릇을 들고 마신다. 식사할 때 숟가락이 꼭 필요한 사람은 출발할 때 숟가락을 챙겨 가는 것도 좋다. 또한 식사를 할 때 소리를 내는 것이 맛있다는 표현이라고 생각한다. 상점에서 많은 물건을 살 때는 극히 드물지만, 구매자가 일본어에 서툴거나 외국인이라면 가끔은 이중 결제를 하는 경우가 있다고 한다. 현장에서 꼼꼼하게 감시하고 영수증을 세세하게 비교해 봐야 한다.

태국에서는 야외에서 술 마시는 시간이 정해져 있다. 또 술을 파는 시간도 정해진 시간에서만 술을 판다. 더욱이 국가 애도 기간에는 애도일이 끝나는 날까지 술을 판매하지 않는다. 또한 태국에서는 대마초가 합법이다. 대마초 담배뿐만 아니라 대마초가 들어간 아이스크림, 음료, 튀김 등이 있다. 현지에서 무심코 먹은 후에 귀국 시 소변이나 머리카락 검사에서 적발되면 법적인 처벌을 받을 수 있다. 또 태국에서는 불교 문화재를 사진 촬영할 때는 반드시 알아보고 사진을 찍어야 한다. 무조건 사진을 찍다가 적발되면 낭패를 당하는 수가 있다. 어느 나라를 가든 아침 식사는 보통 호텔에서 하게 되는데 이때 개인 소지품을 조심해야 한다. 아침 식사를 하러 갈 때는 반드시 귀중품은 절대로 가져가지 않는 게 좋다. 핸드폰을 식탁 위에 놓고 음식을 가지러 가면 그 핸드폰은 남에게 주는 행위와 마찬가지다.

싱가포르에서는 껌을 씹거나 씹던 껌을 길거리에 뱉거나 휴지를 함부로 버리면 어마어마한 벌금액 때문에 귀국을 못할 수도 있다. 전자담배는 소지가 아예 금지되어 있다. 만약 전자담배를 가지고 입국하려다 적발되면 놀라지 마라. 벌금이 구백에서 일천만 원 정도이거나 육개월 이하의 징역형에 처해진다. 또 도로를 무단 횡단하거나 대중교통에서 음식물을 먹는 행위도 금지 대상이다. 특히 화장실 사용 후 물을 두 번 이상 내리지 않으면 일천 달러의 벌금이기다리고 있다. 공공화장실에는 화장실 사용 후 물을 내리지 않고 나오면 사진이 찍히는 장치가 있는 곳이 있다고 한다.

북유럽을 여행할 때는 음료수를 구입하기 전에 반드시 가격을 물어봐야 한다. 내가 몇 년 전 노르웨이 비겔란 조각공원을 관람하고 나오는 출구 부근 상점에서 사이다를 한 병 구입했다. 그런데 사이다를 주면서 병뚜껑을 따서 주는 게 아닌가. 속으로는 '참 친절하기도 하지'라고 생각했다. 물건을 받고 나서 가격을 물어보고는 나는 기절하는 줄 알았다. 한 병 값이 상상을 초월했다. 병뚜껑을 딴 이유를 그때 알았지만 너무 늦어서 어쩔 수 없이 비싼 음료수를 꾸역꾸역 마셨다. 몽골을 여행하다 몽골 유목민 이동식 집인 게르ger를 방문할 경우 왼쪽 발이나 왼손의 사용을 아주 조심해야 한다. 그곳에서는 왼쪽을 좋지 않은 것으로 여긴다. 문지방을 넘을 때도 문지방을 밟지 말아야하며 왼 발로 문지방을 밟으면 더욱 싫어한다. 사람을 가리킬 때 왼손 사용은 금물이며, 어린아이의 머리를 쓰다듬을 때도 왼손 사용은 금지해야 한다. 인도를 여행할 경우 화장실에 갈 때는 휴지를 준비하는 게 좋다. 인도의 일반 화장실에는 휴지 대신 물통과 바가지가 있다. 물론 호텔에는 휴지가 있지만 일반 화장실에는 휴지가 없는 곳이 많다. 이때는 물을 떠서 손으로 닦아야 하는데 그게 많이 불편하다.

중국에 입국할 때는 종합 감기약에 주의해야 한다. 종합 감기약에는 소량이지만 마약 성분이 포함된 경우가 있다. 처방전 없이 종합 감기약을 소지했다가 장시간 조사를 받은 일이 있었다고 한다. 중국은 마약 소지자나 복용한 사람에게 강력한 처벌을 하는 나라다. 만약 종합 감기약을 가져갈 때는 처방받은 약을 가져가되 처방전과 함께 가져가는 것이 좋다. 최근에는 육가공품의 반입을 철저히 막고 있다고 한다. 베트남을 가족 여행할 경우 영문으로 된 가족 관계 증명서를 가지고 가는 게 도움이 된다. 그리고 여권 서명 칸에는 한글로 정확하게 서명하는 게 좋다. 서명 이외에 별표 또는 하트 모양 등은 하지 않아야 한다. 프랑스에서는 식사 후에 남은 음식을 포장Doggy bag해서 나오지 말아야 한다. 그것은 요리사를 모욕하는 행위라고 받아들인다. 필리핀을 여행할 때는 부치는 가방은 비닐로 싸매는 게 좋다. 출입국시 가방의 빈틈을 이용하여 가방 속에 총알이나 마약 같은 물건을 몰래 넣고 그걸 빌미로 거액의 금품을 요구하는 일이 더러 일어나고 있다고 한다. 또한 필리핀에서 출국 시 모르는 여행객이 가방을 하나 들고 나가 달라든가 잠시 맡아 달라고 하면 반드시 거절해야 한다. 만일 그 가방 속에 마약이나 총기류가 들어 있다면 모든 죄를 뒤집어쓰는 경우가 발생한다고 한다.

어느 나라든 외국 여행을 갈 때는 반드시 여권 복사본과 사진을 준비하는 게 좋다. 만일에 여권을 분실했다면 귀국에 애로점이 한두 가지가 아니다. 이때 복사본을 준비하면 여권을 분실했을 때 귀국 절차가 대폭 간소화된다. 준비하면 할수록 안정성은 높아진다는 사실을 명심해야 한다. 제일 좋은 방법은 여권을 잘 간수해서 잃어버리지 않는 것뿐이다.

즐거운 여행을 마치고 귀국할 때 더러는 마음이 조마조마 해진다. 혹시 반입 물품에서 금지 품목이나 고가 물품을 가져오는 경우 문제가 발생하기도 한다. 이때 신고하면 관세 금액의 30%를 감면 받지만 신고 없이 들고 왔다가 적발되면 벌금이나 법의 심판을 받을 수도 있다. 귀국할 때 가방에 내가 장착하지 않은 자물쇠가 붙어 있다면 세관에서 붙인 것으로 자물쇠의 색깔은 다음과 같다.

노란색-주류, 담배. 주황색-육포, 고기. 초록색-생채소, 생과일. 빨간색-총칼, 마약 등이 의심된다는 표시다. 그런 색의 자물쇠가 가방에 채워져 있다면 세관원의 지시에 따라야 한다. 고의로 자물쇠를 파손한다든가 아니면 그냥 빠져나왔다면 법의 제지를 받는다. 또한 자물쇠에는 전자 칩이 내장되어 있어서 파손하거나 검사받지 않고 나오면 벨이 울린다.

출국할 때 물품을 구매하면 입국할 때까지 무거운 짐을 가지고 다녀야 한다. 이때는 술, 담배, 화장품 같은 것은 입국할 때 입국장 면세점에서 구입하면 무거운 짐에서 해방될 수 있다. 입국장 면세점에서 구매할 수 있는 것은 술 2병, 담배 1보루 그리고 화장품을 합쳐 800달러까지다. 물론 출국할 때 구입한 것까지 합쳐서 그렇다는 이야기다. 위치는 제1터미널은 6, 7번과 16, 17번 수화물 수취대 부근이며, 면세점 이름은 〈경복궁〉이다. 제2터미널에는 입국장 6번 수화물 수취대 부근이다. 해외여행을 끝내고 귀국할 때 입국장을 나와 집에 도착해야 여행이 끝나는 것이다. 입국장에서 가방 검사를 당하고, 신고하지 않은 물품으로 벌금을 내야 하는 경우가 생기면 기분이 나빠질 수 있다. 따지고 보면 우리가 살면서 법을 제대로 지킨다는 것은 지극히 아름다운 일이다.

살다 보니 12

요즘 초·중·고등학교에서 교사가 교단에 서는 것이 두렵다는 말이 심심찮게 나돌고 있다고 한다. 다른 학교에서 전학 온 남학생의 행패가 도를 넘었다고 보도한 적이 있었다. 동료 학생들을 괴롭히는 것은 다반사고 심지어는 수업 시간에 선생님에게 말대꾸하고, 수업을 방해까지 했다는 것이다.

물론 그 학생은 전학 오기 전의 학교에서도 문제가 많았다고 한다. 만일 그런 학생에게 체벌을 가했다면 경찰에 신고해서 접근 금지 같은 처벌이 내려진다니 오늘날의 교사는 참으로 힘든 직업인이란 걸 느끼게 된다. 옛날에는 '스승의 그림자도 밟지 않는다'란 말이 있었는데 지금은 그림자뿐만 아니라 신체에 위해를 가하기도 한다는 것이다. 그런 학생은 다른 학교로 전학을 보낼 것이 아니라 교정기관으로 보내야 할 것 같다.

학생만 그런 게 아니라는 생각이다. 신문에 난 것을 보면 소위 갑질하는 학부모가 상상외로 많다는 소식이다. 대도시의 초등학교 선생님이 갑질하는 학부모의 압력에 자살하는 일이 연이어 일어났다고 신문이 대서특필하고 있다. 또 교육 계통의 상급 기관에 있는 학부모는 아들의 담임에게 특별대우를 하라는 압력까지 넣었다고 했다. 신문 사설엔 '밥상머리 교육이 사라진 참담한 결과'라고 했다.

인간의 본질이 무엇인가라는 다소 철학적인 질문을 다시 한번 되뇌고 싶다. 순전히 나의 생각인데, 인간은 본래 악한 존재인 것 같다. 그것이 교육과 환경에 의해서 선하게 바뀌는 것일 뿐이다. 그러기에 교육을 제대로 받지 못했거나 아니면 환경이 좋지 못하면 악이 그대로 남아서 표출되는 것 같다. 어쩌면 그런 학생의 부모는 어떤 사람일까 하는 강한 의구심이 든다.

학생 지도에 지친 교사들의 조기 명퇴가 급증하고 있다는 안타까운 소식이 전해지고 있다. 이제 학생이 학교에서 폭력을 행사하면 생활기록부에 기재해서 상급학교 진학에 막대한 영향을 준다 하니 기대해 봐야겠다.

중부의 대도시에서 벌어진 일이다. 중대형 자가용 승용차가 서행하고 있었다. 그때 그 앞에서 여자가 자전거를 타고 가고 있었다. 이를 본 운전자는 자동차를 아주 서서히 운전해서 그 여자가 탄 자전거 뒤를 따랐다. 그러던 중 자전거가 도로의 과속방지턱에 걸려 넘어지는 사고가 발생했다. 뒤따르던 자가용 운전자가 차에서 내려 '다친 데는 없느냐'고 말을 걸었고, 넘어진 여자는 '발목이 좀 아프긴 한데 혼자 넘어진 거니 신경 쓰지 말고 가라'고 했다는 것이다.

나중에 딴소리를 할까봐 운전자는 지구대에 이 상황을 이야기했다. 그런데 며칠 후에 자전거를 탄 여성이 자동차 때문에 넘어졌다면서 입원했다는 연락이 왔다고 한다. 여자의 말인즉 뒤에서 위협을 가해서 넘어졌다고 경찰한테 말했다는 것이다. 앞서가는 여자가 놀랄까 봐 경적도 울리지 않았는데 딴소리를 한다고 했다.

자동차 사고 전문 변호사가 CCTV를 확인해 보니 뒤따르던 자동차는 앞서가던 자전거 승객에게 전혀 위해를 가하지 않았다는 결론을 내렸다. 혹시 입원한 여자에게 브로커가 등장해서 치료비를 뜯으라는 제보를 한 게 아닌가 하는 강한 의구심이 든다는 것이다.

이 사건을 접한 일반 시민들은 한마디씩 했다. '나와 상관없는 일에는 옆에서 얼어 죽던 데어서 죽던 거들떠보지 말라'는 말이 대세를 이뤘다는 것이다. 앞으로는 모략하거나 금전적 이익을 취득하려고 모함하는 자는 엄벌에 처해지는 법을 만들어야 하지 않을까 하는 생각이다. '물에 빠진 사람 구해줬더니 보따리 내놓으라'고 한다는 말이 흉부에 닿는다. 우리는 인정을 베풀기도 어려운 시대에 살고 있다. 한마디 추천한다면 그런 일이 있을 때는 반드시 녹음을 하고 동영상 사진을 찍어둘 필요가 있음을 강력하게 부탁하고 싶다.

제네바 협약에 의하면 '전쟁포로는 포로로서의 정당한 보호를 받아야 한다'고 되어있다. '포로는 폭행, 협박, 모욕 등으로부터 보호받아야 하며 성별, 인종, 종교 등에 의해 차별받지 않아야 하며 억류국은 포로에게 무상으로 식량을 배급하고 필요한 경우 적절한 의료를 제공해야 한다'고 규정하고 있다.

지난 2022년 2월 24일 러시아가 우크라이나 수도 키이우를 미사일로 공습하고, 지상군을 투입하는 등 침공을 감행한 전쟁이 발발했다. 전쟁은 인명이 손실되고 건물이 파괴되는 참상이 뒤따른다. 비록 두 나라가 전쟁을 하고 있지만 전쟁은 두 나라만의 일이 아니다. 우크라이나 곡창 지대에서 생산되는 곡물의 수출 길이 막히다 보니 전 세계의 식량에 문제가 생기고 곡물값이 자꾸만 치솟고 있다.

전쟁이 발발하면 당연히 포로가 생겨날 수밖에 없다. 그런데 전쟁 포로를 제네바 협약에 의해서 제대로 대접해 주는 나라가 몇이나 있었을까? 신문에 보면 처참한 일들이 일어나서 진저리를 치게 한다.

내 눈으로 직접 확인한 것은 아니지만 신문에 난 것을 보면 참혹을 넘어 인간이기를 포기한 것 같다. 포로로 잡힌 군인들의 손을 뒤로 묶고 하의를 벗긴 다음 성기를 잘라 낸 후에 사살했다는 보도가 있었다. 인간이 아닌 짐승도 이런 짓은 하지 않는다. 내가 직접 경험한 일인데 아프리카 탄자니아의 아루사 지역에 있는 분지 모양의 응고릉고르에 가 보면 상상을 초월하는 일이 벌어진다. 누워있는 사자 근처에 얼룩말이 풀을 뜯고 있다. 사자의 먹잇감이 얼룩말인데 그런 풍경이 연출된다. 이유는 간단하다. 사자가 배가 부르면 먹잇감이 바로 앞에 있어도 절대로 공격하지 않는다.

전쟁은 힘의 균형이 깨질 때 일어나는 대참사다. 그러기에 평소에 힘을 길러야 한다. 어떤 경우에도 전쟁은 일어나지 말아야 하며, 일단 전쟁이 발발하면 반드시 이겨야 한다는 것이 나의 생각이다.

남편이 일찍이 세상을 뜨고 아들과 단둘이 사는 가정이 있었다. 장성한 아들을 결혼시킨 어머니는 어느 날 분가한 아들 부부와 저녁을 먹다가 이런 말을 했다.
"나 너무 외로워. 너희와 함께 살고 싶어."
그 말을 들은 아들이
"가끔 놀러 오세요. 우리는 우리끼리 살게 내버려두세요."
그 말에 화가 난 어머니는 자식 내외와 식사를 하는 도중에 식탁을 뒤엎고 난리를 피웠다고 했다. 그런 일을 처음 목격하고 당한 며느리는 실신하는 줄 알았다고 했다.
아직도 그 어머니는 '아들이 장가를 갔어도 내 아들'이라는 고정 관념이 머리에 박힌 것 같다. '결혼한 아들은 내 아들이 아니라 한 여자의 남편'이란 점을 잊어서는 안 된다는 점을 알려주고 싶다. 그러기에 혼자 있을 때를 대비해서 혼자 즐길 수 있는 취미-등산, 낚시, 그림 그리기, 악기 다루기 등등-을 항상 준비해야 한다는 선배의 이야기가 허튼소리가 아님이 증명된 셈이다.

중부의 한 도시에 있는 무인 인형 뽑기 점포에서 변便을 보고 도망친 일이 있었다. 매장에서 냄새가 심하다며 방문객의 항의 전화를 받고 주인은 거금을 들여 매장을 청소했다. 신고를 받은 경찰이 CCTV에서 범인을 특정한 후에 잡고 보니 젊은 여성이었다. '왜 여기다가 변을 보고 도망쳤느냐?'는 경찰의 물음에 '용변이 급해서 그랬다'고 대답했다는 것이다. '그러면 왜 변을 치우지 그랬느냐?'는 물음에 '생각이 짧았다'

고 응대했다는 것이다. 혹시 용변을 볼 때 그 여자는 기억을 잃을 정도의 만취 상태가 아니었을까 하는 생각이 들기도 한다.

순전히 나의 생각인데, 그 여자는 정신적으로 극심한 문제가 있는 것 같다. 그 여자에게 벌금을 물리거나 또는 손해배상을 받기 전에 정신병원으로 먼저 보내야 할 것 같다. 어찌 미치지 않고서야 맨정신에 감히 그런 일을 저지를 수 있겠는가! 더더구나 어린애도 아닌 젊은 여성이 치마를 올리고 내복을 내리고 치부를 드러내면서 그런 일을 저질렀다는 데는 할 말을 잃는다.

결혼한 부부가 아내의 부모님 집을 방문했다. 도착하자마자 덥다면서 투덜거리던 아내가 샤워를 한다고 욕실로 들어갔다. 그런데 어이하나, 아내가 샤워를 한 후에 옷을 하나도 걸치지 않은 알몸인 채 거실로 나왔다. 거실에는 그 여자의 남편과 그녀의 부모님도 같이 있었다. 얼굴이 벌겋게 변한 남편이 한마디 했다.
"여보, 부모님이 계시는데 옷을 입었으면 좋겠어. 어린애도 아니고."
아내가 어이없다는 표정으로 대답했다.
"어머, 여보 우린 가족이잖아, 뭐 어때?"
"……."
글쎄, 가족이라고 말할 때 그 여자의 나이가 두세 살이라면 몰라도 결혼한 여자가 아무리 부모 앞이라지만 알몸으로 다닌다면, 그 여자가 이상한 건가 그 여자에게 옷을 걸치라고 말한 남편이 이상한 건가 아니면 그걸 바라본 그녀의 부모가 이상한 건가. 그 소식을 접한 누리꾼들이 한마디 했다. －알몸으로 다니는 그게 정상이다. 세상이 미쳐 돌아가는데 그들 가족인들 미치지 않겠는가? 온통 미친 사회에서는 미치지 않은 사람이 미친 것이다. －그 소식이 있기 하루 전 대낮에 도심 한복판에서 나체의 여자가 도로를 걷다가 경찰의 제지를 받았다는 보도가 있었다.

결혼한 여자가 남편과 부모가 있는 데서 알몸으로 다닌다!－슬픈 희극인가 아름다운 비극인가?

지난여름은 더워도 보통 더운 게 아니었다. 기상학자들은 수십 년만의 더위라고 입을 모았다. 그렇게 무더운 날에 완전 비키니 스타일의 여자가 남자가 운전하는 오토바이 뒤에 타고 서울 번화가에 나타나서 세인을 놀라게 한 일이 있었다. 아무리 더워도 그렇지 바닷가도 아닌 대도시의 번화가에 비키니 스타일을 한 채 오토바이 뒤에 타고 거리를 달렸다니 개인의 자유를 넘어선 행동 같아 보인다고 보는 이마다 한마디씩 했다고 한다.

목격자의 말을 빌리자면 비키니도 초 비키니 차림이었다니 보는 사람이 수치스러웠다고 전한다. 더구나 사진에 나타난 것을 보면 오토바이를 운전하는 남자도 상의를 탈의한 채 운전을 했고, 뒤에 앉은 여자는 남자를 뒤에서 꼭 껴안고 있었다니 보는 이의 눈살을 찌푸리게 하는 행동이었다면 그건 고려해 볼 만한 일이 아닌가. 얼마나 심했으면 비키니를 입고 오토바이 뒤에 앉은 여성의 아랫부분을 모자이크 처리를 한 것을 보면 상상이 간다.

지금도 이런데 앞으로 더 더워지면 무슨 일이 일어날지 상상이 안 간다. 혹시 아주 더워지면 옷을 하나도 입지 않은 여자가 오토바이 뒤에 타고 달리는 일이 벌어지지 않는다고 누가 장담하겠는가!
세상은 넓고 볼거리는 많다.

일본에 사는 한 여성이 임신 9개월째 접어들고 있었다. 이 여인은 만삭의 몸이었는데, 출산을 하면 늦게 귀가하는 남편이 식사를 못 할까 봐 한 달 치 식사를 준비해서 냉장고의 냉동실에 넣어 두었다는 기사가 났다. 본인이 집에 없으면 근무하고 늦게 오는 남편이 피곤한 몸으로 식사를 준비하는 모습이 안쓰러워 미리 밥을 준비해 두었다고 했다. 아무리 흉흉한 세상이라고는 하지만 아름다운 마음씨를 가진 여성도 많다는 것을 이 글은 생생하게 증명하고 있다.
진흙 속에서도 연꽃은 피어난다.

살다 보니 13

몇 년 전 남미의 한 국가에서 일어난 일이다. 지금도 그 기사가 생생하여 생각나는 대로 나열하면 이렇다. 그 나라의 중부지역 한 도시에서 아버지가 다른 쌍둥이(?)가 태어났다는 기막힌 소식이 전해졌다.

출산한 어머니는 성장하면서 쌍둥이의 모습이 전혀 다른 것에 궁금증이 발동했고, 아이들의 첫 번째 생일이 다가오자, 유전자 검사를 진행했다. 결과는 예상(?)했던 대로였다고 전했다. 쌍둥이의 유전자가 전혀 달랐다는 것. 즉 쌍둥이의 아버지가 각각 다르다는 것을 발견했다. 다시 말하면 하루에 두 남자와 성적인 접촉이 있었다고 했다. 그렇다 치더라도 그런 일은 하늘에서 별을 따는 것만큼이나 극히 드문 일이라는 것이다.

유전자 검사를 담당한 의사는 '내 인생에서 이런 것을 볼 줄은 꿈에서도 상상하지 못했다'고 했다는 것이다. 신의 장난인가 아니면 신의 실수일지도 모른다는 말이 있었다는 후문이다. 세상 참 별의별 일이 다 벌어진다.

아주 오래전 우리나라 건설 노동자들이 사우디아라비아에서 피땀 흘려 일을 했던 때가 있었다. 기온이 매우 높아 섭씨 40도를 웃도는 날의 연속이 이어진 나라이다. 그때 중부지역 작은 도시의 한 마을에서 건설 노동자로 두 사람이 일을 하러 떠났다. 두 사람은 각기 이웃에 살고 있었고, 어릴 때부터 다정한 친구였다고 했다. 땀이 비 오듯 하는 건설 현장에서 일을 하면서 두 사람은 받은 월급을 꼬박꼬박 집으로 보냈다. 그리고 일을 하러 떠난 지 2년 만에 둘은 동시에 귀국길에 올랐다. 귀국 후에 한 가정은 더 좋은 집을 구해서 이사를 하였고, 다른 가정은 이혼 했다는 소리를 들었다. 집을 산 그의 부인은 남편이 피땀 흘려 번 돈인데 함부로 쓸 수 없다 하여 꼬박꼬박 저축을 했고 그 대신 부인은 식당에서 그릇을 닦아서 번 돈으로 생활을 꾸렸다고 했다. 반면 옆집 부인은 남편이 보내오는 돈으로 치장을 하고 친구를 만나고 춤추러 다니고 급기야는 애인까지 만들어서 신명 나게 놀았다는 것이다.

같은 칼이라도 사용하기에 따라 결과가 극명하게 달라진다. 칼로 음식을 만들면 유용한 도구가 되지만 사람을 해치면 흉기가 된다. 이혼을 당한 여자는 그 간단한 사실을 몰랐을까 아니면 유전 정보에 그런 기질이 숨어있었을까?

2010년부터 우리나라 초 중 고등학교에 '교원 평가'라는 항목이 생겨서 교사들에게 큰 부담이 된다고 한다. 교원 평가란 학생이나 학부모가 교사들을 평가하는 일로서 보다 좋은 교육의 질을 기대하기 위해 만들어진 것이라는 생각이 든다. 그런데 그게 개인의 감정이 개입되면서 현장에서 부작용이 나타나 교사들의 한숨이 깊어진다고 한다.

학생들이 신분을 밝히지 않고 교사에 대한 요구나 개선을 바라는 항목을 적어 내는 것인데 어떤 학생은 교원 평가라는 고유의 목적을 벗어난 일을 한다고 교사들의 볼멘소리가 나온다.

중부의 한 도시에서 학생이 제출한 자유 서술식 교원 평가는 읽는 이를 소름 돋게 했다는 것이다. 그 내용이 이렇다. "○○(교사 이름) 유방 크더라. 짜면 모유 나오는 부분이야? ○○(교사 이름) 젖가슴 너무 작아. 기쁨조"와 같은 내용이 적혀 있었다는 것이다. 이는 분명 여교사의 특정 신체 부위를 직접적으로 언급해 성희롱을 한 것이라는 지적이 나왔다.

이런 사태까지 왔는데 이를 그대로 묵인한다면 그건 더 큰 문제를 안고 있는 것이다. 교육 당국은 이에 대한 대책을 세워야 한다. 교사는 학생을 바른길로 가도록 지도하고, 정서를 관리하고, 사회성과 생각하는 힘을 길러주는 동시에 바람직한 민주시민을 양성하는 중추적 역할을 열심히 하고 있다. 그런데 일부 학생들의 이런 일탈 행위가 열심히 근무하는 선생님들에게 찬물을 끼얹는 행동을 하는 것은 교육의 근간을 흔드는 일 같아서 심히 가슴이 아프다.

교육 당국의 대책이 무엇인지 듣고 싶은 게 이 노인의 소망이다.

늦가을 '김장이 끝나면 일 년 농사의 반을 한 것이다'라는 속담이 있다. 그도 그럴 것이 11월에 김장을 하면 이듬해 4월까지 먹게 된다. 더 늦게는 5월이나 6월까지도 김치를 먹는다. 다시 말해 일 년의 반을 먹는 셈이다. 그런데 김장하는 것을 자세히 살펴보면 일반적으로 김장은 배추나 무처럼 잎이나 뿌리로 담는다. 유독 잎과 뿌리를 동시에 사용해서 담그는 김치가 있는데 그게 총각김치다. 여러 가지 이름이 있을진대 하필 그 김치를 '총각김치'라 했는지 의문스럽다. 일설에 의하면 김치를 담글 때 해조류의 일종인 '청각'을 넣어서 담근 김치였는데 발음이 와전되어 총각김치가 되었다는 설도 있다.

그런데 더 납득이 되는 이야기가 전해온다. 총각김치는 알타리라는 무를 이용해서 담는 김치다. 알타리무는 비교적 고르게 가늘다가 끝에 가서 뭉툭하게 생겼다. 알타리무의 잎이 총각의 더벅머리를 닮았다 해서 총각김치라고 했다는 설도 있고, 알타리무의 생김새가 건장한 총각의 그것(?)과 비슷해서 그런 이름이 생겼다는 말도 전해온다.

추측건대 그런 이름을 지은 것은 김치를 담그는 여인네였을 것이다. 무의 생김새를 보고 총각의 그것(?)을 상상했다는 것은 남편을 기다리며 긴긴밤을 지새웠을 그 당시 여인네들의 마음을 어느 정도는 알 것만 같다. 사실 총각김치라는 명칭이 등장한 것은 1959 여원女苑이라는 잡지에서였다고 한다. 더 유명해진 것은 영화 '총각김치'가 개봉했던 것도 한몫을 했다는 것이다. 이에 알타리무와 알타리무김치라는 말을 떨쳐내고 1988년에 총각김치라는 단어가 표준어로 자리 잡기까지 했다고 신문이 전했다.

우리가 즐겨 먹는 김치 하나에도 이토록 진지한 이름이 만들어졌다는 것에 총각김치를 먹을 때마다 야릇한 웃음이 배어 나오게 한다.

텔레비전 화면을 돌리다 보니까 〈옥탑방의 문제아들〉이라는 제목이 눈에 들어왔다. 다른 공간에 있는 사회자가 질문을 던지면 그곳에 모인 대여섯 명의 출연자가 문제를 해결하는 게임이다. 그런데 매번 외부 인사를 초청해서 같이 문제를 푸는 데 매우 유익한 프로그램이었다. 각계각층의 인사가 출연해서 문제를 풀었는데, 그해 초겨울에는 아주 특별한 두 분이 초청되어 문제를 풀고 있었다. 한 분은 707 특수임무단 출신의 미남이었고, 다른 한 분은 ssu해난 구조대 출신의 덩치가 황소 같은 건장한 분이었다. 그런데 한 분은 멋진 인상이지만 날카로운 눈매가 보였고, 다른 한 분은 후덕하며 젊지만 인자한(?) 모습까지 갖추고 있었다. 경호와 특수임무에 관한 문제가 출제되었는데 그때마다 두 분이 문제를 잘 풀었다.

문제를 다 풀고 끝부분에서 기존의 출연자 중 한 분이 '살면서 무서운 게 있었느냐?'고 초빙된 두 분에게 질문을 했다. 질문을 하면서 더 강력한 상대라든가 아니면 최첨단 무기라든가 하는 대답을 상상하고 있었다.

그런데 그 두 분의 대답은 상상의 한계를 뛰어넘었다. '아내가 가장 무섭다'고 대답을 했다. '아내가 이름을 부르는 순간이 가장 무섭다'라고 말을 했을 때 그 자리에 있던 출연자가 박장대소했다. 한 분은 꽃미남의 무술 13단의 최정예 유단자이고, 다른 한 분은 장군이라는 체력의 소유자였는데 가냘픈 여자인 아내가 가장 무섭다는 대답을 했을 때 모두가 놀라움을 금치 못했다.

〈약한 자여, 그대 이름은 여자이니라. 하지만 아내는 강함을 넘어 무섭기까지 하다.〉 비슷한 말이 있기는 하지만 맞는 것 같다. 그렇게 건장한 사내도 아내를 무서워하는데 우리 같은 사람은 아내가 부를 때 죽지 않고 살아 있음에 감사할 뿐이다.
아내가 정색을 하며 나를 부를 때 나도 정말 무섭다.

중년의 남자가 버스를 타면서 카드로 요금을 결제했고 내릴 때도 카드로 하차 태그를 했다. 그런데 하루가 지나서 핸드폰에 문자가 떴다. 누군가 본인의 카드로 편의점에서 300원어치 물품을 구매했다는 내용이었다. 부랴부랴 주머니를 뒤져 봤더니 카드가 없었다. 그가 이름이 나와 있는 편의점으로 달려갔더니 잃어버렸던 카드와 동전 300원이 들어있는 비닐봉지가 탁자 위에 놓여 있었다. 카드를 주운 사람은 다름 아닌 고등학교 여학생. 카드 주인을 찾을 방법을 생각하다가 편의점에서 결제를 하면 편의점 이름이 뜬다는 것을 생각해 낸 여학생의 기지가 발동한 것이다.
분명 우리의 미래가 밝을 것 같다는 생각이 들었다.

살다 보니 14

면적으로 세계 14위의 동남아시아에 있는 인도네시아에서 혼외 성관계와 혼전 동거를 금지하는 법안이 국회를 통과했다고 한다. 구체적으로 결혼하지 않은 남녀가 성관계를 하다 적발되면 최대 1년 형을 받을 수 있고, 법적 혼인 없이 동거하면 6개월의 징역형에 처할 수 있다고 한다. 다시 말해 미래 이슬람법에 가까운 법이라는 것이다. 다만 이 법은 3년간의 유예기간을 거쳐 시행한다니 아마 지금쯤은 그 법안의 효력이 발효되지 않았나 싶다. 그런데 그 법안을 놓고 갑론을박甲論乙駁이 벌어지고 있다는 후문이다.

성이란 인간의 본능인데 그 자유까지 억압하느냐고 반발하는가 하면, 다른 한쪽에서는 아무리 본능이라 할지라도 성은 신성하므로 함부로 사용해서는 안 된다고 목소리를 높이기까지 했다는 후문이다. 나는 '성은 신성하므로 함부로 사용해서는 안 된다'는 쪽에 한 표를 던지고 싶다. 아무리 성이 자유라지만 그 선을 넘으면 자유가 아니라 방종이고 퇴폐라는 생각이 든다.

전 인구의 87%가 이슬람교도인 인도네시아. 세계 최고의 허니문 여행지이고 젊은이들의 구원의 섬 발리. 그곳을 여행하려는 선남선녀들에게 조금은 아쉬운 법이라 생각한다면 지나친 상상일까! 어둠이 서서히 내려앉는 시각이 되면 발리는 젊은이들의 격렬한 사랑이 시작된다. 사랑의 몸짓이 모든 것을 해결이라도 하듯이 아니 사랑 없이는 죽을 것 같은 표정들이다. 하지만 모든 젊은이들에게 똑같이 아쉬운 법은 아닐 것이다. 젊은이들에게 감미로운 분위기는 성에만 국한된 것은 아닐 테니까.

우리나라 남부 지역의 곰 사육 농장에서 몇 해 전에 곰 3마리가 탈출했다가 사살되는 일이 있었다. 더구나 사육 농장 부근에서 곰의 주인으로 보이는 부부가 곰의 습격을 받아 사망하는 일까지 벌어졌다고 그 당시 신문이 전했다.
일반적으로 사육하는 동물은 닭이나 소 또는 돼지나 토끼 같은 가축이어야 안전하다는 것이다. 야생 동물을 사육한다는 것은 극히 위험하고 어렵다고 한다. 어쩌다 동물원을 방문해서 곰을 보면 시멘트 건물 쇠창살 속에서 앞뒤로 혹은 제자리에서 무한정 원을 그린다. 일종의 정형행동定型行動을 하는 걸 볼 수 있다. 일종의 자기학대 또는 협소한 공간이 낳은 이상행동을 말하는 것으로 극심한 스트레스를 받을 때 나타나는 것으로 알려져 있다.
야생 동물을 보호하는 단체에서는 야생으로 돌아가기 힘든 동물을 보호하기 위해 자연에 가깝게 만든 생추어리sanctuary의 필요성을 강조하고 있다. 딱딱하고 좁은 시멘트 건물과 굵은 쇠창살이 아니라 나무와 숲이 있고 굴과 바위가 있으며 흙과 물과 바람 그리고 뛸 수 있는 공간을 제공하는 것을 목적으로 한다. 완벽한 자연은 아니라도 적어도 야생 동물이 생활할 수 있는 공간을 확보해야 한다는 것이다. 다시 말해 동물들이 야생에서 살던 그대로의 모습을 제공해야 한다고 한다.

대도시의 한 카페에서 일어난 일이다. 70대 초반으로 보이는 술 마신 남성 두 명이 카페로 들어왔다. 둘은 의자에 앉아서 이것저것 심부름을 시키고 음료를 주문해서 마시고 가져온 과자를 먹은 다음 비닐봉지를 탁자 위에 남겨 놓고, 종업원을 불러 카드를 주면서 결제를 했고 자리에서 일어섰다.
둘이 자리에서 떠난 후 그 자리를 청소하러 간 직원은 이상할 정도로 바닥과 의자에 물이 고여 있는 것을 발견했다. 바로 걸레를 가져와서 닦으려고 고개를 숙이는 순간 역한 냄새에 그것이 소변임을 알았다. 즉시 CCTV를 확인한 결과 노인 중 한 명이 의자에 앉기 전에 서서 소변을 보았고, 그것을 처리할 생각을 하지 않은 채 의자에 앉아서 차를 마셨다고 했다. 그 광경을 지켜본 다른 종업원의 한마디ー치매인가 비뇨기 이상인가ー하고 한숨을 쉬었다는 것이다. 어찌 됐든 병들고 늙는다는 것은 눈물겨운 일이다.

사람이 사는 세상에는 항상 선과 악이 공존하는 것 같다. 직장에서 텃세를 부리거나, 학교에서 동료 학생을 괴롭히거나, 또는 아파트 층간 소음 때문에 괴로워하는 등 불편한 점이 항상 나타난다. 그렇다고 달려들어 싸울 수도 없다. 그런 위기(?)가 나타날 때 '저주 인형詛呪人形'이 괴로워하는 사람들을 파고들었다. 실제 효험이 있는지는 몰라도 어느 정도 마음의 위안은 되는 모양이다. '저주 인형'은 천으로 만든 작은 인형과 부적을 적는 종이와 대못으로 구성돼 있다.

저주할 상대방의 이름과 저주할 내용을 종이에 기록하고, 볏짚으로 만든 인형의 가슴에 대못을 박고, 저주를 적은 종이와 함께 태우면 본인을 괴롭힌 사람이 저주를 받는다는 것이다. 사람이 세상에 사는 한 악이 언제쯤 소멸될 것인가를 꿈꾸는 것은 백일몽에 지나지 않을 것인가! 저주 인형이 퍼지는 사회는 무엇인가 불안한 것 같은 마음이다.

살다 보니 15

중소도시에 사는 80대 후반의 노인이 있었다. 그의 딸이 아버지를 모시고 살겠다고 해서 딸에게 거금의 돈을 쥐어줬다. 자본주의 사회에서 돈은 가장 객관적이지 않은가! 그러나 그의 딸은 지키겠다던 약속을 이행하지 않았다. 부양扶養의 의무를 저버렸다고 준 돈을 다시 돌려 달라고 했으나, 결국 돈을 돌려받지 못했다는 것이다. 중국이나 싱가포르는 부양의 의무를 법으로 정했다고도 한다.

큰돈의 이자로 생계를 유지하고 있었으나 거금을 날린 그 노인은 대형 빌딩의 주차 관리원으로 생계를 유지하고 있다는 것이다. 부모가 자식을 낳고, 그 부모가 늙고 병들었을 때 자식이 부모를 부양하는 것은 인지상정人之常情이 아닌가. 그런 것을 법으로 정하는 것 자체가 비통한 일이 아닐까!

고사에 삼지지례三枝之禮, 반포지효反哺之孝라는 말이 있다. 삼지지례라는 말은 어미 비둘기가 앉은 자리에서 세 칸 아래에 자식 비둘기가 앉는다는 말이고, 반포지효란 어미 까마귀가 늙으면 자식 까마귀가 먹이를 물어다가 부모를 봉양한다는 말이다. 하찮은 동물도 이럴진대 만물의 영장이라는 인간이 부모 봉양을 법으로 정한다는 것이 어딘가 잘못된 것 같은 마음이다. 내 생각은 이렇다. 본인 이외는 어느 누구도 쉽게 믿어서는 안 된다는 말이다. 부모와 자식 간에도 이런데 남이야 오죽하겠는가! 나를 지키는 것은 오직 나뿐이라는 확신이 든다.

대도시의 한 결혼식장에서 축하객이 축의금으로 십만 원을 내고 그의 친구와 함께 식사를 했다는 기사가 났다. 그런데 그 예식장에서 지정한 식당의 식비가 일 인당 십만 원이라는 것이다. 그러니까 축하객 두 사람이 십만 원을 내고 식사를 했다면 계산상으로는 십만 원을 손해 본 셈이다. 이를 두고 또 말이 많다.
한쪽에서는 그 정도 식장에서 결혼식을 올리는 부부라면 축의금에 연연하지 않고 결혼을 하면 되는 게 아니냐는 반응이었는가 하면, 다른 쪽에서는 십만 원 내고 이십만 원어치 음식을 먹었다면 그건 치사해도 아주 치사하다는 말이 있었다. 어느 쪽의 말이 맞는지 나는 모른다.
나는 공무원 생활을 마치고 퇴직할 때 직장에서 베풀어 주는 퇴임식에도 참석하지 않았고 또 퇴임 전에 회식에도 참여하지 않았다. 이유는 단지 그분들의 시간을 빼앗지 않고 금전적으로 피해를 주지 않기 위해서였다. 어떤 것이 맞는지는 잘 모르겠다. 그러나 지금 생각해도 내가 잘한 것 같다. 한 직장에서 높은 분이 퇴임을 하는데 퇴임을 하기 전에 중간급 간부들이 돈을 각출해서 일박 이일로 그분을 모시고 여행을 떠났다. 그중 중간급 간부가 한 말이 귀에 쟁쟁하다. '끝까지 힘들게 하는군.'

중부지방 대도시에서 손님 여러 명이 식당에서 이십여만 원 상당의 고기를 먹고 계산을 하지 않은 채 도망갔다는 기사가 떴다. 식당 주인은 이들을 경찰에 신고했고, 경찰은 도망간 범인을 쫓는다고 했다. 처음부터 음식값을 지불하지 않고 음식점에서 도망가려고 모의를 했는지는 몰라도 그 사람들은 무엇인가 한참 모르는 사람 같아 보였다.

그들이 입고 있는 옷이며 쓰고 있는 모자와 얼굴 모습, 그리고 신고 있는 신발이 CCTV에 선명하게 나타나고 있는데도 말이다. 식당 안은 물론 도처에 CCTV가 널려있어 잡히는 건 시간문제였다. 더구나 그들의 모습이 텔레비전 화면을 통해서 전국적으로 퍼진 상태고, 멀리 외국에까지도 나갔을 것이다.

요즈음 젊은이들은 아무것도 모르고 그런 일을 저지르는 건지, 아니면 일부러 그런 건지 걱정이 앞선다. 그들이 잡히면 그들은 무전취식에 의한 경범죄 처벌을 받을 것이다. 갑자기 〈빈대떡 신사〉라는 노래가 생각났다.

양복 입은 신사가 요릿집 문 앞에서 매를 맞는데
왜 맞을까 왜 맞을까 원인은 한 가지 돈이 없어
들어갈 때 폼을 내어 들어가더니
나올 적엔 돈이 없어 쩔쩔매다가
뒷문으로 살금살금 도망치다가
매를 맞누나 ······
돈 없으면 집에 가서 빈대떡이나 부쳐 먹지
한 푼 없는 건달이 요릿집이 무어냐 기생집이 무어냐

'빈대떡 신사'라는 노래 가사의 일부다. 1943년 가수 한복남이 불러 대성공을 거둔 옛 노래다. 양복 입은 신사가 왜 맞았을까? 이유는 돈이 없어서다. 더 정확히 말하면 무전취식을 경고하는 노래다. 돈이 없으면 집에 가서 빈대떡이나 부쳐 먹으라는 이야기다. 여기서 빈대떡이란 빈자貧者의 떡 즉 가난한 사람이 먹는 떡이란 말이다. 그렇다고 꼭 가난한 사람만 먹으라는 법은 없다.

옛날 우리나라 최고 권력자가 서리가 내리는 밤이면 홀로 허름한 선술집에 나타나 막걸리 한잔에 빈대떡을 앞에 놓고 유행가를 불렀다고 한다. 현실적이면서도 한편으로는 사나이의 쓸쓸함과 고독함이 보이지 않는가! 이때 빈대떡이란 어떤 의미를 가지고 있을까? 같은 음식이라도 시간과 장소 그리고 지위에 따라서 다르게 해석됨은 참으로 아이러니하다. 빗방울이 우수수 떨어지자 갑자기 나도 빈대떡이 먹고 싶어졌다.

남자 상의의 단추는 오른쪽에 달려있고, 여자 상의의 단추는 왼쪽에 달려 있는 것을 아는 사람은 많지 않은 것 같다. 남자는 왼손으로 단추를 잠그는 동시에 오른손으로는 연장이나 무기를 들어 동물을 사냥하거나 적의 공격으로부터 방어를 하기 위함이고, 여자는 왼손으로 아기를 감싸안고 있으면서 오른손으로 음식물을 만들거나 일을 하기에 편해서라고 한다.

그런데 내가 입고 있는 잠옷 상의 단추는 분명 남자 잠옷인데도 왼쪽에 단추가 달려있다. 어쩌면 남자의 영역을 여자들이 슬그머니 침범해 들어오는 게 아닌가 하는 생각을 하게 된다. 가뜩이나 기가 죽어 있는 남자들의 마음속에 또다시 돌을 던지는 이유는 무엇인가. 옛날 있는 그대로 놔두면 안 되는가? 자꾸만 퇴색되어 가는 남자들의 기운이 점점 더 쇠잔해지는 기분이다.

아기를 유모차에 태운 아주머니가 카페에 들어와서 커피를 주문했다. 그때 주문을 하면서 아기에게 먹일 우유를 조금 달라고 했다. 그런데 사장은 주문한 분의 요구를 정중히 거절했다.
"우유를 판매합니다. 주문하세요."
그 말을 들은 아주머니는
"아주 조금만 주세요."
"아주 조금씩 포장해 놓은 우유가 있어요. 구매하시겠어요?"
"참으로 야박하네. 어디 두고 봐라. 이 집이 잘 되는지."
하는 협박성 막말을 하고 카페를 나갔다고 했다. 거지도 아니고 지금이 어느 시대인데 우유를 공짜로 얻어 먹이려고 그러느냐는 말이 무성했다. 자기가 마시는 커피 값은 아깝지 않고, 아기 먹일 우유 대금은 아깝단 뜻일까? 라고 한마디씩 했다는 후문이다.

박권하 수필집
미움도 사랑의 한 조각인 것을

2024년 9월 5일 초판 1쇄 인쇄
2024년 9월 10일 초판 1쇄 발행

지은이 | 박권하
펴낸이 | 강신용
교　열 | 정종응

펴낸곳 | 문경출판사
주　소 | 34623 대전광역시 동구 태전로 70-9 (삼성동)
전　화 | (042) 221-9668~9, 254-9668
팩　스 | (042) 256-6096
E-mail | mun9668@hanmail.net
등록번호 | 제 사 113

⋯⋯⋯⋯⋯⋯⋯⋯⋯⋯⋯⋯⋯⋯⋯⋯⋯⋯⋯⋯⋯⋯⋯⋯⋯⋯

ⓒ 박권하. 2024. Printed in Daejeon, Korea

ISBN 978-89-7846-856-5 03810

정가 16,200원

＊이 책은 저작권법에 따라 보호받는 저작물이므로 무단전재와
　무단복제를 금합니다. 이 책 내용의 전부 또는 일부를 이용하려면
　반드시 저작권자와 문경출판사의 서면 동의를 받아야 합니다.